Hans-Peter Zimmermann

Hypnose
und mein Leben
Ein autobiografisches Lehrbuch
für klinische Hypnose

Bibliografische Information der Deutschen Nationalbibliothek
Die Deutsche Nationalbibliothek verzeichnet diese Publikation in der Deutschen Natio-
nalbibliografie. Detaillierte bibliografische Daten sind im Internet über portal.d-nb.de
abrufbar.

Herstellung und Verlag:
BoD – Books on Demand, Norderstedt
ISBN 9783751916271

1. Auflage 2016
2. Auflage 2016
3. Auflage (Taschenbuch) 2020
4. Auflage (Taschenbuch) 2022

Lektorat:
Gabriela Wellner
Sandra Ujetz
Escatan

Illustrationen:
Anita Zimmermann

Das finden Sie in diesem Buch

Warum dieses Buch einzigartig ist...

Liebe Leserin, lieber Leser,

Ich sag's Ihnen gleich: Ich habe keine Lust auf ein weiteres mehr oder minder wissenschaftliches Buch über Hypnose. Ich bin und war schon immer ein Praktiker, einer, der über das Machbare und Nützliche schreibt. Und so will ich es auch in meinem neunten Sachbuch halten.

Ich erhebe für mich den Anspruch, von vielen Vorbildern in wassermännischer Manier blitzschnell gelernt, vieles davon weiterentwickelt und sogar einiges selbst erfunden zu haben, was heute meinen Klienten viel Erleichterung bringt. Und da ich mittlerweile über eine ansehnliche Community verfüge, die auch meine Entwicklung mit Interesse beobachtet, mich begleitet und mit mir zusammen spirituell wächst, verspüre ich große Lust, ein Lehrbuch anhand gewisser Stationen in meinem Leben zu gestalten.

Oder anders gesagt: Ich bringe Ihnen das Thema Hypnose so bei, wie es mich die beste Lehrerin des Universums gelehrt hat, nämlich das Leben selbst. Das ist zugegebenermaßen nicht sehr strukturiert, oder für die Machos unter Ihnen, eine „weibliche" Herangehensweise. Doch genau das brauche ich jetzt: Etwas mehr Weiblichkeit. Wenn Sie Struktur benötigen, kommen Sie zu einem meiner Seminare. Ich garantiere Ihnen, dass Sie dort die am besten strukturierte und auch die vergnüglichste Ausbildung bekommen, die Sie sich wünschen können.

Coto de Caza, Kalifornien, April 2016

Nachtrag 2020: Und jetzt, mitten in der Corona-Krise, wird es Zeit, dieses Buch auch einer Kundschaft mit bescheidenerem Budget zur Verfügung zu stellen. Viel Spaß mit dem Taschenbuch!

Saanen/Schweiz, April 2020
Hans-Peter Zimmermann

Nachtrag 2022: In der Zwischenzeit habe ich meine 26-jährige Domain *hpz.com* für gutes Geld verkaufen können, da ich im Rentenalter nicht mehr diese große Reichweite benötige.

Ich bin seit einiger Zeit nur noch für die Mitglieder meines Insider-Clubs da. Denen biete ich für eine bescheidene Jahresgebühr ein großzügiges Paket an Dienstleistungen. Falls Sie sich dafür interessieren, besuchen Sie meine neue Homepage *hpz.ch*.

Hilflos und einer höheren Macht ausgeliefert

A propos hilflos und ausgeliefert: Ich bin am 25. Januar 1957 um 4:35 Uhr in Ostermundigen bei Bern geboren. Ostermundigen ist berühmt, denn es ist auch der Geburtsort von Ursula Andress, die 1962 das erste Bond-Girl gespielt hat. Warum ich das erwähne? Nicht etwa, um mich auf- und Ursula Andress abzuwerten, sondern weil die Andress im Film-Business groß geworden ist, mit dem ich auch öfter zu tun hatte in meinem Leben. Und die Welt der Illusionen und Täuschungen, wie die Film-Industrie auch oft genannt wird, passt ganz gut zu den ersten Eindrücken, die ich von der Hypnose gewonnen hatte.

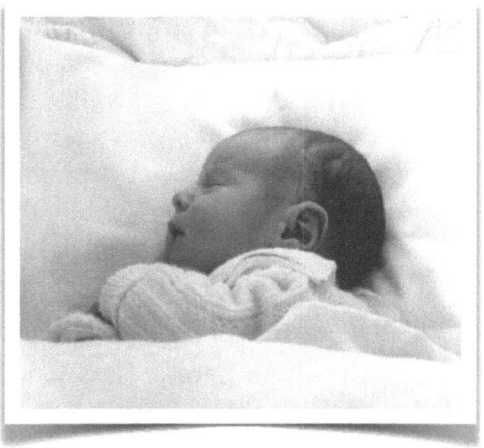

Klein Hans-Peter, acht Tage auf der Welt

Ich kann mich noch gut erinnern: Ich war wohl ungefähr fünf Jahre alt, als ein paar ältere Jungs in den „Slums" von Ostermundigen das Gerücht verbreiteten, der Osterhase existiere gar nicht. Zuerst hielt ich das für einen Aprilscherz, und nachdem meine Mutter meinen Fragen ausgewichen war, blieb mein Glauben an den Osterhasen noch ein paar Wochen in der Schwebe, bis es irgendwann klar war: Den Osterhasen gibt es nicht.

Ein Jahr später musste meine Vorstellung vom Weihnachtsmann dran glauben. Nachdem ich meinen Aktionsradius ausgedehnt hatte und mich nach Einbruch der Dämmerung auch am Nikolaustag mehr als hundert Meter von unserem Haus entfernen durfte (ja, das durfte meine Generation noch, und sie hat es sogar überlebt), fielen mir die vielen Nikoläuse auf, die an diesem Abend durch die Straßen eilten. Auf meine Nachfrage hin hieß es, es sei schon richtig, dass es sich dabei um verkleidete Menschen handle, denn der echte Nikolaus, der am Nordpol wohne, würde ja mit der Arbeit, die er mit allen Kindern auf der Welt habe, niemals alleine fertig. Das leuchtete mir ein; ich war bloß ein wenig enttäuscht über die Tatsache, dass man mir diese Logik erst jetzt zutraute.

Wenige Monate später wurde das Gerücht, auch das Nordpol-Original sei eine Erfindung, zur erleichternden, aber trotzdem etwas bitteren Gewissheit. Erleichternd deshalb, weil der Nikolaus immer etwas unberechenbar gewesen war; man wusste nie, ob er nicht plötzlich mit einer Rute kommt, anstatt uns mit Nüssen und Mandarinen zu beschenken. Ja, der Weihnachtsmann, der bei uns Samichlaus hieß, hatte viel Ähnlichkeit mit dem lieben Gott, den man uns in der Sonntagsschule als alten Mann mit Bart schilderte, der so zornig werden kann, dass er seine Schäfchen in die ewige Verdammnis schickt, aber irgendwie dann doch alle Menschen unendlich und bedingungslos liebt.

Jetzt wartete ich darauf, dass jemand auch das Märchen mit Gott als Jux entlarvte. Das ist nie geschehen, und heute noch kenne ich viele Menschen, die von außen sehr erwachsen aussehen und offenbar nach wie vor daran glauben. Genau so wie sie daran glauben, dass man unter Hypnose seinen Willen aufgibt, und dass es sogar möglich sei, jemanden mit Hypnose zu einem Mord zu bewegen.

Bevor mich die spirituellen Leser jetzt in die atheistische Ecke stellen, seien Sie bitte beruhigt. Ich habe nach einer gottlosen Phase durch das Nachdenken über meine Erfahrungen eingesehen, dass es eine Art höheren Plan geben muss, eine Ordnung oder Intelligenz, die die unsrige übersteigt (was im übrigen nicht so schwierig ist) und von der man sich laut Bibel „kein Bildnis" machen soll, vermutlich aus dem einfachen Grund, weil unsere Intelligenz dafür eben nicht ausreicht. Aber zum alten Punktezähler mit Rauschebart zurückgekehrt bin ich nie; der ist für mich unterhalb Kindergarten-

Niveau. Aber das nur ganz nebenbei. Jetzt zurück zum Thema.

Heute weiß ich, dass das, was der Mann und die Frau von der Straße über Hypnose zu wissen glauben, sehr stark abweicht von dem, was Hypnose vermutlich ist. Ich verwende absichtlich das Wort „vermutlich", weil sich selbst die Experten bis heute nicht einig sind, was Hypnose genau sei. Es ist ein bisschen wie mit dem Autofahren. Die meisten von uns können es recht gut, ja, sie würden sogar behaupten, sie beherrschten diese Fähigkeit fast perfekt, ohne dass sie wissen, wie das Auto innerlich funktioniert, und ohne ein Auto jemals selbst reparieren zu können. Damit kann ich gut leben, solange wir alle weitgehend unfallfrei fahren.

Einig ist man sich darüber, dass das Wort „Hypnose" (vom griechischen Gott des Schlafes „Hypnos") nicht besonders glücklich gewählt ist, da es sich bei Hypnose nicht um Schlaf handelt. Der Zustand, den wir für hypnotische Vorgänge benötigen, nennt man Trance. Diesen Zustand kennen wir alle: Jeden Abend, wenn wir einschlafen, sind wir minutenlang in diesem Schwebezustand zwischen Wachsein, was man mit Fremdwort Vigilanz nennt, und dem Tiefschlaf. Man könnte auch sagen: Eine Trance erkennen wir daran, dass der Körper so entspannt ist wie im Tiefschlaf, während der Geist ganz fokussiert ist auf das eigene Innenleben, auf die inneren Bilder, die inneren Klänge, die Gefühle und Bedürfnisse ganz tief in einem drin.

Was also ist der Unterschied zwischen Meditation und Hypnose, zwischen Entspannung und Hypnose, zwischen autogenem Training und Hypnose?
Nun, Experten, die eine modernere Definition der Hypnose vertreten, sagen, es gibt keinen. Immer dann, wenn wir einen Trance-Zustand dazu verwenden, neue geistige Programme direkt ans Unterbewusstsein zu senden, kann man von einem hypnotischen Vorgang sprechen. Und der Vollständigkeit halber müssen wir bei dieser modernen Auffassung ergänzen, dass die Trance nicht zwingend eine Entspannungs-Trance sein muss, sondern dass auch eine Erregungs-Trance, wie wir sie von traditionellen Trommelriten, von

Popkonzerten oder von Notfall-Situationen her kennen, die Suggestibilität der Beteiligten so erhöht, dass geistige Botschaften eine größere Chance haben, im Unterbewusstsein anzukommen.

Und noch etwas gibt es hier zu ergänzen: Es gibt Menschen, die nur dann bereit sind, von Hypnose zu sprechen, wenn die mehr oder minder berüchtigten „hypnotischen Phänomene" demonstriert werden, die bei Show-Hypnotiseuren so beliebt sind, weil sie direkt in die Neurologie des Probanden eingreifen.

Oder anders ausgedrückt: Unter dem *neurologischen* Effekt der Hypnose verstehen wir gewisse Phänomene, die darauf hindeuten, dass ins Nervensystem des Hypnotisanden eingegriffen wurde. Solche Phänomene sind zum Beispiel Halluzinationen, Katalepsie, Amnesie und Anästhesie. Diese Effekte sind spektakulär und zeigen sofort an, dass Hypnose am Werk ist und funktioniert. Der Nachteil: Nicht jeder Mensch ist spontan fähig, *alle* neurologischen Phänomene zu produzieren. Und einige sind aus therapeutischer Sicht auch deutlich weniger relevant als andere. Zum Thema „hypnotische Phänomene" liefere ich Ihnen später eine Übersicht.

Unter dem *psychologischen* Effekt der Hypnose verstehen wir die Tatsache, dass Verhaltensänderungen, die sich der Proband wünscht, nach einer Hypnose-Sitzung tatsächlich eintreten. Zum Beispiel stellt der Proband Wochen nach einer Hypnose-Sitzung fest, dass er emotional ausgeglichener ist und im Beruf selbstsicherer auftritt. Da dieser Effekt mit zeitlicher Verzögerung eintritt, lässt er sich nicht sofort verifizieren und ist daher für Außenstehende auch weniger spektakulär.

Der angehende Hypnotherapeut steht also oft vor dem Dilemma, dass diejenigen hypnotischen Phänomene, die therapeutisch am wenigsten relevant sind, von den Menschen als Beweis dafür verlangt werden, dass der Therapeut tatsächlich Hypnose beherrscht, beziehungsweise, dass der Proband überhaupt „hypnotisierbar" sei. Dabei ist ein gelungener neurologischer Effekt noch lange kein Beweis dafür, dass auch der psychologische Effekt eintreten wird, und umgekehrt.

Die erste Hypnose-Show

In den Slums von Ostermundigen hatten die Wohlhabenden ein Auto oder einen Fernseher; die ganz Reichen hatten beides. Eine dieser Familien hieß Baumgartner, und man musste sich mit den beiden Baumgartner-Jungs gut stellen, denn es war die einzige Möglichkeit, am Mittwochnachmittag in den Genuss der TV-Kinderstunde zu kommen: An „Lassie", „Fury" und „Wir Kinder aus Bullerbü" kann ich mich erinnern, als ob es gestern gewesen wäre. Das heißt, eigentlich nicht an die einzelnen Geschichten, sondern an das Gefühl, wenn wir zehn bis zwölf Kinder, die in Baumgartners Gunst standen, in ihrem Wohnzimmer am Boden lagen, auf die Ellenbogen gestützt in die schwarzweiße Flimmerkiste starrend, im total verdunkelten Raum, denn schließlich war Fernsehen so etwas wie Kino, nur ein bisschen kleiner.

Mit Vater und Geschwistern in den Berner Alpen. Kann man erkennen, welches der Hitzkopf und Querdenker in der Familie ist?

1968 war ich elf Jahre alt, unsere Familie war mittlerweile vom eher tristen Ostermundigen an den idyllischen Thunersee umgezogen, und meine Mutter versuchte eine Phase, in der sie abends oft allein war, mit Hilfe eines eigenen Fernsehers erträglicher zu machen. Das war das erste Mal, wo ich im Fernsehen eine Hypnose-Show begutachten durfte. Sie hinterließ in meiner mittlerweile gereiften wassermännischen Skeptiker-Psyche etliche Fragezeichen.

Den Osterhasen und den Weihnachtsmann waren wir doch elegant losgeworden. Und am alten Mann mit Rauschebart zweifelten wir auch schon mehr, als unserem Religionslehrer lieb war. Und jetzt spielte sich da ein Don Fernando als der neue Weihnachtsmann auf, der mit ein paar eindringlichen Worten die Macht über fremde Menschen übernimmt? Wenn der wirklich etwas konnte, was andere nicht können, warum hörte ich erst mit elf Jahren davon? Warum wählte er die Teilnehmer sorgfältig aus, ja, schickte sogar einige von ihnen nach einem intensiveren Augenschein oder einer Art Test wieder an ihren Platz zurück?

Die Antwort ließ lange auf sich warten. Ich bin ziemlich sicher, dass ich später noch zwei oder drei solche Shows gesehen habe, und die Hypnose blieb ein großes Mysterium. Für mich war nur eines sicher: Ein Show-Hypnotiseur, egal ob er sich „Don Fernando" oder „der große Vanadoo" nannte, würde niemals Macht über mich ausüben können. Nie im Leben würde der mich dazu bringen, in eine Zwiebel zu beißen oder Rasierschaum zu essen und so zu tun, als wäre das mein täglich Brot. Mit anderen Worten: Ich hielt mich für nicht hypnotisierbar.

Erst viel später lernte ich, dass nicht überall, wo Hypnose draufsteht, auch Hypnose drin ist. In der Show-Hypnose werden vorwiegend die spektakulären hypnotischen Phänomene wie Amnesie, Anästhesie und Halluzinationen vorgeführt. Dass die Versuchspersonen allerdings wehrlos dem Hypnotiseur ausgeliefert sein sollen, bezeichnen die meisten Experten als Illusion. Eine wichtige Rolle spielen:

• Die Persönlichkeit des Versuchskaninchens.
  Wer sich freiwillig für eine Hypnose-Show meldet, ist bereits sehr suggestibel, was Suggestionen zum Zweck der Unterhaltung angeht. Außerdem sind oft sehr naive Menschen darunter, die gerne an das Märchen des großen Magiers glauben möchten. Allfällige „Querschläger" schaltet der Bühnen-Hypnotiseur geschickt mit ein paar Suggestibilitäts-Tests aus.

- Der Gruppendruck und die Sehnsucht nach Außergewöhnlichem.
  Was als „Willenlosigkeit aufgrund der hypnotischen Kräfte" beurteilt wird, ist oft nichts anderes als der Erwartungsdruck des Publikums und der Wunsch, das „Märchen vom allmächtigen Hypnotiseur" möge wahr sein.

- Illusionismen.
  „Die schwebende Frau" oder „die Dame aus Stahl" haben nichts mit Hypnose zu tun, sondern mit normalen illusionistischen Tricks à la David Copperfield.

Und wenn ich heute einem Show-Hypnotiseur gegenüber stehe, dann sage ich ihm Folgendes mitten ins Gesicht: „Du behauptest also, dass nur etwa zwanzig Prozent der Menschen sich als Probanden für eine Show-Hypnose eignen? Was ist denn das für eine Methode, die nur in einem Fünftel der Fälle funktioniert? Wäre es dann nicht sinnvoller, man würde die Psyche der Probanden untersuchen anstatt die Methode? Liegt es nicht vielmehr an deren psychischer Verfassung, dass sie bereit sind, zum Zweck der Unterhaltung Dinge zu tun, für die sich vier Fünftel der Menschheit zu schade sind?

Als ich mich mit Hypnose zu beschäftigen begann, war ich zunächst ziemlich desillusioniert. Wie bitte? Hinter dem, was für mich jahrzehntelang ein unerklärliches Mysterium gewesen war, steckte nur ein bisschen Gruppendruck und eine Handvoll magischer Tricks, die, wenn man weiß, wie sie funktionieren, die Bezeichnung „läppisch" verdienen?

Doch gottseidank hielt die Frustration nicht lange an, und das Staunen kehrte zurück. Aber ich greife schon wieder vor.

Übrigens habe ich Jahre später einen sehr charismatischen Hypnosetherapeuten kennengelernt, den Amerikaner Ormond McGill. Er hat von 1913 bis 2005 gelebt und verstand es wie kein anderer, die therapeutische Hypnose mit der Show-Hypnose zu kombinieren, oder mit anderen Worten: Er war in beidem ein Meister. Ich teile zwar seine Liebe zur Bühnen-Hypnose überhaupt nicht, respektiere jedoch seine Ansicht, dass diese dazu beitragen könne, die Faszination Hypnose bei der breiten Bevölkerung aufrecht zu erhalten und eine gewisse positive Einstellung gegenüber der klinischen Hypnose zu wecken. Mit seiner Erlaubnis veröffentlichte ich im Jahr 1998 diesen Artikel auf meiner Homepage:

Wie und warum funktioniert Showhypnose?

Was Klinische Hypnotiseure von Show-Hypnotiseuren lernen können...

Ich habe mich des öfteren dahingehend geäußert, dass Showhypnose an den vielen Vorurteilen schuld sei, unter denen die klinische Hypnose zu leiden habe. Heute möchte ich einen anderen Aspekt der Show-Hypnose beleuchten:

Nachdem Sigmund Freud sich von der Hypnose abgewandt hatte, vermutlich weil er trotz aller Skepsis gegenüber dem berühmten Neurologen Jean-Martin Charcot ein bisschen von dessen Fehlannahme beeinflusst war, dass Hypnose nur bei Hysterikerinnen funktioniere, und um sich ganz seiner Psychoanalyse zu widmen, waren es vermutlich vorwiegend die Show-Hypnotiseure, allen voran der Däne Carl Hansen, die dafür sorgten, dass die Hypnose im Bewusstsein der breiten Masse präsent blieb, bis die amerikanische Ärztegesellschaft im Jahr 1958 die Hypnose wiederentdeckte und auch im klinischen Bereich erneut salonfähig machte.

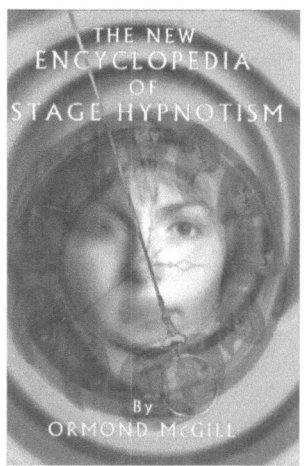

The New Encyclopedia of Stage Hypnoptism von Ormond McGill.
Bei Amazon erhältlich.

Ebenfalls den Bühnen-Hypnotiseuren verdanken wir heutzutage einen Großteil der Faszination, die vom Thema Hypnose ausgeht, und die dafür sorgt, dass sich Hypnose-Trainings allerorten großer Beliebtheit erfreuen. Zur Ehrenrettung der Bühnen-Hypnotiseure sei ebenfalls erwähnt, dass es hervorragende klinische Hypnotiseure gibt, die in ihrer Freizeit Show-Hypnose betreiben, und die dies so seriös tun, dass sie damit wertvolle Aufklärungsarbeit und somit auch Werbung für die klinische Hypnose betreiben.

Einer dieser seriösen Show-Hypnotiseure ist der Amerikaner Ormond McGill, ein Mann von bemerkenswertem Charisma. Da es leider kein einziges deutschsprachiges Buch zum Thema Showhypnose gibt, werde ich im Folgenden ein paar Auszüge aus McGills „New Encyclopedia of Stage Hypnotism" übersetzen (im Original erhältlich bei Amazon).

Zweck der folgenden Tipps von Ormond McGill soll nicht sein, dass Sie sich nachher als Show-Hypnotiseur betätigen (das wird Ihnen ohne entsprechendes Training ohnehin nicht gelingen); der folgende Text soll dem frischgebackenen Hypnotherapeuten lediglich ein paar Fragen zum Thema Show-Hypnose beantworten. Als ich nämlich zum ersten Mal mit klinischer Hypnose in Berührung kam, war mir relativ rasch klar, warum Hypnose in der Therapie funktioniert; nur die Showhypnose blieb für mich noch monatelang ein großes Fragezeichen. Lassen wir also den amerikanischen Pionier der Bühnen-Hypnose sprechen, Ormond McGill:

(Beginn Zitat McGill)

Die Prinzipien, die ich hier erläutern werde, bilden die Grundlage für das gesamte Gebiet der Hypnose. Vielleicht haben Sie sie schon gelernt. Dann lernen Sie sie nochmals!

Erwartungshaltung

Eines der großen Geheimnisse der Show-Hypnose ist die Erwartungshaltung der Probanden, die von Ihnen hypnotisiert werden sollen. Wenn die Subjekte erwarten hypnotisiert zu werden, sind sie schon zwei Drittel in Trance, noch bevor die Show begonnen hat. Entsprechend sollten Sie jeden Stimulus danach richten, diese Erwartungshaltung stärker und stärker anwachsen zu lassen.
Dieser Prozess beginnt mit der Werbekampagne für die Show. Er geht weiter mit der Teilnahme an der Show. Die

Erwartungshaltung wird stärker mit dem Anhören Ihrer Eröffnungsrede und schließlich mit dem freiwilligen Melden als Versuchskaninchen auf der Bühne. Dann wächst sie weiter während der Suggestibilitäts-Tests und gipfelt darin, endlich hypnotisiert zu werden. Denken Sie daran, dass all diese Faktoren der Erwartungshaltung Ihre Trümpfe sind, und dass Sie diese Trümpfe in der Hand halten.

Die Bühnen-Situation

Es gibt einen Vorteil, den der Bühnen-Hypnotiseur im Vergleich zu jeder anderen Form der Hypnose hat, und das ist der, dass die Bühnen-Atmosphäre sehr förderlich ist für das Gelingen von Hypnose-Demonstrationen. Die Bühne ist ein Ort, wo man Dinge demonstriert, und jeder, der so eine Hypnose-Show besucht, weiß das instinktiv. Jetzt ist die Bühne Ihr Zuhause. Sie sind der Gastgeber und die Hypnotisanden sind Ihre Gäste. Sie haben ein Recht darauf, Ihre Gäste anzuleiten und zu führen.

Das Scheinwerferlicht, die Musik, der Vorhang, das Publikum, allesamt sind sie Faktoren, die das Annehmen von Suggestionen und damit die Vorführung von hypnotischen Phänomenen fördern. Es liegt an dieser Bühnen-Situation, dass Hypnose auf der Bühne in der Regel schneller induziert werden kann als in jeder anderen Situation.

Die Wichtigkeit der Wichtigkeit

Je wichtiger Sie Ihre Arbeit erscheinen lassen, desto größer wird Ihr Erfolg sein. Daher beachten Sie folgende Regeln:

- Lassen Sie den Bewusstseins-Zustand, den man durch Hypnose erreicht, wichtig erscheinen.

- Sorgen Sie dafür, dass das Publikum Ihre Vorführung respektiert, weil sie wichtig ist. Die Zuschauer sollen wissen, dass sie Zeugen von mentalen Wundern sind.

- Sorgen Sie dafür, dass Ihre Subjekte wissen, dass Hypnotisiertwerden eine wichtige Angelegenheit ist. Jeder soll erkennen, was für eine wunderbare Fähigkeit er da erlernt hat.

Soziale Anerkennung

Je mehr Sie Ihr Publikum vom Nutzen der Hypnose überzeugen, desto höher steigt der Status der Hypnotisanden auf der Bühne. Sie werden so zu Abenteurern, die die Tiefen des menschlichen Unterbewusstseins erforschen helfen.

Gruppengröße, Alter und Geschlecht

Für die meisten Hypnose-Shows gilt: Verwenden Sie nicht weniger als zehn Stühle und nicht mehr als 25. Für eine große Bühne ist ein Durchschnitt von 20 Stühlen ideal.

Akzeptieren Sie keine Kinder auf der Bühne. Die Mehrheit der Freiwilligen werden junge Erwachsene sein. Mit dieser Altersgruppe kann man wunderbar arbeiten. Auch Mittel- und Hochschulstudenten eignen sich hervorragend.

Was das Geschlecht angeht, richten Sie sich einfach danach, wer sich als Freiwilliger meldet. Halb Männer und halb Frauen ist ideal. Manchmal werden Sie mehr Freiwillige haben als es Stühle hat. Dann lassen Sie den Rest hinter den Stühlen stehen. Erklären Sie, dass Sie jedem die gleiche Chance bieten möchten, an der Show aktiv teilzunehmen, aber dass Sie nicht mit allen arbeiten können. Schlagen Sie vor, dass Sie gleich einen kleinen Test durchführen werden. Diejenigen, die auf diesen simplen Suggestibilitäts-Test positiv reagieren, behalten Sie. Den Rest verabschieden Sie mit einem freundlichen Lächeln. Es wird nicht lange dauern, und Ihre Stühle werden mit den besten hypnotischen Subjekten besetzt sein, die Sie sich denken können.

Wie Sie Ihr Komitee beurteilen

Beobachtung ist der beste Lehrer bei der Auswahl Ihrer Probanden; eine Fähigkeit, die sich durch Erfahrung entwickelt. Grundsätzlich kann man sagen, Ihre besten Subjekte sind Menschen, die es ernst meinen mit der Hypnose (leicht nervöse Erwartungshaltung kann sogar ein Vorteil sein), ein selbstbewusstes Auftreten haben und beim Sitzen beide Beine auf dem Boden haben. Meistens können Sie in ihrem Blick eine positive Erwartungshaltung erkennen.

Subjekte, die Sie diplomatisch aber prompt entlassen sollten, sind solche, die mit übereinandergeschlagenen Beinen, verschränkten Armen und dem Touch von „Jetzt zeig' mir mal, was du kannst" dasitzen. Ebenso Menschen, die mit anderen plaudern, Kaugummi kauen, rauchen oder nach Alkohol riechen. Und besonders hüten sollten Sie sich vor dem Typen mit dem permanenten Grinsen. Er mag es nicht bös meinen, aber seine Haltung kann die Show empfindlich stören.

Die Fähigkeit, gut geeignete von schlecht geeigneten Hypnose-Subjekten zu unterscheiden, ist etwas vom ersten, was ein Bühnen-Hypnotiseur lernen muss.

Wie Sie Ihr Komitee zusammenstellen

Vielleicht kennen Sie ja bereits Menschen im Publikum, die vor der Show Interesse an der Hypnose angemeldet haben. Sobald Sie nun die Freiwilligen auf die Bühne rufen, werden diese Menschen aufstehen und dadurch andere mitreißen.

Sie können schon bei diesem ersten Schritt voraussagen, wie die Show gelingen wird: Wenn die Leute förmlich die Bühne stürmen, wird die Vorführung Spitze. Wenn nur wenige kommen und erst noch in langsamem Tempo, wird es schwierig werden. (…)

Ein wichtiger Tipp: Wenn zwei oder drei Menschen sich kennen, setzen Sie sie nicht nebeneinander, sonst stören sie die Show mit großer Wahrscheinlichkeit. (…)

Gruppen-Hypnose

Der Gruppen-Effekt ist absolut essentiell für den Show-Hypnotiseur

(Anmerkung HPZ: 20 Prozent der Menschen sind zu spontaner tiefer Trance fähig; bei hohen Zuschauerzahlen haben Sie automatisch mehr somnambulistische Subjekte).

Es ist oftmals einfacher, Gruppen zu hypnotisieren als Einzelpersonen. Eine Gruppe scheint eine Art Gemeinschaftsgeist zu entwickeln, der bewirkt, dass nach kurzer Zeit alle kooperieren.

„Progressive Selling"

Obwohl es selten so deutlich gesagt wird: Showhypnose ist in erster Linie ein Verkaufs-Job! Ihre Aufgabe besteht darin, die Show so zu gestalten, dass jeder Test schon den nächsten verkauft. Das ergibt eine Art Kettenreaktion. Von da her liegt es auf der Hand, dass Sie mit einfachen Tests beginnen und dann zu immer komplexeren Demonstrationen schreiten. „Progressive Selling" (fortschreitendes Verkaufen) ist das Geheimnis erfolgreicher Hypnose-Shows.

Der hohe Gruppendruck

(...)

(Erklärung HPZ, da McGill hier zu kompliziert formuliert: Wenn ein Freiwilliger es einmal geschafft hat, nach den anfänglichen Suggestibilitäts-Tests Mitglied des „Hypnose-Komitees" auf der Bühne zu sein, setzt er sich selbst unter einen hohen Druck, um dabei zu bleiben. Von da her ist die Chance sehr groß, dass dieser Mensch fast alles tut, um den Erwartungen des Publikums und des Hypnotiseurs gerecht zu werden. Ob das Subjekt dabei echte hypnotische Phänomene produziert oder lediglich simuliert, ist vollkommen nebensächlich. Wichtig ist einzig und allein, dass es so lange wie möglich auf der Bühne bleiben darf.)

Wiederholung und Klarheit der Suggestionen

Damit das Unterbewusstsein im hypnotischen Zustand Suggestionen umsetzen kann, müssen diese klar und unmissverständlich formuliert werden. Es ist eine gute Idee, Suggestionen mindestens zweimal hintereinander auszusprechen.

(Anmerkung HPZ: Der Hypnotisand driftet manchmal ein wenig ab und kann dadurch leicht eine Suggestion verpassen).

Eins nach dem andern

Denken Sie daran: Eine Grundregel in der Hypnose lautet, nur eine Suggestion auf einmal aussprechen. Das Unterbewusstsein kooperiert so am besten. Denken Sie auch daran, eine nicht mehr benötigte Suggestion aufzuheben, bevor Sie zur nächsten schreiten. Das ist nicht nur für den reibungslosen Ablauf der Show wichtig, sondern auch für das Wohlbefinden der Hypnotisanden.

Erwarten Sie nicht zu viel

Muten Sie Ihren Hypnotisanden nichts zu, was gegen ihre Natur geht oder ihre körperlichen Fähigkeiten übersteigt. Passen Sie die Tests immer dem entsprechenden Probanden und seinen Fähigkeiten an. (…)

Verwenden Sie die besten Subjekte

Während die Show fortschreitet und immer verblüffendere Phänomene demonstriert, werden Sie die besten hypnotischen Subjekte in Ihrem „Komitee" mühelos orten können. Die Zuschauer übrigens auch! Verwenden Sie für Ihre wichtigsten Tests die besten Subjekte. Ihr Publikum wird es Ihnen danken, denn die besten Subjekte sind auch am interessantesten zum Beobachten.

Die Trance-Tiefe bei der Bühnen-Hypnose

Im allgemeinen ist die Trance bei Bühnen-Shows weniger tief als im klinischen Bereich, wo man sich für die Induktion mehr Zeit nehmen kann.

Trance-Tiefe ist aber nicht allzu wichtig für den Bühnen-Hypnotiseur. (…)

Für das Laien-Publikum sind die Phänomene der leichten Trance genau so eindrücklich wie die fortgeschrittenen Demonstrationen. Solange Sie sich also nicht sicher sind über die Trance-Tiefe eines Subjekts, überspannen Sie den Bogen nicht!

Wie man die Hypnotisanden in Trance behält

Da Bühnen-Induktionen in der Regel schnell gehen, tendieren sie auch dazu, nicht sehr stabile Trancen zu produzieren. Daher kann es passieren, dass Ihre Subjekte aus der

Trance herauskommen, wenn Sie sie zu lange unbeschäftigt lassen. Um sie in Trance zu behalten, sorgen Sie dafür, dass sie stets beschäftigt sind. Mit anderen Worten: Schenken Sie ihnen Aufmerksamkeit. (...)

Oft ist es gut, die Subjekte zwischen den einzelnen Vorführrungen aufzuwecken.

(Kommentar HPZ: Letzteres hat zwei Gründe. Erstens können die aufgeweckten Teilnehmer die Show als normale Zuschauer mitverfolgen, und zweitens gehen sie mit jedem Mal, wo sie die Augen auf und wieder zumachen, noch tiefer in Trance. Diese Induktionsart nennt sich Fraktionierungsmethode.)

Es ist auch wichtig, dass Sie zwischendurch immer wieder Vertiefungs-Suggestionen geben, z.B. „Sie gehen tiefer und tiefer in Trance mit jedem Atemzug." Die Hypnotisanden kommen nicht darum herum zu atmen, und da sie bis jetzt all Ihre Suggestionen befolgt haben, werden sie auch diese befolgen. Sie können auch suggerieren „Niemand kann Sie stören oder aufwecken außer mir." Solche Suggestionen helfen in der Regel, die Trance aufrecht zu erhalten.

Simulation

Wenn Sie mit einer großen Gruppe arbeiten, kann es öfter geschehen, dass jemand die Trance nur simuliert. Diese Simulation ist nicht unbedingt eine absichtliche Täuschung, sondern entspringt einem echten Wunsch zu kooperieren und der Show zum Gelingen zu verhelfen. Mit anderen Worten, das Subjekt merkt, dass es nicht fähig ist zu echtem Somnambulismus (schlafwandlerische, tiefe Trance) und tut sein Bestes um diesen Zustand zu imitieren.

Solange das Publikum zufrieden ist, können Sie mit dem Simulanten weiterarbeiten. Wählen Sie ihn jedoch nur für einfache Demonstrationen. Für die schwierigeren Tests sollten Sie gute hypnotische Subjekte nehmen, da auch das Publikum nach einiger Zeit die Simulation erkennen wird.

Was mit Simulation beginnt, kann oftmals in einer wunderbar tiefen Trance enden. Beobachten Sie Ihr Komitee während der ganzen Show genau, dann haben Sie alles im Griff.

Absichtliche Täuschung

Während der kooperierende Simulant kein Problem darstellt, hüten Sie sich bitte vor demjenigen, der Sie absichtlich täuschen will, um Ihnen die Show zu vermiesen! (…)

Solche Menschen tendieren dazu, sich schlafend zu stellen, während Sie sie anschauen, und Faxen und Grimassen zu machen, sobald Sie ihnen den Rücken zudrehen.

Wann immer das Publikum an einer Stelle lacht, wo Sie es nicht erwartet haben, sollten Ihre Alarmglocken läuten. Wenn Sie einen Troublemaker ausfindig machen, entlassen Sie ihn sofort aus dem Komitee. Keine Diskussion… weg mit ihm! Das Publikum wird Sie für Ihre Aufmerksamkeit und Selbstsicherheit bewundern.

Eine Möglichkeit, solche Menschen zu erwischen, ist die, dass Sie sich unerwartet umdrehen oder jemanden in den Kulissen postieren, der die Subjekte permanent beobachtet. Wenn dieser Helfer dann beispielsweise fünf Finger aufstreckt, heißt das „Stuhl Nr. 5 macht Probleme".

Es sind solche Finessen, die eine Hypnose-Show von einer mittelmäßigen zu einer Spitzen-Show befördern.

Persönlichkeit, Charisma, Sympathie

Falls möglich, begrüßen Sie jeden Freiwilligen persönlich, wenn er auf die Bühne kommt. Seien Sie freundlich. Lernen

Sie nach Möglichkeit die Namen Ihrer Subjekte und nennen Sie sie beim Namen, wenn Sie mit ihnen arbeiten. Sie können auch Namensschilder verteilen, die die Komiteemitglieder selbst beschriften können. (…)

Eine persönliche Note wird sehr viel zum Gelingen Ihrer Show beitragen.

Seien Sie immer wachsam auf der Bühne

Lassen Sie Ihre Show nie zur Routine verkommen. Seien Sie stets wachsam und beobachten Sie Ihre Subjekte. Nur dann können Sie auf sie eingehen. Nur dann können Sie Ihre Show richtig planen und entscheiden, welche Hypnotisanden Sie für welche Tests einsetzen werden. Je aufmerksamer Sie während Ihrer Vorführung sind, desto besser wird die Show.

(Ende Zitat McGill)

So weit also Ormond McGill, der Meister der Bühnen-Hypnose. Sein Buch „The New Encyclopedia of Stage Hypnotism" hat 609 Seiten. Menschen, die in Hypnose ausgebildet sind, werden es lesen wie einen Krimi; andere werden wenig bis gar nichts verstehen.

Noch einmal: Mir ging es mit dieser auszugsweisen Übersetzung nicht darum, die Show-Hypnose zu fördern, denn ich persönlich bin kein Freund davon. Ich albere nicht gerne mit hypnotischen Phänomenen wie Amnesie, Halluzinationen und Zwangshandlungen herum, wenn es nicht einen klinischen Zweck erfüllt. Meine Absicht liegt einzig darin, das Verständnis für das Phänomen der Show-Hypnose zu fördern und dafür zu sorgen, dass das Fragezeichen zu diesem Gebiet ein bisschen kleiner wird. Ich hoffe, das ist mir gelungen.

(Ende meines Internet-Artikels aus dem Jahr 1998)

Ein unerreichbarer Traum wird dank Hypnose wahr

Im Jahr 1985 war ich 28 Jahre alt. Für die Astrologen unter Ihnen: Es war die Zeit meiner ersten Saturn-Wiederkehr. Darüber wusste ich damals natürlich noch nichts, und daher lasse ich auch Sie damit in Ruhe. Ich hatte in den vergangenen Jahren nach sechs eher frustrierenden Semestern Sprach-Studium an der Uni Bern verschiedene spannende und lehrreiche Jobs im Journalismus, in Verkauf und Marketing sowie in der Filmindustrie innegehabt und wurde als Verkaufsleiter eines Filmindustrie-Zulieferers zum ersten Mal in meinem Leben auf eine weite Reise geschickt. Ich sollte in Los Angeles eine Fachmesse besuchen und dort am Messestand einer befreundeten Firma prüfen, wie groß unsere Chancen seien, in Amerika mit unseren Produkten Fuß zu fassen.

Das Westin Bonaventure Hotel in Downtown L.A. Hier begann meine Liebesaffäre mit dieser verrückten Stadt.

Wenn ich heute mit dem Helikopter über das Westin Bonaventure Hotel in Downtown L.A. fliege, und das tue ich des öfteren, denn ich muss schließlich meine Privatpiloten-Lizenz à jour halten, muss ich immer daran denken, dass es nicht zuletzt die Hypnose war, die mir solche Entwicklungssprünge in meinem Leben ermöglicht hat. Wenn man mir damals erzählt hätte, dass diese Stadt einmal meine zweite Heimat würde und was ich hier noch alles erleben würde, ich hätte ihn für verrückt erklärt.

Nach Amerika wäre übrigens noch Kanada und Australien auf unserem Marketing-Plan gewesen, und auf meiner Visitenkarte stand tatsächlich „Area Sales Manager USA, Canada, Australia"; Sie können sich vorstellen, dass ich diese Aufschneider-Kärtchen bündelweise jedem nachwarf, der nicht schnell genug auf die Bäume kam. Leider hatte mein Brötchengeber finanziell nicht mehr genügend Luft, um dieses Projekt durchzuziehen, und bevor er mich nicht mehr bezahlen konnte, wollte ich selbst den Absprung wagen und endlich meinen Traum verwirklichen: Eine selbständige Tätigkeit IMM. Wie bitte? Was IMM bedeutet? Das, was die meisten jungen Menschen heutzutage als Berufswunsch angeben: **I**rgendwas **m**it **M**edien. Und natürlich sollte früher oder später meine pädagogische Ader zur Entfaltung kommen.

Die Steinbock-Energie, mit der ich neben Wassermann- und Schütze-Energien auch gut ausgestattet bin, verlangte von mir eine gewisse Systematik: Ich hatte einen Plan A und einen Plan B.

Plan A lautete, für verschiedene Audiovisions-Firmen Aufträge zu akquirieren und dafür Provisionen zu kassieren, denn ich kannte mich sowohl fachlich aus wie auch in Sachen Marketing. Dieser Plan entpuppte sich jedoch schnell als Sackgasse. Die Firmen waren happy über den Erstkontakt, den ich für sie herstellte, und sie zahlten gerne eine kleine Provision für diese Leistung. Aber beim nächsten Auftrag wurde ich elegant übergangen. Das konnte es nicht sein. Ich verstehe heute auch gar nicht mehr, wie ich auf die Idee kommen konnte, mit Vermittlungen Geld zu verdienen; so etwas habe ich später immer konsequent abgelehnt, so nach dem Motto: „Was ist meine Empfehlung wert, wenn die Kunden erfahren, dass ich damit Geld verdiene?"

Ich schwenkte also auf Plan B um: Im Jahr 1984 hatte meine Frau in Bern ein ziemlich heruntergewirtschaftetes Schlankheitsinstitut gekauft. Mit ihrem unermüdlichen Einsatz und ihrer freundlichen Art, aber auch dank meiner intensiven Marketing-Unterstützung hatten wir das Steuer dieses Kleinbetriebs in kürzester Zeit herumgerissen und ihn zu einer Goldgrube gemacht. Bücher von Werbegrößen wie David Ogilvy, Siegfried Vögele und John Caples hatten mich dazu inspiriert, eine Werbemethode für Kleinbetriebe zu entwickeln, die sofort ansehnliche Umsätze generierte. Mit meinen Werbevorlagen und der dazugehörigen Statistik ging ich jetzt bei anderen Kleinbetrieben hausieren. Zuerst nur im Umkreis von Bern, doch bald dehnte sich mein Einzugsgebiet auf die ganze Schweiz aus.

Schon Ende 1986, also nach nicht einmal einem Jahr Selbständigkeit, reichte das Geld für eine weitere Amerika-Reise. Einen Teil davon konnte ich sogar als Geschäftsauslage von der Steuer absetzen, denn ich hatte ab dem Sommer 1986 neben meiner Tätigkeit als Werbeberater die Generalvertretung für Beschallungs-Anlagen aus Los Angeles übernommen und verkaufte in kürzester Zeit in absoluten Zahlen mehr Anlagen als mein Kollege in Spanien.

So kam es, dass meine Frau und ich im November dieses Jahres die erste gemeinsame USA-Reise unternahmen. Der Chef des US-Hauptquartiers war so beeindruckt von diesem jungen Überflieger aus Little Switzerland, dass er uns sein Ferienhaus in Palm Springs mitten auf dem Golfplatz für eine Woche zur Verfügung stellte.

1986 in Palm Desert beim So-Tun-Als-Würde-Ich-Golfen

Für Nany und mich gab es damals nichts Schöneres, als ein paar Stunden in einer amerikanischen Shopping Mall zu verbringen. Zuerst trennten wir uns für zwei Stunden, und während meine Frau sich in Kleider- und Einrichtungsgeschäften umsah, stöberte ich in einer Buchhandlung nach den neuesten Entdeckungen im Marketing und immer öfter auch im Self-Help-Bereich.

Ich weiß noch genau, wo die sogenannten Self-Hypnosis-Kassetten von Dr. David Illig hingen, im Borders Bookstore zwischen Toys-R-Us und der Eisbahn (jawohl, im 40 Grad heißen Palm Springs leistete sich der Ami eine Eisbahn!). „Learn to Relax", „Lose Weight", „Develop Self-Confidence" lauteten die Titel. Selbsthypnose? Na ja, das konnte ja nicht gefährlich sein, dachte ich mir. Heute weiß ich natürlich, dass das geschummelt war. Auch wenn kein richtiger Mensch anwesend ist: Solange die Stimme des Hypnotiseurs eine andere ist als meine, handelt es sich nicht um Auto- sondern um Hetero-Hypnose. Und selbst dann, wenn ich meine eigene Stimme aufnehme und abspiele, handelt es sich streng genommen um Fremd-Hypnose.

„Learn to Relax" war eine Wohltat, eine Entdeckung und… mir fehlen die Worte, wenn ich beschreiben soll, was beim ersten Anhören durch meinen Kopf ging, in der warmen Wüstensonne auf meinen Liegestuhl am Golfplatz liegend, die hellbraunen Berge im Hintergrund, die unendliche Weite des kalifornischen Himmels über mir. Ich war im Paradies. Und nicht nur das: Ich wagte es zum ersten Mal, davon zu träumen, dass meine Frau und ich solch paradiesische Augenblicke öfter erleben könnten als nur einmal im Jahr für zwei bis drei Wochen.

Entweder hatte dieser Illig gelogen, und das war gar nicht Hypnose, sondern harmloses Mentaltraining oder banale Entspannung oder etwas in der Art, oder Hypnose war eine eher unspektakuläre Methode, die aber, wie ich später erfahren durfte, spektakuläre Resultate hervorbrachte. Jedenfalls lebten wir sieben Jahre später in Kalifornien, in einem tollen Haus mit Blick auf den Pazifik. Eben genau so, wie ich mir das damals in Palm Springs beim Anhören der Hypnose-Kassette vorgestellt hatte.

Noch heute höre ich mir oft eine digitalisierte Version von „Learn to Relax" an und spüre sofort die wärmenden Strahlen der Wüstensonne auf meinem Körper, egal wo ich mich gerade befinde. Ich kann den einstündigen Text fast auswendig: „And you're just floating in it… the fine line of shadows and the warmth of the sun…" Aaaahhhhhhh…

Wenn ich heute, im Jahr 2016, gefragt werde, warum ich irgendwann begonnen habe, mich so intensiv mit Hypnose zu befassen, lautet die Kurzversion meiner Antwort: „Weil's einfach schön ist!"

Der Kober traut sich was

Eine Klientin klagte mir einmal ihr Leid. Sie meinte, das Leben sei ein ewiges Auf und Ab. Ich stimmte ihr zu und zeichnete auf meinem Schreibblock diese Kurve:

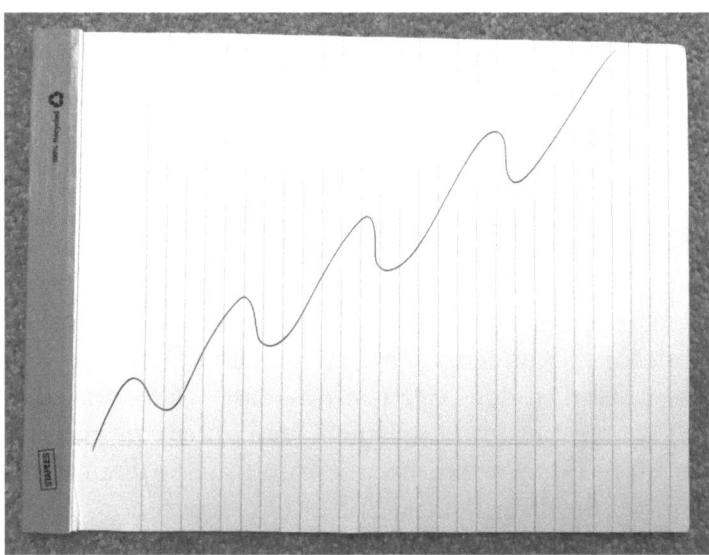

Läuft Ihr Leben auch nach diesem Prinzip? Meines auf jeden Fall! Immer dann, wenn ich in eine Krise gerate, das sind diese Tiefpunkte, wo es nicht mehr weiter abwärts geht, bin ich natürlich, wie Sie vermutlich auch, ärgerlich, traurig und frustriert. Aber ein Teil von mir frohlockt und ist gespannt, was das Leben wieder mit mir vorhat. Denn eines weiß ich mittlerweile mit Gewissheit: Wenn ich die Krise als eine Chance betrachte, und wenn ich bereit bin, über meinen Schatten zu springen, geht's hinterher auf ein höheres Niveau!
Ich weiß, es klingt banal, und jeder mittelmäßige Motivationstrainer posaunt es gutgelaunt in die Welt hinaus: „Crisis" stammt aus

dem Griechischen, bedeutet „Meinung", „Beurteilung", „Entscheidung" und bezeichnet eine mit einem Wendepunkt verknüpfte Entscheidungssituation. Oder etwas vereinfacht: Die Krise ist der Punkt, wo das Blatt sich wendet und es wieder aufwärts geht.

In eben so einer Krise steckte ich im Frühsommer 1989, im Alter von 32 Jahren. Ich hatte offiziell noch immer keine Ahnung von Hypnose, obschon ich wahrscheinlich in meiner Eigenschaft als Werbeberater und Verkaufs-Experte rein intuitiv häufiger hypnotische Techniken angewandt hatte, als mir bewusst war.

Nach dreieinhalb Jahren selbständiger Tätigkeit hatte ich es zu einem gewissen Wohlstand gebracht. Ich fuhr einen großen Renault mit bequemen Ledersitzen, gerade richtig für meinen Lebensstil, den ein befreundeter Dramaturg des Berner Stadttheaters einmal mit „mondäne Bohème" bezeichnet hatte. Auf meinen mittlerweile zahlreichen Transatlantik-Trips flog ich Business-Klasse, durch Meilen-Upgrades und Kundengeschenke meines Reisebüros öfter sogar Erste Klasse. Und in den Ritz-Carltons oder Marriotts, die damals auch noch zu den besten Hotels gehörten, durfte es gerne mal eine Executive Suite oder, wenn ich mich und meine Frau wirklich belohnen wollte, die Presidential Suite sein. Ich gehöre auch zu den wenigen Privilegierten, die die Nobelpreis-Suite in Stockholm nicht nur von innen gesehen, sondern auch fünf Nächte dort verbracht haben, ohne dass ich einen Nobelpreis entgegennehmen musste.

Dennoch war ich in einer Krise. Wer schon einmal finanziellen Wohlstand als Ziel gehabt und diesen in kurzer Zeit erreicht hat, der kennt das mit Sicherheit auch. Da hat man sich ein Ziel gesetzt, war voll darauf fokussiert, hat weder links noch rechts geschaut, und jetzt? Was soll man sich als nächstes Ziel setzen? Ein größeres Haus? Ein zweites oder drittes Auto? Ein Privatflugzeug? Das haut einen alles nicht mehr aus den Socken, denn das Prinzip kennt man ja bereits.

Auf der Suche nach einem Weg aus dieser Krise stieß ich auf ein Seminar von einem Robert Kober, damals wohnhaft in Wunsiedel in der fränkischen Schweiz. Er hatte sich vor einigen Monaten oder

Der Kober traut sich was

Jahren von der Firma Schmidt Colleg in Bayreuth verabschiedet und mit seinem Seminar „Chancen finden – Chancen meistern" einen Namen geschaffen. Durch einen Vortrag, den Kober im Bahnhofbuffet in Bern hielt und dem größtenteils gestandene Business-Leute, zu denen ich mich in der Zwischenzeit auch zählte, beiwohnten, ließ ich mich davon überzeugen, dass die Frage nach dem Sinn des Lebens auch in unseren Kreisen durchaus salonfähig sei. Ich meldete mich zu seinem dreitägigen Seminar an.

Im Juni 1989 traf ich mit meiner burgunderfarbenen Renault-Limousine mit den schwarzen Ledersitzen und dem Handy von der Größe eines Aktenkoffers im Hotel Häckermühle, zwischen Pforzheim und Stuttgart, ein. Dieses Seminar sollte sich als einer der Meilensteine in meinem Leben herausstellen. Der Kober traute sich was. Der verlangte doch tatsächlich von uns Business-Leuten, dass wir zwischen Darbietungen, Gruppenübungen und Einzelarbeiten die Augen schließen und nach innen schauen sollten. Heute würde ich sagen, das waren Hypnose-Übungen. Damals sprachen wir von Entspannungsübungen, und Kober erklärte uns Linkshirnern auch, warum das vernünftig sei. Unser Verstand war zufrieden mit dieser Erklärung. Die Original-Unterlagen besitze ich nicht mehr, aber ich erkläre das meinen Seminar-Teilnehmern heute ungefähr so:

Wenn wir unser Hirn an einem Encephalographen anschließen würden, also einem Messgerät für Hirnwellen, dann würde eine einfache Kurve etwa so aussehen. Kanal A zeigt die Wellen der linken Hirn-Hemisphäre und Kanal B die der rechten. Warum diese beiden Hirnhälften getrennt voneinander betrachtet werden müssen, braucht uns hier nicht zu interessieren.

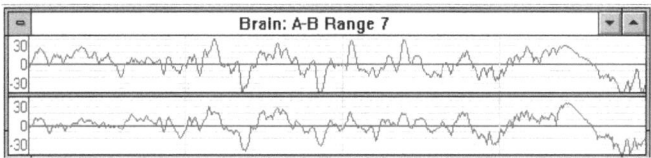

Wenn ich nun einen Hirnforscher fragen würde, in was für einem Bewusstseinszustand der Mensch mit dieser Kurve sei, dann wäre der überfordert. Etwa genau so überfordert, wie wenn ich einem Musik-Experten, der sämtliche klassischen Konzerte kennt, in einem schalldichten Raum je einen Oszillographen mit dem linken und dem rechten Stereo-Kanal vorsetzen würde, auf dem man den Ausschlag eines klassischen Konzerts nur sieht, aber nicht hört, und von ihm verlangen würde, dass er errät, um welches klassische Werk es sich handelt.

Da würde unser Tonmeister vermutlich fordern, dass er wenigstens vier Frequenzbereiche herausfiltern darf: Sopran, Alt, Tenor und Bass. Wenn er für diese Frequenzbereiche separate Amplituden ablesen könnte, würde er vermutlich diese Aufgabe lösen können. Schade, dass es „Wetten, dass" nicht mehr gibt; das wäre eine tolle Wette geworden, oder?

So ähnlich geht auch der Hirnforscher vor. Er filtert vier Frequenzbereiche aus obigem Composite-Signal. Bei ihm heißen die aber nicht „Sopran, Alt, Tenor und Bass", sondern „Beta-, Alpha-, Theta- und Deltawellen".

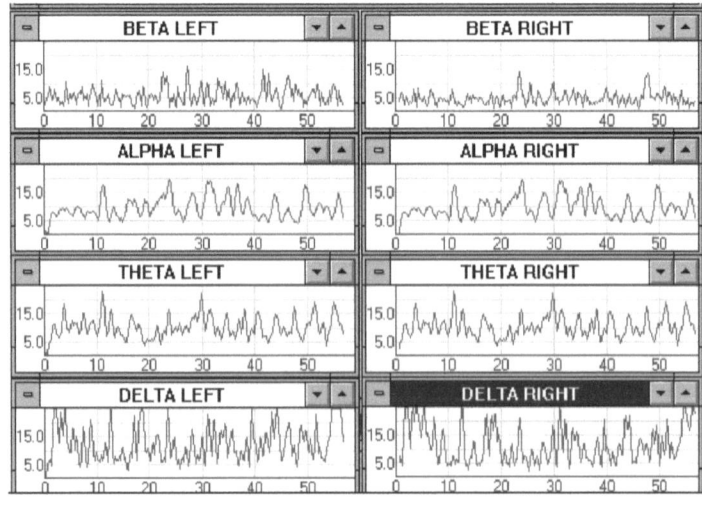

Und daraus kann der Hirnforscher jetzt einiges ablesen. In dieser Tabelle habe ich der Vollständigkeit halber auch noch einen ungewöhnlich hohen Frequenzbereich, nämlich die Gamma-Wellen angeführt:

Typ	Frequenz	Bemerkungen
Gamma-Wellen	über 30 Hz	Geistige Höchstleistung Problemlösung Angst Epilepsie
Beta-Wellen	13 bis 30 Hz	Hellwach (vigilant) Geistige Aktivität Konzentration
Alpha-Wellen	8 bis 13 Hz	Entspannung Leichte Trance Zustand kurz vor und nach dem Schlaf
Theta-Wellen	4 bis 8 Hz	Leichter Schlaf REM-Phase Träume Mittlere bis tiefe Trance
Delta-Wellen	unter 4 Hz	Traumloser Tiefschlaf

Der bulgarische Arzt Georgi Lozanov, Begründer der Suggestopädie, besser bekannt als Superlearning, hat schon in den Sechziger Jahren herausgefunden, dass nicht etwa der vigilante Beta-Zustand ideal ist zum Lernen, sondern der Alpha-Zustand, also eine leichte Trance. Ja, und wir Geschäftsleute wollten selbstverständlich so effizient wie möglich lernen, und nach anfänglichen leichten Widerständen sehnten wir uns schon immer nach dem nächsten Mal, wenn Robert Kober uns in seinem gemütlichen Schwäbisch anwies: „Setzed Sie sich grade hin, schliesed sie d'Ouge, und nähmed Sie en diefe Ademzug... so isch's richtich!"

Damit die Hirnforscher unter meinen Lesern das Buch nicht beiseite legen, will ich aus heutiger Sicht ergänzen, dass die ganze Geschichte mit den Hirnwellen wesentlich komplizierter ist als es die Populär-Psychologen gerne hätten. Man hat Hirnfrequenzen in Trance-Zuständen gemessen, wo der Anteil an Alpha-Wellen stark zurückging, und andererseits können starke Beta-Anteile durchaus beteiligt sein in tiefer Trance. Wenn man der Psychologin Winafred Blake Lucas glauben darf, sind zum Beispiel bei Medialität sogar hohe Beta-, aber auch hohe Delta-Frequenzen, also Tiefschlaf-Wellen, beteiligt.

Ich war fest entschlossen, in meinem ersten Verkaufsseminar, das kurz bevorstand, ebenfalls solche wohltuenden und lernfördernden Übungen anzuwenden. Aber damals traute ich mich noch nicht, diese Übungen selbst zu konzipieren und zu sprechen, sondern behalf mir mit Kassetten des PLS-Superlearning-Verlags und des deutschen Diplompsychologen Arnd Stein, der seine Hypnose-Übungen „Stereo-Tiefensuggestion" nannte. Ein weiteres Wort, das man verwenden kann, wenn man der Meinung ist, dass „Hypnose" die Menschen zu sehr erschreckt.

A propos Verkaufsseminar, das kam folgendermaßen zustande: Wie Sie sich sicher noch erinnern werden, habe ich meine selbständige Tätigkeit mit Werbeberatung für Kleinbetriebe begonnen. Für mich war von Anfang an klar, dass ich meine Klienten auch in anderen Bereichen würde begleiten können. Aber wenn man neu ist im Markt, muss man eine steile Positionierung finden, oder mit anderen Worten, eine Eingangstür, die offen ist. Ich konnte anhand der Geschäftszahlen meiner Frau nachweisen, dass ich in Sachen Direct Response wusste, wovon ich sprach. Und es ging nicht lange, da hatte ich eine Handvoll begeisterter Kunden. Mehr als eine Handvoll braucht ein Einmann-Betrieb ja auch nicht, sofern diese zu Stammkunden mutieren. Und genau das war 1989 geschehen.

Ein Möbelhändler in Bern wollte nach ein paar sehr erfolgreichen Zeitungs-Anzeigen und Werbebriefen, dass ich seine jährlich erscheinende Kundenzeitung textete. Ich überzeugte ihn davon, dass man auch das Layout verkaufswirksamer gestalten könnte, und schon hatte ich einen Zusatz-Auftrag. Als ich einmal bei einer Tasse Kaffee nebenbei erwähnte, dass man seine Möbelausstellung ähnlich strukturieren könnte, wie IKEA das tat, nämlich mit einem Rundgang, hatte ich sofort den Auftrag für ein neues Verkaufspunkt-Konzept in der Tasche. Es folgten Tipps für die Gestaltung des Schaufensters und die Schulung des Lieferpersonals, und aus dem anfänglichen Werbeberater wurde immer mehr ein Unternehmer-Coach für alle Marketing-Belange.

Ein anderer Kunde wollte für seine Wiederverkäufer ein Verkaufsseminar auf die Beine stellen und meinte, ich sei der einzig Richtige dafür. Ich konnte zwar gut verkaufen, das wusste ich, aber ich wusste nicht, wie ich das genau bewerkstelligte. Mit anderen Worten: Ich hatte keine Ahnung von Verkaufstechniken. Doch der Kunde war hartnäckig und meinte, er vertraue darauf, dass ich es bis in drei Monaten herausfinden würde. Ein befreundeter Pharmaberater stellte mir die Unterlagen eines Gustav-Käser-Seminars zur Verfügung, gleichzeitig fiel mir ein Buch des amerikanischen Verkaufsgenies Ron Willingham in die Hände, und Robert Kobers Chancen-Seminar gab mir den letzten Kick, den ich brauchte, um ein „etwas anderes" Verkaufsseminar zu lancieren. Es war so erfolgreich und so „anders", dass ich nur die ersten zwei firmenintern durchführte und alle weiteren öffentlich ausschrieb. Dabei half mir eine Tonbandkassette, die ich produziert und erfolgreich vermarktet hatte; sie war in schweizerdeutsch und lieferte auf der A-Seite „die tägliche Selbstmotivation für Verkäufer" und auf der B-Seite „das 6-Stufen-Verkaufsgespräch". Bevor Sie mir jetzt schreiben: Die Kassette gibt es längst nicht mehr, und ich glaube auch, dass man sie heute nicht mehr verkaufen könnte, da ich der Meinung bin, diese Art von Verkaufen hat ausgedient; heute sorgt man als Verkäufer einfach dafür, dass man sich gut fühlt, sich im Markt gut auskennt, und dann hilft man seinem Kunden lediglich, das zu finden, was er braucht. Mit anderen Worten: Man lässt kaufen.

Was das alles mit Hypnose zu tun hat? Ganz einfach: Ich wandte jetzt Hypnose in meinen Seminaren an, ohne es zu wissen. Und ihre Wirkung, auch wenn sie am Anfang noch von einer Kassette kam, konnte sich sehen lassen.

NLP – ein Wundermittel?

Ich denke, es wird so um 1990 herum gewesen sein, als ich bei einer meiner USA-Reisen einem NLP-Kassettenprogramm über den Weg lief. Falls Sie nicht wissen, was das ist: NLP steht für Neurolinguistisches Programmieren. Eigentlich ist das nur ein weiteres Wort für Hypnose. Überlegen Sie doch mal: „Neuro" hat mit dem Nervensystem zu tun, „Linguistik" mit Sprache. Was ist denn Hypnose anderes als „mit Sprache unser Nervensystem umprogrammieren"?

Einer meiner Seminarkunden, der mich immer ein wenig mit seinem seltsamen Kommunikationsverhalten genervt hatte, war Monate vorher von einem Seminar mit NLP-Gründer Richard Bandler zurückgekehrt, und auf die Frage, wie es gewesen sei, meinte er nur: „He's a genius!" Klar, so etwas kann man nur auf Englisch ausdrücken…

Ich will hier nicht im Detail auf NLP eingehen. Meine Meinung dazu war immer die: Zwanzig Prozent der NLP-Techniken sind genial, den Rest kann man in der Pfeife rauchen. Und vieles von dem, was genial ist, ist nicht etwa neu, sondern von verschiedenen psychologischen Schulen zusammengeklaut. Und Richard Bandler, der im Jahr 1988 nur aufgrund des maroden amerikanischen Rechtssystems von einer Mordanklage freikam, als Genie zu bezeichnen, ist der Gipfel von Zynismus. Ich weiß, dass jetzt einige NLP-Freaks dieses Buch beiseite legen, und das ist okay. Ich stehe zu meiner Meinung. Man kann sie übrigens heute genau so, nur etwas wissenschaftlicher formuliert, in einem hervorragenden Wikipedia-Artikel nachlesen. Dort wird bestätigt, dass die Wirkung der meisten NLP-Formate wissenschaftlich entweder nicht nachgewiesen oder gar eindeutig widerlegt werden konnten.

Eine Technik jedoch wollte ich unbedingt ausprobieren: Besagtes Kassetten-Programm vom bekannten Nightingale-Conant-Verlag sprach von einem NLP-Phobiemodell. Phobien, das wusste ich mittlerweile, sind eine hartnäckige Sache. Und so etwas sollte man in nur fünf Minuten auf ewig loswerden können? Ja, es funktionierte tatsächlich, und zwar nicht nur bei leichten Fällen. Möchten Sie die Technik kennenlernen? Nehmen wir an, wir arbeiten mit einem Klienten namens Klaus, und Klaus leidet unter einer Schlangenphobie.

1. Klaus soll sich intensiv die phobische Situation vorstellen, das sehen, was er in diesen Situationen sieht, das hören, was er hört, das zu sich sagen, was er dann zu sich sagt, und das fühlen, was er in solchen Momenten fühlt.

2. Der Therapeut fragt ab, wo Klaus überall körperliche Symptome spürt, und wie stark diese Symptome sind auf einer Skala von 1 bis 10.

3. Der Therapeut weist den Klienten an, sich vorzustellen, wie er im Kino in der dritten Reihe sitzt und sich genau diese Szene anschaut. Die Szene hat die Überschrift „Klaus hat Angst vor Schlangen."
   (Dadurch, dass wir hier einen Sprung von der assoziativen zur dissoziativen Betrachtungsweise unternehmen, werden die Symptome unweigerlich schwächer)

4. Nachdem der Therapeut sich vergewissert hat, dass die Symptome etwas schwächer geworden sind, sagt er zu Klaus: „Stell' dir vor, ein Teil von diesem Klaus in der dritten Reihe geht nach hinten in die zehnte Reihe und schaut dem Klaus in der dritten Reihe über die Schulter, wie er sich den Film anschaut ‚Klaus hat Angst vor Schlangen'."

5. Nachdem der Therapeut sich vergewissert hat, dass die Symptome nochmals schwächer geworden sind, lässt er einen Teil von Klaus so lange in hintere Reihen gehen, bis der Körper von Klaus sich fast neutral anfühlt. Aus was für Gründen auch immer habe ich stets mit den Reihen 3, 10, 20 und 23 gearbeitet, und spätestens bei Reihe 23 wiesen die Symptome höchstens noch Stärke 1 auf.

6. Dann sagt der Therapeut: „Stell' dir vor, ein Teil von Klaus löst sich aus Reihe 23 und geht nach hinten in die Projektionskabine; dort schaut er dem Klaus in der 23., dem in der 20., dem in der 10. und dem in der 3. Reihe über die Schultern, wie sie sich den Film anschauen ‚Klaus hat Angst vor Schlangen'.

Und jetzt stell' dir vor, du könntest am Projektor einen Hebel umlegen, und der Film verliert seine Farbe; er wird schwarz-weiß.

Du betätigst einen weiteren Hebel, und das Bild wird ganz klein.

Dann stoppst du den Projektor. Jetzt hast du ein kleines Stehbild in Schwarzweiß."

(Durch die fortschreitende Dissoziation und die Veränderung der Submodalitäten sind jetzt definitiv alle Symptome auf Null.)

7. (Jetzt folgt das dissoziative Betrachten eines neuen, gesunden Verhaltensmusters.)

„Kannst du dir vorstellen, dass da in dieser Projektionskabine irgendwo eine Filmrolle herumliegt, die dieselbe Szene zeigt, aber mit einem völlig anderen Klaus? Einem Klaus, der selbstverständlich nach wie vor den nötigen Respekt vor Giftschlangen hat, aber problemlos eine Schlange im Terrarium oder im Fernsehen betrachten kann, weil er weiß, dass sie ihm nichts tun kann?"

Wenn der Klient nickt, sagt der Therapeut weiter: „Stell' dir vor, du hast diese Filmrolle in der Hand, und bei diesem Projektor geht das Einlegen des Films ganz einfach. Du patschst das Ding an den Projektor, drückst auf einen Knopf, und schon läuft der Film. Schau' dir von der Projektionskabine aus durch dieses kleine Guckloch den Film an mit dem Titel ‚Der erwachsene Klaus betrachtet Schlangen und bleibt cool'. Wie fühlt sich das an?"

8. Wenn der Klient an dieser Stelle keine Symptome spürt, ist er bereit für den Sprung zur assoziativen Betrachtungsweise: „Stell' dir vor, du springst auf 3 von der Projektionskabine in die Leinwand hinein und bist nicht mehr Zuschauer, sondern Hauptdarsteller in diesem Film. 1... 2... 3, springe in die Leinwand hinein und spiele diese Szene als Hauptdarsteller."

9. In über 90 Prozent der Fälle, in denen ich diese Technik angewandt habe, fühlte sich der Klient richtig gut, so dass man nur noch abschließend sagen musste: „Gut, öffne deine Augen und lass' dich überraschen von deinem neuen Verhalten."

Wichtig für die Experten unter Ihnen wird sein, dass ich niemals irgendwelche Rezidive erlebt habe, und dass es zu keinerlei Verschiebung kam. Das gilt auch für die beiden anderen Phobietechniken, die ich später kennengelernt habe. Eine davon, die mit Hypnose nichts zu tun hat, können die Mitglieder meines Insider-Clubs auf der Mitglieder-Plattform studieren. Die andere, ebenfalls durch NLP populär geworden, verrate ich Ihnen gleich.
Die Linguisten sagen, Sprache hat eine Oberflächenstruktur und eine Tiefenstruktur. Oberflächenstruktur, das sind die Wörter, die wir verwenden. Tiefenstruktur, das ist die Bedeutung, die wir diesen Wörtern beimessen.

Ein Beispiel für Oberflächenstruktur:
„Sie gab mir einen Korb."

Jeder Leser und jede Leserin wird hier eine andere Tiefenstruktur konstruieren, abhängig von den inneren Assoziationsketten:
Ist es ein Weidenkorb? Ein Wäschekorb? Ein Bienenkorb? Eine Zurückweisung nach der Aufforderung zum Tanz?
Und selbst dann, wenn zwei Leser einen Wäschekorb vor ihrem geistigen Auge sehen, werden diese Körbe in Form, Größe, Farbe und Material verschieden sein.

In der Therapie machen wir uns das zunutze, indem wir mit dem Klienten zusammen versuchen, die Tiefenstruktur zu seiner Oberflächenstruktur zu ergründen. Beispiel: „Ich bin immer so deprimiert?"

Therapeut:

„Immer? 24 Stunden am Tag? 365 Tage im Jahr?"

„Wie oft genau? Wie lange?"

„Und wie genau drückt sich die Depression aus?"

„Was genau möchtest Du ändern?"

„Woran würdest Du merken, dass sich etwas verändert hat?"

Diesen Prozess, den Klienten von der vagen Oberflächenstruktur zur konkreten Tiefenstruktur zu führen, nennt man das Meta-Modell der Sprache. Oder kurz „runter chunken". Die Familien-Therapeutin Virginia Satir und der Gestalttherapeut Fritz Perls sollen darin sehr gut gewesen sein, und Bandler und Grinder haben beim Studium der beiden diese Technik herauskristallisiert und sie als eigene NLP-Technik vermarktet.

Hier ist das Transkript einer Sitzung, bei der ich mit Hilfe von „Runter Chunken" einer Klientin geholfen habe, ihre Frosch-Phobie loszuwerden. Machen Sie sich auf ein paar Lacher gefasst!

Therapeut: Du hast also Angst vor Fröschen?

Klientin: Ja.

T: Jede Art von Fröschen? Oder nur ganz bestimmte?

K: Jede Art.

T: Jede Größe oder nur große?

K: (zögert) Winzige Frösche stören mich nicht.

T: Wie winzig muss ein Frosch sein, damit er dich nicht stört?

K: Sehr winzig.

T: Schau, ich muss wirklich alle Details deines Problems kennen. Gib mir bitte eine Größe in Millimetern.

K: Okay, zehn Millimeter.

T: Gut. Wenn du also einen Frosch von zehn Millimetern Größe siehst, sagst du: „Cool, ein Frosch!"

K: Ich würde nicht „cool" sagen. Aber ich würde vorbeigehen. Er würde mich nicht stören.

T: Aber ein Frosch von zehneinhalb Millimetern würde dich stören?

K: (lacht) Nein, zehneinhalb ist noch okay.

T: Moment, du sagtest, zehn Millimeter ist die Grenze. Dann stimmt das nicht?

K: (nervös) Es muss einfach ein großer Frosch sein, damit ich ausflippe.

T: Wie groß ist groß?

K: Ich weiß nicht. Acht Zentimeter vielleicht?

T: Okay, du siehst einen Frosch von acht Zentimetern Größe und rufst: „Iiiiiih, ein Frosch!"

K: Nicht ganz. Ich springe beiseite und halte mich an etwas fest. Meistens an meinem Freund, und dann sage ich: „Nimm den Frosch weg!"

T: Misst du ihn zuerst?

K: Wie bitte?

T: Wie weißt du, dass er acht Zentimeter groß ist?

K: Das weiß ich einfach.

T: Was ist, wenn er, sagen wir, fünf Zentimeter misst?

K: (zögert) Ich glaube, das wäre kein Problem.

T: Also, schauen wir mal, ob wir die echte Grenze finden können. Sechs Zentimeter?

K: Ich denke, das ist immer noch okay.

T: Sieben Zentimeter?

K: Immer noch okay.

T: Siebeneinhalb?

K: Ich weiß nicht, ich mag einfach keine Frösche.

T: Ich auch nicht. Viele Menschen mögen keine Frösche. Und ich finde, Froschschenkel essen sollte verboten werden aus ethischen Gründen, denn Frösche sind sehr nützliche Tiere. Aber wie weißt du, ob du aufspringen und schreien musst? Würde ein 7,9 Zentimeter großer Frosch dich zum Schreien bringen?

K: Wahrscheinlich nicht.

Sie können sich darauf verlassen, dass nach so einer Intervention die „interne Strategie" zum Produzieren einer Phobie im Eimer ist; der Klient hat einfach keinen Zugriff mehr, weil sein Hirn nicht mehr weiß, was es genau tun muss, um die für eine Phobie notwendigen körperlichen Symptome zu erzeugen. Und eine Phobie ohne Symptome ist keine Phobie mehr.

Das ist der geniale Teil von NLP, wobei ich mir nicht sicher bin, ob es tatsächlich das Verdienst von NLP ist, dass wir heute so geschickt mit Sprache umgehen können. Die Psycho- und die Neurolinguistik sind schon lange Fachgebiete der Linguistik, und Letztere gab es lange bevor Bandler und Grinder überhaupt geplant waren. Vorreiter sind hier der Schweizer Ferdinand de Saussure (1857-1913) mit seinem Strukturalismus, der Amerikaner Noam Chomsky (*1928) mit seiner generativen Transformations-Grammatik und der britischstämmige Gregory Bateson (1904-1980), ein früherer Professor von Grinder, der lange Zeit ebenfalls als Co-Autor der NLP-Formate gehandelt wurde, sich jedoch später von Bandler und Grinder vehement distanziert hat.

Oberflächen-Struktur der Sprache

vage, verallgemeinernd

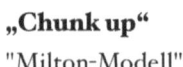

„Chunk up"
"Milton-Modell"

„Chunk down"
"Meta-Modell"

konkret, unmissverständlich

Tiefen-Struktur der Sprache

Damit Sie dieses Prinzip besser verstehen lernen, möchte ich Ihnen nochmals ein Beispiel liefern, wie man ein Problem verkleinern oder sogar ganz beseitigen kann allein dadurch, dass man den Klienten zwingt, die Tiefenstruktur zu seiner Oberflächenstruktur zu ergründen. Dieses Vorgehen nennt man, wie schon erwähnt, „chunk down" oder zu Deutsch „runter chunken".

Mit einem meiner Kunden, einem Unternehmer mit einem erfolgreichen Handwerksbetrieb, entwickelte sich vor Jahren einmal bei einer Tasse Kaffee folgender Dialog:

Kunde: Die Menschen sind schon sackblöd!
(„Sackblöd" ist ein typisch schweizerischer Ausdruck und bedeutet „geistig eher suboptimiert".)

Ich: Alle Menschen? Meinst du mich auch?

Kunde: Nein, du natürlich nicht!

Ich: Meinst du dich?

Kunde: Nein, mich meine ich auch nicht.

Ich: Wen meinst du denn konkret? Gib mir mal ein Beispiel.

Kunde: Zum Beispiel mein Werkstatt-Chef, der bestellt immer die falschen Schrauben!

Ich: Immer? Wenn der immer die falschen Schrauben bestellt, solltest du ihn entlassen.

Kunde: Ja, nicht immer. Aber jetzt schon dreimal. Gut, letztes Mal konnte er nichts dafür.

Ich: Ich will dir nicht zu nahe treten, aber wir sind jetzt in zwei Minuten von „die Menschen sind alle sackblöd" zu „mein Werkstatt-Chef hat zweimal die falschen Schrauben bestellt" gelangt. Was denkst du, welches Problem leichter zu beheben ist?

Kunde: Das zweite. Ich könnte in der Werkstatt eine Checkliste aufhängen, dann passiert das nicht mehr.

Ich: Genau, und wenn du viel Geld sparen willst, frage dich beim nächsten Mal, wenn dir die Menschheit wieder sackblöd vorkommt, was dich genau zu dieser Schlussfolgerung gebracht hat. Ich werde dir nämlich für diese Problemlösung eine Rechnung schicken, und du weißt, ich bin nicht der Billigste!

Kunde: Was genau willst du damit sagen?

Ich: Fertig, das wird nicht runter gechunkt!

Übrigens... in der Grafik sehen Sie auch einen Pfeil, der nach oben zeigt. Wozu sollte wohl der umgekehrte Prozess, das „Chunking up", gut sein? Das werde ich Ihnen später erklären, wenn wir bei Milton Erickson angekommen sind. Da sind wir aber noch lange nicht!

Fiete und der olle Dethlefsen

Im Jahr 1975, ich war 18 Jahre alt und hatte gerade nach einem PG-Eintrag in meinem gymnasialen Zeugnis knapp den Sprung von der Sekunda in die Prima geschafft, lernte ich bei einem Theaterbesuch, den ich mit ein paar Kumpels und Kumpelinnen unternommen hatte, am Stadttheater Bern den Schauspieler Friedrich Giese kennen.

Ach so, Entschuldigung. PG bedeutete „Promotion gefährdet", und es hing ein halbes Jahr lang wie ein Damokles-Schwert über mir. Ich war irgendwie in einer Stress-Phase und hatte plötzlich seltsame Blackouts. Von einem Tag auf den anderen hatte ich zum Beispiel im Englischunterricht Wortfindungsstörungen. Keine Ahnung, woher die kamen. Hypnose hätte vermutlich geholfen, aber davon hatte ich damals noch keine Ahnung.

Warum ich an dieser Stelle Fiete Giese, Gott hab' ihn selig, erwähne? Weil mir klar geworden ist, dass er für einige wichtige Stationen meines Lebens zwar nicht gerade verantwortlich ist, aber doch immerhin den Katalysator spielen durfte. Wir waren relativ lange per Sie, aber als er sich dann irgendwann einmal outete, durfte ich ihn Fiete nennen. Ich war für ihn der unerreichbare Adonis, und er war für mich in den folgenden Jahren nicht nur ein willkommener Gratis-Schauspiellehrer, sondern auch in vielerlei Hinsicht (außer in sexueller) ein Mentor und Förderer. Eine Rollenverteilung, wie sie meinem jungen Leben nicht nur einmal zugeteilt wurde.

Mit Fiete Giese im Tessin 1985, kurz vor meiner Hochzeit mit Nany.
Nein, auf mein Outfit bin ich ganz und gar nicht stolz!

Fietes Geburtstag war am 8. März, was ihn zu einem Fische-Geborenen machte. An seinen Jahrgang kann ich mich nicht mehr erinnern, aber es wird wohl etwa 1914 gewesen sein, denn 1979 wurde er glaube ich pensioniert und zog zurück in seine Heimatstadt Hamburg. Dass er als Fische-Mann die Zeitschrift „Esotera" abonniert hatte, ergibt für mich heute absolut Sinn. Damals war Esoterik für mich mehr als ein Fremdwort, und wir sprachen kaum je über esoterische Themen. Aber Fiete schleppte mich auf unseren Spaziergängen durch die Stadt Bern öfter mal in eine Esoterik-Buchhandlung, die von zwei „Gleichgesinnten" geführt wurde, und da stieß ich eines Tages auf ein Buch von Thorwald Dethlefsen (1946-2010). Der Titel des Buches lautete „Das Erlebnis der Wiedergeburt". Ich las es wie einen Krimi und war mir nicht sicher, ob es auch nur die Glaubwürdigkeit eines Krimis haben sollte, oder ob wirklich etwas dran war an dem, was dieser überaus gescheit wirkende Mann da behauptete. Und diese Hypnose, die der offenbar anwandte, das musste ja wirklich ein unglaubliches detektivisches Werkzeug sein, das nur wenige Auserwählte beherrschten!

Was meinem skeptischen Geist entgegenkam, war die Tatsache, dass Dethlefsen mit dem Mythos gründlich aufräumte, der von den Gegnern der Reinkarnationstheorie auch heute noch unermüdlich und in dümmlicher, unwissenschaftlicher Weise ins Feld geführt wird: Dass nämlich jeder entweder Kleopatra, Napoleon oder Jesus gewesen sein will. Dethlefsen sprach davon, dass all die früheren Lebensgeschichten, die er als langjähriger Therapeut gehört habe, Geschichten von ganz normalen Bürgern gewesen seien. Das entspricht auch meiner Erfahrung. In den zwanzig Jahren, in denen ich Hypnose (und auch Regressionstherapie) betreibe, ist es vielleicht zwei- oder dreimal passiert, dass jemand etwas gewesen sein wollte, was ich nicht für möglich hielt. Jedesmal lief die Therapie eher harzig, und ich war versucht, an einen Abwehrmechanismus zu denken und nicht an eine echte Geschichte aus einem früheren Leben. Auch histrionisches Verhalten ist nicht ganz auszuschließen in solchen Fällen: Das menschliche Bedürfnis, aus der trüben Suppe der Allgemeinheit herauszustechen und wenigstens in einem früheren

Leben etwas ganz Besonderes gewesen zu sein. Aber wie gesagt, das habe ich nur ganz selten erlebt und eher in den frühen Jahren, wo ich wohl selbst noch ein paar histrionische Züge hatte und mit solchen Menschen in Resonanz stand.

Faszinierend fand ich damals, 1978, auch Dethlefsens Empfehlung, man solle nach jeder Therapiesitzung Amnesie suggerieren, damit der Klient nicht mit halb bearbeiteten Traumata durchs Leben gehen müsse, bis die nächste Therapiesitzung fällig sei. Wow, also mit Hypnose konnte man jemandem einreden, dass er sich an bestimmte Dinge gar nicht mehr erinnerte? Auch von Milton Erickson (1901-1980) las ich später, er hätte immer dann Amnesie suggeriert, wenn er das Unterbewusstsein seines Klienten mit einer Problemlösung beauftragt hätte. Erickson war der Meinung, dass jedes bewusste Nachdenken über selbiges Problem den Lösungsprozess nur gestört hätte.

Ich bin heute der Meinung, dass um das Phänomen der Amnesie ein zu großes Tamtam gemacht wird; ja, es wird geradezu mystifiziert. Amnesie ist ein völlig natürlicher Vorgang, und er dient dazu, in unserem Gehirn wertvollen Speicherplatz zu sparen. Viele Hirnforscher gehen davon aus, dass nur diejenigen Erlebnisse im Langzeit-Gedächtnis gespeichert werden, die in irgend einer Form mit Emotionen verknüpft sind, egal, ob mit positiven oder mit negativen. Was Sie also vor genau zehn Jahren zu Mittag gegessen haben, ist auch in einem tiefen Trance-Zustand nicht wieder herzuholen. Es sei denn, es war ein runder Geburtstag und Sie wurden mit Ihrer Lieblingsspeise verwöhnt. Oder Sie lagen danach drei Tage lang mit einer Fischvergiftung im Bett. Wenn dieses Mittagessen vor zehn Jahren jedoch mit keinerlei Emotionen verknüpft war, dann ist es längst einer natürlichen Amnesie zum Opfer gefallen.

Das bedeutet jedoch in meinen Augen auch, dass massive Traumata auf jeden Fall gespeichert sind, unabhängig davon, ob irgend ein Wichtigtuer von Therapeut seine allmächtigen Amnesie-Suggestionen über den Klienten hat ergießen lassen oder nicht. Letzteres kann sogar außerordentlich gefährlich sein. Man stelle sich vor: Da wird einem dampfenden Kochtopf mit Gewalt ein Deckel aufgedrückt, in der Hoffnung, dass es in der Zeit zwischen zwei Therapie-Sitzungen kein Ereignis geben wird, was das Explodieren dieses Kochtopfs auslöst.

Amnesie ist nach meiner Erfahrung immer nur sehr oberflächlich und kann ganz leicht rückgängig gemacht werden. Das nennt sich dann Hypermnesie, also gesteigerte Erinnerungsfähigkeit, und dazu ist nur eine ganz leichte Trance nötig. Wie also kommen diese Ignoranten zu der irrigen Annahme, eine simple Amnesie-Suggestion könne die Kraft, die hinter einem Trauma steckt, sicher gegenüber dem Bewusstsein abschotten. Und selbst wenn das möglich wäre, was könnte diese Kraft im Unterbewusstsein alles bewirken?

Was ich allerdings nicht abstreiten kann, ist die Tatsache, dass sich zwischen 1976 und 1992 bei mir in Sachen Reinkarnationstheorie eine Amnesie einstellte, durch was sie auch immer bedingt gewesen sein mag. Ich war auf dem „Realismus"-Trip, und zwar bis kurz nach der Veröffentlichung meines ersten Buches.

Großerfolg, Wayne Dyer und Silva

Ende 1990, als ich 33 Jahre alt war, stand wieder einmal ein neues Kapitel an in meinem Leben. Etwas, was ich heute astrologisch leicht nachvollziehen kann. Damals war's halt einfach meine Intuition, die sich meldete mit den Worten „So geht's nicht weiter".

Mein damals bester Kunde, mit dem und dessen Ehefrau wir im Herbst 1990 eine Privat- und Geschäftsreise durch Kalifornien unternommen hatten, musste sich von mir anhören, dass er mit seinem Franchise-Konzept völlig auf dem falschen Dampfer sei, und wenn er darauf bestünde, müsste jemand anderes das Konzept für ihn entwickeln, denn ich hätte noch ganz andere Pläne. Irgendwo in meinem Hinterkopf spukte ganz vage der Begriff „Buch veröffentlichen" umher. Ich hatte ja in der Zwischenzeit sämtliche Marketing-Aspekte des Kleinbetriebs kennengelernt, mein eigenes Kurz-Rezept entwickelt und damit schon bei etlichen öffentlichen Vorträgen brilliert. Es lautete wie folgt:

1. Finden Sie heraus, in welchen Situationen Ihr Kunde mit Ihrem Geschäft indirekt oder direkt in Kontakt kommt.

2. Finden Sie heraus, welche unausgesprochenen Fragen der Kunde in diesen Momenten hat.

3. Beantworten Sie ihm diese Fragen in einer leicht verständlichen Sprache.

Konkret bedeutete das, dass man sich Gedanken zu den unausgesprochenen Leserfragen in folgenden Situationen machen sollte:

• Zeitungsinserat, Flugblatt oder Werbebrief
  (meistens der erste Kontakt, den ein potenzieller Kunde mit einem bestimmten Geschäft hatte)

• Anruf im Geschäft
  (E-Mail gab es damals noch nicht!)

- Schaufenster
(das darüber entscheidet, ob der Kunde sich traut, den Schritt über die Schwelle ins Geschäft zu machen)
- Begrüßung im Geschäft, Haltung der Verkäufer
- Verkaufspunkt-Gestaltung und Vorbereitung des Verkaufsgesprächs
- Verkaufsgespräch
- Verkaufsabwicklung
- Lieferung
- Service nach dem Kauf
- Reklamationsbehandlung

Zu all diesen Punkten hatte ich in den Jahren 1986 bis 1990 wertvolle Erfahrungen gesammelt, die ich so noch in keinem Buch gelesen hatte. Dennoch brauchte ich zwei weitere Kicks, bis ich endlich mein erstes Buchprojekt in Angriff nahm.

Im Januar 1991 flog ich für eine Woche nach Florida. Ich hatte Monate zuvor in einer Buchhandlung in Minneapolis die Bücher des Psychologen Wayne Dyer entdeckt und, frech wie ich war, einfach mal in seinem Büro angerufen. Ich habe keine Ahnung mehr, wie ich an die Telefonnummer kam, aber ich weiß, dass Dyers Sekretärin Maya außergewöhnlich freundlich war. Sie war aus Finnland und hatte einen entsprechend herben Akzent, der zu ihrer Gastfreundschaft einen interessanten Kontrast bildete. Auf meine Frage, wann denn die nächsten Seminare mit Wayne stattfänden, meinte sie nur, da gäbe es im Januar zwei, eines in Fort Lauderdale und eines an der Golfküste Floridas, auf Marco Island, die wären zwar schon ausgebucht und würden auch von einer externen Firma organisiert, aber sie lasse mich jetzt gleich als ihren persönlichen Gast eintragen, und ich sollte mich zum Kaffeeplausch in ihrem Apartment melden, sobald ich in Florida gelandet sei.

Meine Frau hatte weder Lust auf Wayne Dyer noch auf Florida, das ihr immer schon zu „langweilig flach" war, und sie meinte, ich sollte mir diese Woche alleine gönnen. Zu dieser Zeit waren wir drei- bis viermal im Jahr in den USA, und ein Transatlantik-Flug war nicht viel aufregender als eine S-Bahn-Fahrt von unserem damaligen Wohnort Moosseedorf in die zehn Kilometer entfernte Stadt Bern. Also lobte ich einmal mehr das Vertrauen meiner Gattin und buchte meinen Erstklass-Flug.

Nach der Landung meldete ich mich bei Maya, die mich wie einen alten Freund begrüßte, und irgendwie kam ich mir schon sehr wichtig vor, bei der Sekretärin eines weltberühmten Bestseller-Autors ein- und auszugehen. Maya war ein paar Jahre älter als ich, und ich glaube nicht, dass sie sexuelle Absichten hatte. Sie war einfach eine sehr lebensfrohe Person und viel extravertierter als ihr Chef. Allerdings versuchte sie am selben Abend noch, mich mit ihrer besten Freundin zu verkuppeln, die den kürzesten Minirock trug, den ich je in meinem Leben erblickt habe, so dass ich den Begriff „billiges Flittchen" den ganzen Abend nicht mehr loswurde. Mayas Freundin, die wir aufgrund meines Gedächtnisverlusts und natürlich auch aus Diskretionsgründen einfach mal Susy nennen wollen, versprach uns, dass ihr Ex-Freund sie mit seinem Rolls Royce abholen würde und dass wir dann zu viert ins Restaurant ihres Ex-Mannes in Miami zum Abendessen fahren würden. So geschah es, und nachdem ich etliche eindeutige Annäherungsversuche von Susy ignoriert hatte, stand mir dank dem Primitivling von Ex-Freund, der, wie sich herausstellte, kurz vor der Pleite stand, der psychisch schmerzhafteste Abend bevor, den ich je in Amerika erlebt habe.

An diesem Abend dachte ich für mich: „Wenn Wayne Dyers Sekretärin in solchen Kreisen verkehrt, dann kann es mit seiner Spiritualität auch nicht weit her sein." Das kann, wie ich heute weiß, ein Trugschluss sein, denn meine Geschäftspartner haben sich später auch oft als deutlich primitiver herausgestellt als ich erwartet hatte. Kurz und gut: Ich war von der Versuchung kuriert, mir Wayne Dyer zum Guru zu nehmen. Als mich Maya nach dem Seminar auf Marco

Island fragte, ob Wayne und sie mit mir zusammen zurück nach Fort Lauderdale fahren könnten, um sich einen Mietwagen zu sparen, da war ich fast ein wenig froh, dass mir die Mietwagen-Firma einen zweisitzigen Sportwagen ausgehändigt hatte, der demnach nicht für drei Personen geeignet war. Wer weiß, vielleicht wäre ich von meinem Möchtegern-Guru noch enttäuschter gewesen, als ich es ohnehin schon war.

Dieses Erlebnis und zwei weitere, die ich später mit den genau so berühmten Autoren Leo Buscaglia und Stuart Wilde hatte, hat mich gegenüber sämtlichen Gurus dieser Welt skeptisch bleiben lassen, und diese Erfahrungen sind auch schuld daran, warum ich beispielsweise einem Eckhard Tolle sein erleuchtetes Gehabe niemals ganz abkaufen werde, wie klug auch immer seine Worte klingen mögen. Merken Sie sich eines: Die Botschaft mag erleuchtet klingen, der Botschafter muss es nicht zwingend sein. Das macht auch nichts, ich will deswegen die Botschaft nicht abwerten, aber machen Sie nie den Fehler, jemand anderen über sich selbst und dadurch Ihr eigenes Licht unter den Scheffel zu stellen.

Mit ziemlich viel Frust im Bauch machte ich mich also nach einem Erholungstag am Pool auf den Everglades Parkway, den man dort burschikos „Alligator Alley" nennt, zurück nach Fort Lauderdale, wo ich am nächsten Tag das Flugzeug in die Schweiz besteigen sollte. Irgendwie brauchte ich aber für diese zweistündige Fahrt etwas Aufbauendes, weshalb ich in einer Buchhandlung Halt machte. Sie wissen schon, das waren so Geschäfte, wo man richtige Bücher kaufen, also zahlen und gleich mitnehmen konnte, ähnlich wie bei Amazon, aber halt live und in Farbe. Eine Kassette mit dem Titel „Success and Self-Confidence" von einem Hans de Jong, seines Zeichens Silva-Trainer, fiel mir vor die Füße, als ich unachtsamerweise fast ein Gestell umstieß. Die Silva-Methode, davon hatte ich doch schon einmal gehört. Zwei oder drei Kunden hatten mich in den Monaten davor gefragt, ob ich mit Silva vertraut sei. Die Antwort war jedesmal nein, und das hier war meine Chance, etwas darüber zu erfahren.

„Success and Self-Confidence" von Hans de Jong ist tatsächlich heute noch erhältlich!

Hans de Jong war, wie ich später erfuhr, eine Zeitlang Silva-Cheftrainer in Kalifornien, und seine Kassette bestand aus standardisierten Silva-Entspannungsübungen und eigenen Motivationsgedanken, die die Amerikaner „Pep-Talks" nennen. Einen solchen Pep-Talk hatte ich offenbar gebraucht. Hans de Jong sprach nämlich von hohen Zielen, die man sich setzen solle. Als Beispiel brachte er das Schreiben eines Buches. Sinngemäß meinte er: „Was ist schon ein Buch? Mehrere Wörter ergeben einen Satz, mehrere Sätze einen Abschnitt, mehrere Abschnitte ein Kapitel, und mehrere Kapitel ergeben ein Buch. Und Sie haben doch sicher alle schon einmal einen Aufsatz geschrieben, oder etwa nicht? Allein all Ihre Aufsätze zusammengenommen würden doch auch ein Buch ergeben. Also erzählen Sie mir nicht, Sie könnten kein Buch schreiben!"

Das war's, was ich noch gebraucht hatte. Mein Florida-Trip hatte sich doch noch bezahlt gemacht. Zuhause angekommen erstellte ich sofort einen Outline für mein Buch. In einem lichten Moment fiel mir auch ein wunderbar rhythmischer Titel ein: „Groß-Erfolg im Kleinbetrieb."

Mittlerweile hatte ich so viel über Zeitmanagement gelernt, dass ich mir vornahm, Montag bis Freitag jeden Tag von acht bis neun Uhr fürs Schreiben zu reservieren. Die Bürotüre wurde geschlossen, meine Frau war ohnehin bei der Arbeit, der Telefonbeantworter wurde eingeschaltet und machte meine Kunden darauf aufmerksam, dass, wenn sie mir mit einem Auftrag drohen wollten, sie warten müssten bis neun Uhr. Um Punkt neun Uhr begann ich mich dann um mein Tagesgeschäft zu kümmern, egal, ob ich mich gerade mitten in einem Kapitel befand oder nicht.

Wenn ich pro Tag nur eine einzige Buchseite schaffen würde, so war meine Überlegung, hätte ich in 200 Tagen, was einem Arbeitsjahr entspricht, mein fertiges Buch. Würde ich vier Seiten schaffen, wäre es schon in drei Monaten fertig.

Der langen Rede kurzer Sinn: Nach drei Monaten war der erste Entwurf vollendet, und nachdem ich es hatte lektorieren lassen und elf Absagen von verschiedenen deutschen Verlagen ertragen musste, wollte ich nicht länger warten und beschloss, das Buch selbst zu veröffentlichen. Die Absagetexte der Verlage klingen heute absurd, wenn man bedenkt, dass der „Groß-Erfolg im Kleinbetrieb" über 25 Jahre auf dem Markt ist und sich als Klassiker in der Wirtschaftsliteratur etabliert hat: „Es gibt schon genügend KMU-Literatur", war der allgemeine Tenor. „Na toll," dachte ich für mich, „mit diesem Argument dürfte man auch keine Romane mehr veröffentlichen." Manchmal war ich versucht zu lästern: „Wer kein Buch zustande bringt, wird Journalist; wer das auch nicht schafft, wird Verleger." Das ist natürlich maßlos übertrieben, und es gibt tolle Verleger, die ein Gespür dafür haben, was die Menschheit braucht oder was man ihr einreden könnte, dass sie brauche. Aber der wohl größere Teil der Lektoren sind nutzlose Knilche, und sie müssen sich nicht wundern, wenn ihr Job heute von Self-Publishing bedroht wird.

J. K. Rowling, die Autorin der Harry-Potter-Romane, die durch ihre Bücher zur Milliardärin wurde, versuchte kürzlich, unter einem Pseudonym einen weiteren Roman abzusetzen. Als Jux und zur Ermunterung angehender Autoren veröffentlichte sie auf Twitter die Absagebriefe der Verlage. Es ist unglaublich, mit welcher Arroganz diese Analphabeten eine Schreiberin dazu ermuntern, Schreibkurse zu besuchen.

Sorry, ich habe mich gerade von meinem Ärger über die Dummheit gewisser Menschen ein wenig davontragen lassen. Im Herbst 1991 verließ also die erste Eigenauflage von tausend Exemplaren des „Groß-Erfolgs" die Druckerei, und sie war in wenigen Wochen dank meiner intensiven Direktwerbe-Kampagnen ausverkauft, so dass ich gleich noch eine zweite Auflage hinterher schob.

Inzwischen hatte sich aber eine Dunja Götz vom mvg-Verlag in Landsberg gemeldet, dem zwölften Verlag, bei dem ich mein Glück versucht hatte. Ihr gefiel mein Manuskript außerordentlich gut, und noch begeisterter war sie, als sie vernahm, dass ich nicht untätig auf ihre Antwort gewartet, sondern selbst Hand angelegt und bereits zwei Auflagen verkauft hatte. Ich buchte den nächsten Direktflug von Bern nach München, wir trafen uns in einem gemütlichen Biergarten, und wir machten Nägel mit Köpfen. In wenigen Tagen würde ich den Vertrag in der Post haben. Ich schwebte im siebten Himmel. Bis der Vertrag kam.

Man würde direkt ins Taschenbuch gehen, hieß es, denn sie hätten beim mvg-Verlag keine Hardcover-Reihe für mein Thema. Die Tantiemen betrugen, so weit ich weiß, sieben Prozent vom Netto-Verkaufserlös, und mein Autoren-Rabatt, also der Rabatt für Bücher, die ich selber bezog, lag bei mickrigen 35 Prozent. So viel hatte ich über das Verlags-Business bereits gelernt, zwar bei dem zwielichtigen Scientology-Autoren Ha. A. Mehler und seinem Buch „Wie schreibe ich einen Bestseller", aber vom Verlagswesen schien der Mann etwas zu verstehen. Jedenfalls nahm ich einen Korrekturstift zur Hand und änderte sämtliche Klauseln im Vertrag, die mir nicht passten. Unterschrieben und zurück geschickt.

Anruf drei Tage später. Eine Frau Streckenleiter, die so klang wie sie hieß und sich als Verlagsleiterin vorstellte, fackelte nicht lange mit Höflichkeitsfloskeln herum. Sie las mir ordentlich die Leviten. Was mir eigentlich einfiele, ich könne froh sein, dass ich als Erst-Autor überhaupt einen Verlag fände, und ich sollte jetzt den Originalvertrag unterschreiben und ihr sofort zuschicken. Wodurch die gute Frau sich zur Verlagsleiterin qualifiziert hatte, war mir ein Rätsel. Durch Menschenkenntnis jedenfalls nicht, sonst hätte sie spüren müssen, dass man mit solchen Tönen bei mir eine unüberwindbare Portion Sturheit hervorruft. Ich vergaß für einen Moment völlig, dass ein fremder Verlag für mein Fortkommen wichtig sein könnte und sah nur noch meine Freiheit in Gefahr. Wenn ich mich zu Anfang des Jahres in Fort Lauderdale von der verführerischen Susy nicht hatte fremdbestimmen lassen, dann würde mir das mit Sicherheit auch nicht mit Frau Reibeisen-Streckenleiter passieren.

Mit einer Coolness, die mich heute noch verblüfft, sagte ich: „Frau Streckenleiter, wir können es auch ganz bleiben lassen. Ich habe bereits an die zweitausend Stück verkauft; ich kann meine Bücher auch weiter selbst drucken und verkaufen." Das saß. Frau Streckenleiter begann auf einmal zu jammern. Das könne ich nun gar nicht machen, die Verlagsvertreter würden sich schon freuen, mein Buch auf die Frühlingsreise mitzunehmen, und überhaupt.

„Gut," meinte ich höflich, „dann entwerfen wir jetzt zusammen einen neuen Vertrag. Und wenn wir schon dabei sind, es wird ein Hardcover-Vertrag."

„Geht nicht, „meinte mein Gegenüber, das den Ernst der Lage noch immer nicht erfasst hatte, „wir haben keine Reihe dafür."

„Dann erschaffen Sie eine!"

Ich will es für Sie abkürzen: Am Schluss hatte ich einen Vertrag in der Tasche, den normalerweise nur Bestseller-Autoren auszuhandeln in der Lage sind. Hans de Jong hatte mit seiner Silva-Kassette „Success and Self-Confidence" (Erfolg und Selbstvertrauen) offenbar ganze Arbeit geleistet.

Doch was war das für eine Methode, die so viel bewirken konnte? Das sollte ich bald herausfinden, und zwar an einem richtigen Silva-Training.

Das große Erwachen in Salzburg

Wenn man von mir, was metaphysische und NewAge-Themen anging, behaupten konnte, dass ich bis Mitte 1991 zwischen Faszination und Skepsis schwankte, so war bei meiner Frau klar, dass sie alles, was nach Esoterik roch, gänzlich ablehnte. Und so betrachte ich es heute noch als ein Wunder, dass ich sie davon überzeugen konnte, im November 1991 mit mir frisch gebackenem Buchautor nach Salzburg, genauer gesagt auf die Gersberg-Alm, zu einem Silva-Seminar zu fahren. Das Internet gab es damals noch nicht, oder besser gesagt, es war noch nicht kommerzfähig, und man konnte nicht einfach rasch etwas googeln, wie wir das heute tun. Also kam ich eines Tages auf die Idee, in den Telefonbüchern der größeren Schweizer Städte nach dem Namen Silva zu suchen. Bereits in Zürich wurde ich fündig. Am Telefon meldete sich Elke Rickenbach, eine Deutsche, die, wie sich herausstellte, schon länger in der Schweiz lebte und dieses hochdeutsch gefärbte Schweizerdeutsch sprach, das wir Schweizer so sehr lieben. Nein, ganz im Ernst, bei Elke klang das irgendwie lieblich, und ich hörte ihr gerne zu.

Auf die Frage nach dem nächsten Seminar meinte sie, in der Schweiz seien erst im Jahr darauf wieder welche geplant, aber wenn wir nichts gegen eine Fahrt ins Ausland hätten, würde im November ein viertägiges Grundlagen-Seminar auf der Gersberg-Alm bei Salzburg stattfinden.

Kurz und gut: Dieses Seminar hat mein Denken und auch das Denken meiner Frau derart radikal verändert, dass ich Ihnen hier die ganze Geschichte so wiedergeben möchte, wie ich sie einmal in einem Schweizer Management-Magazin veröffentlicht habe:

> *Zum Glück konnte ich meine Frau davon überzeugen, mich nach Salzburg zu begleiten. Denn erstens mochte ich nicht vier Tage ohne sie in der Mozartstadt herumhängen, und zweitens ahnte ich, dass sie einfach dabei sein musste, wenn wir weiterhin gemeinsam wachsen wollten.*

> *Die Kosten waren ja lächerlich gering. 600 Franken pro Person oder 1100 pro Ehepaar. Und diese Gebühr berechtigt uns, den Kurs jederzeit, unser ganzes Leben lang, irgendwo auf der Welt zu wiederholen.*

*Wo habe ich eigentlich zum ersten Mal von der Silva-Methode ge-
hört? Ach ja, richtig. Nach einem Wayne-Dyer-Seminar in Marco
Island/Florida, auf der Fahrt nach Fort Lauderdale. Ein gewisser
Hans de Jong, Silva-Trainer in Kalifornien, erzählte auf einer Tonbandkassette, dass jeder Mensch fähig sei, ein Buch zu schreiben.
Denn schließlich bestünden Bücher aus Seiten, Seiten aus Sätzen und
Sätze aus Wörtern. Ein Buch sei also nichts anderes als eine Anein-
anderreihung von Wörtern. Und falls man sich in Rechtschreibung
unsicher fühle, kein Problem. Dafür hätten die Verlage schließlich
Korrektoren. Zu Hause angekommen, fing ich also an, Wörter anein-
anderzureihen. Nach 208 Seiten hörte ich auf, brachte die Geschichte
in eine Druckerei, und heute wird sie in Form des Bestsellers „Groß-
Erfolg im Kleinbetrieb" verkauft. Schlecht kann sie also nicht sein,
diese Silva-Philosophie.*

*Das Seminar-Hotel passt. Zehn Minuten östlich von Salzburg, un-
terhalb der Gaisberg-Spitze, liegt sie, die Gersberg Alm. Und sie ist
genauso idyllisch, wie sie klingt. Die richtige Umgebung, um endlich
zu lernen, wie man mit seinem Gehirn richtig umgehen hat. (Hand
aufs Herz: Haben Sie das irgendwo gelernt?)*

*Etwa hundert Personen strömen in den gemütlichen Seminarraum.
Davon, wie wir später erfahren, etwa 30 „Neue" und 70 „Wiederho-
ler". Die Seminarleiterin ist eine überaus sympathische und warm-
herzige Frau, wohltuenderweise ohne den Touch des „leicht Entrück-
ten", wie es im Esoterik-Business nur allzuoft vorkommt. Sie erklärt
uns zunächst einmal, was eine „Hirnfrequenz" ist. Unser Gehirn hat
offensichtlich einen Rhythmus, genauso wie unser Herz auch. Im
normalen Wachzustand öffnen und schließen sich die Nerven-Enden
zwischen 14 und 21 Mal pro Sekunde. Man nennt diesen Frequenzbereich auch Beta-Wellen, den Zustand dementsprechend Beta-Zustand.
Wenn wir uns entspannen, sinkt die Frequenz auf 7 bis 14 Hertz. In
diesem so genannten Alpha-Zustand vergessen wir zwar weitgehend
Zeit und Raum, sind jedoch jederzeit im vollen Besitz unserer geistigen Kräfte.
Und mit diesem Alpha-Zustand, so die Trainerin, wollten wir uns
also vier Tage lang befassen. „Denn", so wird uns versprochen, „Sie
können in diesem Zustand wahre Wunder vollbringen."*

Kaffeepause. Jeder schreibt seinen Vornamen auf ein Schildchen, denn bei Silva ist man per Du. „Die Seele will geduzt werden", heißt es. Und wir erschrecken uns auch nicht gegenseitig mit irgendwelchen Titeln, die uns sowieso nur wieder signalisieren wollen, dass wir es doch nicht so weit gebracht haben wie die anderen.

Am zweiten und dritten Tag lernt man ganz praktische Dinge für den Alltag, von denen man gar nicht wusste, dass sie existieren, geschweige denn, dass man sie für sich und seine Freunde nutzen könnte. Durch die fortwährenden Entspannungsübungen wird man natürlich auch immer lockerer und fühlt sich, mit Verlaub gesagt, „sauwohl".

Und dann, am vierten Tag, folgt das Verblüffendste. Man will uns beweisen, dass wir alle eine Art seherische Fähigkeit besitzen. Jeder denkt sich zwei kranke Personen aus seinem Bekanntenkreis aus, schreibt deren Namen, Vornamen, Wohnort und Alter auf einen Zettel, zusammen mit einer Beschreibung der Krankheiten. Die Zettel werden eingesammelt und, nachdem man Zweiergruppen gebildet hat, neu verteilt. Jede Gruppe erhält vier Fälle, die sie nicht kennt.

Während sich der eine Partner in den Alpha-Zustand versetzt (am vierten Tag beherrschen Sie das in Sekundenschnelle), liest der andere den Namen, den Vornamen, den Wohnort und das Alter des „Patienten" vom Blatt. Nun soll der andere genau sagen, was er alles vor seinem geistigen Auge sieht. Wenn er nichts sieht, soll er einfach eine Geschichte erfinden, die zu diesem Namen passt.

Ich bin sehr skeptisch, kann mir nicht vorstellen, dass das klappen soll. Außerdem bin ich viel zu aufgeregt und frage mich, ob ich überhaupt im Alpha-Zustand bin. Was soll's. Ich probier's einfach. Zuerst sehe ich nur ein Gesicht ohne Details. Rechts hängt eine überlange Haarsträhne herunter. „Das kann doch nicht sein", denke ich. „Der Mann ist 75 Jahre alt." Ich sage es trotzdem, denn die Trainerin hatte uns dazu ermahnt, sämtliche „logischen" Überlegungen außer Acht zu lassen. „Schau' dir seinen Körper an, was siehst du noch?" will meine Gruppenpartnerin weiter wissen. „In der Leistengegend blinkt etwas rot auf. Oben beim Kopf sehe ich einen Blitz. Sein Skelett ist ganz gebückt, ich frage mich, ob der laufen kann." Was war das? Wie komme ich denn darauf? Meine Kollegin schreibt alles ins Protokoll.

„Beim Magen scheint irgend etwas zu sein. Und in der Leistengegend blinkt wieder dieses rote Dreieck."

Nach der Übung kommt das große Staunen. Auf dem Zettel steht: „Kann nach zwei Hirnschlägen weder gehen noch sprechen. Hatte Magenoperation, die aber keine Beschwerden mehr verursacht."

Noch mehr staune ich, als ich die Schreiberin des Zettels frage, was es denn mit der Haarsträhne und dem Dreieck in der Leistengegend wohl auf sich habe. „Naa, i glaub's net", sagt die Linzerin. Der „Patient" sei ihr Vater. Bis letztes Jahr habe er noch ein paar Haare gehabt, die er sich ganz lang habe wachsen lassen, um damit seine Glatze zu bedecken. Er klage übrigens die ganze Zeit, dass er in der Leistengegend Schmerzen habe, und Mutti wolle es ihm nicht glauben.

Bevor Sie mich jetzt als Wunderkind bezeichnen, will ich Ihnen sagen, dass 95 der 100 Anwesenden, darunter mindestens 20 Vollblut-Skeptiker und drei Schulmediziner, ihre Fälle richtig „diagnostizierten".

Silva will damit natürlich nicht zum allgemeinen Wunderheilen auffordern, obwohl es sicher nicht schaden könnte, wenn wir unseren Mitmenschen mehr heilende und positive Gedanken gönnten. Für mich war diese Übung schlicht und einfach der Beweis für das, was ich seit Monaten predige: Gedanken sind nicht nichts. Sie scheinen eine Form von Energie zu sein, die wir (noch) nicht messen können.
Auf Ihren Alltag angewandt, heißt das: Tragen Sie Sorge zu Ihren Gedanken. Meine guten Gedanken begleiten Sie dabei...

So weit mein damaliger Bericht. Mittlerweile weiß ich natürlich, dass das, was heute als „Silva-Methode" in etwa 50 Ländern der Erde in Lizenz angeboten wird, überhaupt nichts Neues war, sondern nichts anderes als Hypnose, kombiniert mit einer genialen Marketing-Idee von José Silva. Silva wurde 1914 als zweites von drei Kindern von mexikanischen Einwanderern in Laredo/Texas geboren. Er genoss keinerlei Schulbildung und absolvierte mit 15 Jahren einen Fernlehrgang in Elektrotechnik. Während des Militärdienstes im Zweiten Weltkrieg bildete er sich auf diesem Fachgebiet weiter und wurde Ausbilder. Während dieser Zeit erwachte auch sein Interesse an der menschlichen Psyche und dem Zusammenhang mit Hirnfrequenzen. Nach einem Wochenendkurs in Hypnose begann er, mit seinen Kindern hypnotisch zu arbeiten. Nachdem deren Schulnoten sich massiv verbessert hatten, folgten 39 weitere Kinder aus seinem Wohnort. Später entstand eine Lerngruppe mit Erwachsenen; der Rest ist Geschichte. Nachdem Silva im Jahr 1999 starb, übernahmen seine Kinder, allen voran Josés Tochter Laura, die Organisation.

Die Silva-Leute nehmen das Wort Hypnose noch immer nicht in den Mund, sondern sprechen von „Personal Growth", also persönlichem Wachstum. Entweder weil sie keine Ahnung haben, was Hypnose ist, oder, und das halte ich für wahrscheinlicher, weil sie befürchten, das Wort Hypnose könnte für zu viele Menschen ein Reizwort sein und sie von einem Seminarbesuch abhalten. Das ist irgendwie schade, denn es trägt nicht zum Abbau der Vorurteile gegenüber der Hypnose bei. Gerade eine weltweite Organisation wie Silva hätte es in der Hand, hier wertvolle Aufklärungsarbeit zu leisten. Was soll es denn sonst sein, wenn nicht Hypnose? Wir haben eine Trance, und wir haben Suggestionen. Und wir möchten, dass diese Suggestionen beim Probanden eine Veränderung bewirken. Auch wenn wir diese Veränderung „Wachstum" nennen, es bleibt eine Veränderung, also eine Manipulation.

Ach, wenn wir schon beim Thema Manipulation sind, dazu habe ich einmal einen Artikel veröffentlicht, auf den ich sehr stolz bin:

Hypnose? Wird man da manipuliert?

Hypnotische Manipulation? Eine Antwort von Hans-Peter Zimmermann, die Sie möglicherweise überraschen wird...

Als Hypnotherapeut hört man bei Erstkontakten immer wieder den Satz: „Wissen Sie, ich möchte schon gerne etwas mit Hypnose machen. Aber ich habe Angst, dass ich dabei manipuliert werde."

Meine Antwort:
Aber sicher werden Sie manipuliert! Was denn sonst? Wenn Sie zum Hypnotherapeuten gehen, um Ihre Probleme zu lösen, dann sagen Sie doch förmlich zu ihm: „Lieber Hypnotherapeut, ich habe versucht,

meine Probleme auf herkömmliche Art zu lösen. Es hat nicht geklappt. Bitte manipuliere mein Unterbewusstsein mit allen Tricks, die du kennst, auf dass meine Probleme endlich der Vergangenheit angehören."

Manipulieren, aber bitte richtig!

Die Angst vor hypnotischer Manipulation, die viele Klienten ausdrücken, bezieht sich also offensichtlich nicht auf die Manipulation selbst, die ja geradezu erwünscht ist. Sondern sie bezieht sich vielmehr auf die Möglichkeit, dass der Therapeut irgendwelche Tricks aus der Show-Hypnose anwenden könnte. Diese Angst ist unberechtigt. Aus welchem Grund sollte ein Therapeut Sie auch dazu bringen wollen, in eine Zitrone zu beißen oder mit einem Besen Samba zu tanzen?

Eine weitaus berechtigtere Angst ist diejenige, dass der Therapeut seine eigenen Probleme und Wünsche auf den Klienten projizieren könnte.

Dabei geht es noch nicht einmal um die Möglichkeit, dass beispielsweise ein Scientologe oder ein Zeuge Jehovas eine Hypnose-Sitzung zum Missionieren verwenden könnte. So etwas würde vermutlich von den meisten Klienten entlarvt, selbst in tieferer Trance.

Nein, die Manipulations-Möglichkeiten sind viel subtiler und werden meistens nicht einmal vom Therapeuten selbst wahrgenommen.

Das Weltbild des Therapeuten

Stellen Sie sich vor, ein Therapeut hat ein Riesenproblem mit Frauen und mit Geld. Glauben Sie, dass dieser Therapeut Sie neutral therapieren kann, sobald es bei Ihnen um Frauen und um Geld geht? Mit großer Wahrscheinlichkeit nicht!

Oder nehmen Sie an, eine Therapeutin wurde als Kind missbraucht, und sie hat dieses Thema niemals bearbeitet. Aufgrund der vielen Diskussionen in einer Selbsthilfe-Gruppe ist sie der Ansicht, dass mindestens jeder zweite Vater seine Tochter missbraucht. Wenn bei Ihnen nun ein noch nicht erhärteter Verdacht auf Missbrauch besteht, glauben Sie dann, dass diese Therapeutin die richtige ist für Sie?

Wie gesagt, der Hund liegt in feinen Unterschieden in den sprachlichen Mustern begraben. Die neutrale Therapeutin wird vielleicht sagen: „Wir gehen zum allerersten Ereignis, das mit diesem Gefühl zusammenhängt, das Sie jetzt im Körper spüren. Beschreiben Sie mir, was Sie sehen." Während es bei der vorbelasteten Therapeutin so klingen könnte: „Beschreiben Sie mir genau, was Ihr Vater tut. Wo berührt er Sie?" Oder: „Angenommen, Ihr Vater hätte Sie unsittlich berührt, wann wäre das zum ersten Mal passiert?"

Sehen Sie den Unterschied? Wenn ja, dann möchten Sie jetzt vermutlich wissen, wie Sie es vermeiden können, an einen vorbelasteten Therapeuten zu geraten.

Wie finde ich einen „unbelasteten" Therapeuten?

Die Forderung nach völlig unbelasteten Therapeuten ist mit Sicherheit utopisch. Das müssten schon Roboter ohne eigene Gefühle und ohne eigene Lebensgeschichte sein. Und ob die dann für den Therapeuten-Beruf taugen würden, steht auf einem anderen Blatt.

Was ich aber von mir selbst und den bei mir ausgebildeten Therapeuten fordere, ist, dass sie permanent bei sich selbst aufräumen. Wenn mich beispielsweise etwas nervt, dann erlaube ich mir schon mal eine bissige Bemerkung in meinem Newsletter oder eine satirische Kolumne auf meiner Homepage. Aber als nächstes schaue ich immer gleich nach, was das Ganze mit mir selbst, das heißt, mit meinem eigenen Innenleben zu tun hat.

Zimmermann, wie neutral bist du?

Es wäre jedoch vermessen zu behaupten, dass ich ein neutraler Therapeut bin. Und falls Sie wissen möchten, in welcher Richtung bei mir Manipulationsgefahr besteht, sage ich es Ihnen:

- *Ich bin über 20 Jahre mit meiner Ehefrau zusammen (Anmerkung 2016: Mittlerweile sind es 36 Jahre!), und unsere Ehe ist so spannend wie am ersten Tag. Ich werde Sie also vermutlich unbewusst dahingehend zu manipulieren versuchen, dass auch Sie monogam denken und daraus entsprechenden Nutzen ziehen. Ich hatte* selbstverständlich auch schon polygame Menschen in der Therapie (mehr als mir lieb ist ;-) und die wurden deswegen nicht monogam. Aber ich wollte Sie gewarnt haben...

• Ich fühle mich sehr wohlhabend und genieße das Gefühl der Freiheit, das mir meine finanzielle Situation liefert. Also werde ich Sie vermutlich unbewusst dahingehend manipulieren, dass auch Sie etwas tun, um finanzielle Freiheit zu erlangen und sich dabei gut zu fühlen.

• Ich empfinde jede organisierte Kirche und jede weltanschauliche Vereinigung als Macht-Apparat, der viel Freiheitsverlust mit sich bringt. Also werde ich Sie vermutlich unbewusst dahingehend manipulieren, dass Sie einsehen, so etwas gar nicht nötig zu haben.

• Ich finde es unsinnig, aus falsch verstandener Rücksicht oder aus übersteigertem Sicherheitsdenken heraus ein Leben zu führen, das einem nicht gefällt. Also werde ich Sie vermutlich unbewusst so manipulieren, dass Sie sich trauen, Ihr eigenes Leben zu leben.

• Ich bin der Meinung, dass der Mensch nur dann ein erfülltes Leben führen kann, wenn er Eigenverantwortung übernimmt. Wenn Sie also bei mir das Spielchen des armen unschuldigen Opfers spielen möchten, werde ich Sie mit Sicherheit dahingehend manipulieren, dass Sie einsehen, in welcher Form Sie sich Ihre Wirklichkeit tagtäglich selbst erschaffen.
Das gilt auch für Menschen, die behaupten, ganz gesund werden zu wollen, jedoch ohne auf ihre Invalidenrente zu verzichten.

Das wär's. Wenn Sie mit meinen „Blockaden" leben können, sind Sie herzlich willkommen. Wenn nicht, suchen Sie sich einen anderswie belasteten Therapeuten ;-)

Spaß beiseite: Wie kann ich einen Therapeuten vor der Sitzung testen?

Mein Tipp: Rufen Sie einen Menschen, den Sie als potenziellen Therapeuten ins Auge fassen, vorher an. Erzählen Sie ihm von Ihren Problemen, stellen Sie ihm ein paar Fragen. Noch besser ist es natürlich, wenn der betreffende Therapeut über eine Homepage verfügt, und wenn diese Homepage ein paar Aufsätze enthält, die etwas über die

Weltsicht des Therapeuten aussagen. Wenn Ihre Menschenkenntnis funktioniert, dann ist die Chance relativ groß, dass Sie an jemanden geraten, der Sie Ihren Wünschen gemäß manipuliert. Ich wünsche Ihnen viel Erfolg bei der Suche!

So weit mein Artikel aus dem Jahr 2000. Wenn Ihnen übrigens mein Silva-Erfahrungsbericht schon zu metaphysisch war, warten Sie ab, was das nächste Kapitel bringt...

Meine ersten Reinkarnations-Storys

In derselben Esoterik-Buchhandlung, in der ich 1978 Thorwald Dethlefsen entdeckt hatte, stieß ich vierzehn Jahre später, also 1992 auf ein Buch von Ingrid Vallières. Es hieß „Praxis der Reinkarnationstherapie" und war ein weiterer Meilenstein. Hier mein Bericht vom Februar 2014. Bitte verzeihen Sie die kurze Wiederholung betreffend Silva-Methode; ich möchte Ihnen einfach das Original meines Artikels zeigen. Und außerdem heißt es ja „Repetition is the mother of skill." Das ist Englisch und bedeutet „Vertrauen Sie mir einfach, dass ich schon weiß, was ich tue."

Ich habe mich entschlossen, meine privaten Erlebnisse in Sachen Reinkarnation einer kleinen, ausgesuchten Öffentlichkeit bekannt zu machen, im Vertrauen darauf, dass dieser Bericht, der zwar weniger vollständig und vielleicht auch nicht so spektakulär ist wie beispielsweise die Forschungen eines Ian Stevenson, einem aufgeschlossenen Publikum mit gesunder Skepsis helfen könnte, ebenfalls den Weg vom „es für möglich halten" zum „es als sehr wahrscheinlich empfinden" zu ebnen.

Auf der Gersberg Alm 1991

Reinkarnation war für meine Frau und mich bis 1991 ein Fremdwort. Ende 1991 besuchten wir bei Salzburg unser erstes Silva-Seminar. Was zunächst wie ein gewöhnliches Selbsthypnose-Seminar beginnt, endet am vierten Tag irgendwie „esoterisch". Ich verwende absichtlich dieses von Skeptikern falsch benutzte und abgegriffene Wort, denn damals wäre mir vermutlich auch kein besseres in den Sinn gekommen.

Wir mussten Zweiergruppen bilden. Eines von uns ging in eine leichte Trance; kein Problem, denn genau das hatten wir ja drei Tage lang geübt. Dann las der „wache" Partner dem Partner in

Trance einen Zettel vor; darauf standen der Vorname, der Nachname, das Alter und der Wohnort eines Menschen, den die beiden Gruppenpartner nicht kannten. Der Partner, der in Trance war, wurde angewiesen, eine Geschichte zu diesem Menschen zu erfinden. Wo er arbeitet, ob er Familie hat, wie er wohnt, ob er gesund ist, und vieles mehr.

Jede Gruppe arbeitete mehrere Fälle durch, wobei der vigilante Partner alles protokollierte. Dann tauschte man sich mit den Leuten aus, die diese Zettel geschrieben hatten, und siehe da: Ein großer Prozentsatz des „erfundenen" Materials entsprach der Wirklichkeit.

Ich geb's zu: Hier von kontrollierten Bedingungen zu sprechen, wäre vermessen. Und manch ein Teilnehmer wird seine Resultate ein wenig schöngefärbt und großzügig interpretiert haben, um mit dem Gefühl nach Hause gehen zu können, ein Hellsichtiger zu sein. Ich habe diese Übung seither oft im Kollegenkreis durchgeführt, und sie ist seit einigen Jahren auch Bestandteil meines Grundlagen-Seminars; dort soll sie nicht in erster Linie Hellsichtigkeits-Fähigkeiten beweisen, sondern die Intuition schulen helfen.

Dennoch meine ich, dass die Trefferquoten überdurchschnittlich hoch sind. Auch bei meinen Seminaren herrschen keine kontrollierten Bedingungen, aber ich wollte lediglich darauf hinweisen, dass diese Übung, als wir sie Ende 1991 auf der Gersberg Alm bei Salzburg zum ersten Mal erlebten, bei meiner Frau und mir einen massiven Schub in Richtung Spiritualität auslöste.

Wir waren beide christlich erzogen worden, ich in der ersten Kindheitshälfte in pietistisch-evangelischen Kreisen, und sie mit einer Mutter, die zwar evangelisch war, aber einen katholischen Mann geheiratet und das Folkloristische am katholischen Glauben mit Handkuss angenommen hatte. Oder mit anderen Worten. Meine Schwiegermutter fand es praktisch, für jeden Bedarf einen Heiligen zu haben, der sich mit einem Bildchen an der Wand und einem Blümchen begnügte und dafür bereit war, alles in seiner Macht Stehende zu tun, um zum Beispiel das Haus vor einem Brand zu schützen.

Irgendwann hielten wir uns beide für zu alt, um an solchen Firlefanz zu glauben, und wir nahmen an, dass es sich bei diesen religiösen Geschichten um eine Fortsetzung der beiden Märchen vom Weihnachtsmann und Osterhasen handeln musste. Kurz und gut: Der Mensch war für uns fortan die Krone der Schöpfung, und das war die „spirituelle" Basis, auf der wir uns kennenlernten und auf der wir unsere ersten gemeinsamen Jahre basierten.

Wie gesagt, mit dem Besuch des ersten Silva-Seminars begann sich diese Skeptiker-Arroganz ein wenig aufzuweichen, und wir begannen uns zu fragen, ob es nicht doch eine transpersonale Komponente des menschlichen Lebens gebe. Allerdings müsste es schon eine sein, die eines intelligenten Menschen würdiger wäre als das Märchen vom rachsüchtigen Sonntagsschul-Gott, der zusammen mit seinem Sohn auf einem Thron sitzt, seine Schäfchen zählt und urteilt, wer zu ihm in den Himmel kommen und wer im ewigen Grillfest schmoren muss.

Die Silva-Trainerin hatte den einen oder anderen Spruch von Quantenphysikern zum Besten gegeben, von denen ich damals nicht wusste, ob sie wirklich den Tatsachen entsprachen, oder ob sie nur in Esoterik-Kreisen so oft wiederholt worden sind, dass sie keine Chance mehr haben, nicht wahr zu sein. Einige dieser Aussagen konnte ich in der Zwischenzeit verifizieren. Hier sind sie:

Max Planck:
„Es ist der stetig fortgesetzte, nie erlahmende Kampf gegen Skeptizismus und Dogmatismus, gegen Unglaube und gegen Aberglaube, den Religion und Naturwissenschaft gemeinsam führen, und das richtungsweisende Losungswort in diesem Kampf lautet von jeher und in alle Zukunft: Hin zu Gott!"
„Eine neue wissenschaftliche Wahrheit pflegt sich nicht in der Weise durchzusetzen, dass ihre Gegner überzeugt werden und

sich als belehrt erklären, sondern vielmehr dadurch, dass ihre Gegner allmählich aussterben und dass die heranwachsende Generation von vornherein mit der Wahrheit vertraut gemacht ist."

„Die Naturwissenschaften braucht der Mensch zum Erkennen, den Glauben zum Handeln. Religion und Naturwissenschaft schließen sich nicht aus, wie heutzutage manche glauben und fürchten, sondern sie ergänzen und bedingen einander. Für den gläubigen Menschen steht Gott am Anfang, für den Wissenschaftler am Ende aller Überlegungen."

Albert Einstein:
„Es scheint hart, dem Herrgott in die Karten zu gucken. Aber dass er würfelt und sich telepathischer Mittel bedient (wie es ihm von der gegenwärtigen Quantentheorie zugemutet wird), kann ich keinen Augenblick glauben."

Daneben gibt es Zitate, die zwar gut klingen, und die ich gerne für verifiziert betrachten würde, aber bisher ist es mir nicht gelungen, eine „richtige" Quelle dafür zu finden. „Richtig" schreibe ich in Anführungszeichen, weil es leider im Zeitalter des Web 2.0 Mode geworden ist, andere Internet-Seiten zu zitieren. Internet-Seiten sind jedoch noch geduldiger als gewöhnliches Papier und daher für mich kein Beweis.

Arthur Stanley Eddington (1882-1946), einem englischen Astronomen, wird folgendes Zitat zugeordnet:
„Die moderne Physik führt uns notwendig zu Gott hin, nicht von ihm fort. Keiner der Erfinder des Atheismus war Naturwissenschaftler. Alle waren sie sehr mittelmäßige Philosophen."

Dem Physiker und Nobelpreisträger Werner Heisenberg wird dieser Satz in den Mund gelegt:
„Der erste Trunk aus dem Becher der Naturwissenschaft macht atheistisch, aber auf dem Grund des Bechers wartet Gott."

Mein erstes Buch über Reinkarnation

Es muss 1992 gewesen sein, als ich in einer Buchhandlung auf das Buch „Praxis der Reinkarnationstherapie" von Ingrid Val-

lières stieß. Der Klappentext sprach relativ locker davon, dass jeder Mensch sich an frühere Leben erinnern könne, und dass es dazu nicht, wie immer wieder behauptet werde, Hypnose brauche, sondern dass man diese Erinnerungen bereits in leichter Trance hervorholen könne.

Damals hatte ich noch keine Ahnung von Hypnose und fand, dass das gut klinge, und dass ich durch die Lektüre dieses Buches sicher keinen Schaden davon tragen würde.

Auch dieses Buch ist heute noch erhältlich

In der Zwischenzeit weiß ich viel über Hypnose, und Ingrid Vallières war vor vielen Jahren auch an einem meiner Seminare. Wir wissen jetzt beide, dass immer hypnotische Vorgänge am Werk sind, wenn das Phänomen der Hypermnesie auftritt, ganz egal, ob mit einer formalen Hypnose-Induktion gearbeitet wird, oder ob man sich „nur" der so genannten Symptomtrance bedient.

Spielerisch ins Trauma gerutscht

Nachdem ich das Buch von Ingrid Vallières gelesen hatte, erzählte ich meiner Frau davon und bat sie, die einfache Anleitung an mir anzuwenden. Wir dachten uns nicht viel dabei. Ja, eigentlich bin ich heute noch erstaunt darüber, wie locker wir diese Übung nahmen. Aber das Spielerische wich sehr bald einer gewissen Ernsthaftigkeit und der Erkenntnis, dass wir hier etwas entdeckt hatten, was unser Leben verändern würde.

Meine früheren Leben

Die meisten der Reinkarnations-Erlebnisse, die ich gleich aufzählen und wo immer möglich mit meinen Nachforschungen illustrieren werde, stammen von den ersten drei oder vier „spielerischen" Rückführungen aus dem Jahr 1992. Zwischen 1992 und 1994 kamen ein paar weitere Details dazu.

Wohlverstanden, es war die Zeit vor dem Internet. Meinen ersten Internet-Anschluss bekam ich in Kalifornien im Sommer 1995. Ab 1998 wurde das Recherchieren mittels Suchmaschinen allmählich einfacher und für jeden zugänglich. Meine Aufzeichnungen stammen alle aus der Zeit, bevor das Internet kommerzfähig und für jeden zugänglich war.

Ich habe Erinnerungen an ein Leben 32 Leben zurück, eines liegt 13 Leben zurück, eines 8, eines 7, eines 2 und eines 1 Leben zurück. Dazwischen habe ich keine Erinnerungen, obwohl ich immer wieder versucht habe, auch in tieferer Trance, den Schleier zu lüften. Ich erkläre es mir so, dass ich in diesen nicht erinnerten Leben entweder früh gestorben bin, also eher als Lektion für meine Mitmenschen gedient habe, oder aber dass diese Leben so langweilig harmonisch waren, dass sie einer natürlichen Amnesie zum Opfer gefallen sind.

Der Übersicht halber ordne ich die Ereignisse chronologisch, obschon ich sie nicht in dieser Reihenfolge aufgedeckt habe.

Aegypten ca. 3000 vor Christus (32 Leben zurück)

Ich habe eine Erinnerung an ein Leben als ägyptischer Priester, der sich gegen den Brauch von Menschenopfern auflehnt. Er findet das falsch und „unreligiös" und versucht, mit diplomatischen Mitteln seine Kollegen umzustimmen. Doch einer seiner Priesterfreunde sieht diese schöne alte Tradition gefährdet und schneidet mir die Kehle durch.

Bei Wikipedia kann man heute lesen:

„Im Alten Ägypten waren Menschenopfer wahrscheinlich in der ersten und zweiten Dynastie (ca. 3032–2707 v. Chr.) üblich. Um die Grabanlagen hoher Beamter und Könige dieser Zeit in Abydos zum Beispiel in der Nekropole Umm el-Qaab und Sakkara fanden sich Reihen kleiner Gräber, die als Einheit erbaut und vermutlich auch gleichzeitig belegt wurden. Es wird davon ausgegangen, dass es sich hier um den Hofstaat der Könige und hohe Beamte handelt, der mit diesen bestattet wurde; deshalb spricht man von Nebenbestattungen. Bei den Bestatteten handelt es sich meist um junge Männer. Dieser Brauch starb Mitte der zweiten Dynastie spätestens mit der Bestattung des Königs Peribsen (um 2760 v. Chr.) aus, dessen Grabmal keine Nebengräber aufwies.“

Dazu ist zu sagen, dass ich eher den Eindruck habe, wir hätten in dieser Priesterkaste Jungfrauen geopfert. Mehr konnte ich zu diesem Leben nicht herausfinden.

Papst Clemens II. (1005-1047, 13 Leben zurück)

Diese Erinnerung hatte ich bei unserem ersten Reinkarnations-Experiment 1992:

„Ich sehe mich auf der Terrasse eines großen Gebäudes. Ich blicke auf eine große Menschenmenge, die mir zujubelt. Wenn ich an mir hinunterblicke, sehe ich die pompöse Kleidung eines Kirchenfürsten. Ich scheine ein Papst zu sein.“ Meine Frau fragt mich, in welcher Zeit das stattfindet. Ich antworte: „So zwischen 1000 und 1200.“

Wenn ich auf die jubelnde Menge blicke, spüre ich großes Unrecht. Ich finde, das hat nichts mit Religion zu tun, was wir da veranstalten, und ich versuche, mit meinen Kardinälen darüber zu sprechen. Wir brauchen dringend Reformen, finde ich, und zwar massive. Wir müssen die religiöse Macht dem Volk zu-

rückgeben. Aber meine Bedenken stoßen auf taube Ohren, und ich resigniere für eine Weile.

Später sehe ich mich in der Umgebung einer Burg oder eines Schlosses. Mein Verstand schließt, dass es sich um die päpstliche Sommerresidenz Castel Gandolfo handeln müsse. Ich nehme einen erneuten Anlauf, über dringend nötige Reformen zu sprechen. Doch von einem Moment auf den nächsten sehe ich mich in einem Zweimann-Raumschiff durchs Weltall flitzen. Ein Wesen namens Caymoore, das ich als junger HPZ immer als meinen Freund aus der geistigen Welt betrachtet hatte, saß am Steuer des Raumschiffs und meinte, es hätte keinen Zweck gehabt, sie hätten mich befreien müssen.

Anschließend rätselten meine Frau und ich über dieses seltsame Bild mit dem Raumschiff. Ich sagte ihr, ich hätte den Eindruck, ganz plötzlich und möglicherweise durch Fremdeinfluss umgekommen zu sein, könne mich aber nicht an eine bestimmte Todesart erinnern. Vielleicht sei ich vergiftet worden.

Ich hatte damals keinen blassen Dunst von der Geschichte der Päpste und ging erst einmal davon aus, dass die Story erfunden war, dass also mein Unterbewusstsein sich für meine tief empfundene Abscheu gegen alle Kirchenfürsten und jede Art organisierter Religion eine schöne Metapher ausgedacht hatte.

Als ich im Jahr 1993 mit einem Kollegen über diese Episode scherzte, meinte er lachend: „Das war sicher ein Clemens; deshalb wohnst du heute in San Clemente."
So scherzhaft das gemeint war, so sehr grenzte es doch die Recherche auf ein paar wenige „Clemense" ein. Im Jahr 1995 recherchierte ich die damals noch spärlichen Informationen im Internet zum Thema Päpste, und ich war ziemlich verwundert, als ich auf Papst Clemens II. stieß, einen Reformpapst, der nur ein knappes Jahr im Amt gewesen war, und von dem das Gerücht umging, dass er von seinem Nachfolger, der unbedingt auf den Papststuhl wollte, vergiftet worden sein könnte.

Im Jahr 2007 erschien dann ein Buch von Georg Gresser, das ich natürlich sofort verschlang. Darin erfuhr ich, dass Clemens II. mit bürgerlichem Namen Suidger, Graf von Morsleben und Homburg, hieß, 1040 zum Bischof von Bamberg und 1046 zum Papst gewählt wurde.

Er starb am 9. Oktober 1047 im Kloster San Tommaso am Apsella bei Pesaro (was ich irrtümlich als Castel Gandolfo gedeutet hatte), auf dem Weg in sein heimatliches Bamberg. Man vermutet, dass sein Leichnam, wie damals üblich, gekocht wurde, um der Verwesung vorzubeugen. Seine sterblichen Überreste liegen heute im Dom zu Bamberg.

Zum Thema „Vergiftung" lesen wir bei Wikipedia:
„1942 wurde die Tumba zum mindestens dritten Mal geöffnet, die päpstliche Bekleidung wurde daraus entnommen, restauriert und dem Domschatz übergeben. Seit Eröffnung des Diözesanmuseums Bamberg sind diese Bekleidungsstücke einer der Höhepunkte dieser Sammlung. Nachdem überliefert wurde, dass Clemens einem Attentat durch Vergiftung zum Opfer fiel, möglicherweise angestiftet durch den immer noch nach dem Papststuhl trachtenden abgesetzten Benedikt IX., wurden seine Gebeine einer toxikologischen Untersuchung unterzogen. Das Ergebnis bestätigte eine Vergiftung, denn es wurde eine unnatürlich hohe Bleikonzentration in den Knochen festgestellt. Der Einlagerungsbefund entsprach allerdings einer längerfristigen Speicherung von Blei in den Knochen, nicht einer akuten Vergiftung mit Bleisalzen. Eine Vergiftung mit Bleizucker liegt nahe, allerdings kann nichts darüber gesagt werden, ob diese Vergiftung mit böser Absicht geschah – Bleizucker war im Mittelalter eine sehr gebräuchliche Substanz zum Süßen von Wein.

Benedikt IX. usurpierte nach Clemens' Tod den Heiligen Stuhl und wurde zum dritten Mal Papst."

Wer übrigens glaubt, ich würde mit dieser Erinnerung nur aufschneiden wollen, der hat die Banalität des päpstlichen Amtes noch nicht begriffen!

Ein nicht sehr edler Edelmann im Frankreich des 17. Jahrhunderts (8 Leben zurück)

Diese Erinnerung ist etwas schwächer als die anderen. Sie ist schnell erzählt, und ich habe dazu auch keine Forschungsergebnisse:

Ich bin ein Edelmann in Frankreich mit einigem Vermögen. Aus irgend einem mir unerfindlichen Grund komme ich mit einem eher einfachen Bauern oder Handwerker in Kontakt, und wir beschließen, zusammen eine Firma zu gründen. Ich gebe das Geld und die Ideen; er soll die Arbeit erledigen.

Ich fühle mich gut, weil ich diesem einfachen Mann eine Chance gegeben habe. Doch dieser packt sie nicht. Vielleicht ist er zu dumm dazu; vielleicht habe ich ihn aber auch zu wenig unterstützt. Für mich ist das Debakel tragbar, für ihn jedoch eine Katastrophe. Er gibt mir die Schuld und verlangt, dass ich ihn von allem Schaden freihalte. Ich jedoch bin der Meinung, dass er seinen Teil der Verantwortung auch übernehmen muss, obschon das für ihn schlimmere Konsequenzen hat als für mich.

Bei einer weiteren Sitzung bin ich mir nicht mehr so sicher, wie edel meine Absichten waren. Ich halte es auch für möglich, dass ich eine versteckte Verachtung der „einfältigen Bauerntölpel" hege, und dass mir diese Episode gelegen kam, meiner aristokratischen Arroganz etwas Brennstoff zu verleihen.
Gut tut mir das Ganze nicht. Ich sterbe noch relativ jung an Herzversagen, das ich als „gebrochenes Herz" empfinde.

Intriganter Lakaie von Ludwig XVI.
(7 Leben zurück)

Das ist eine der deutlichsten und traumatischsten Erinnerungen. Es scheint das Leben zu sein, in dem ich mir einiges an „schlechtem" Karma aufgeladen habe, und dessen „unfinished business" in diesem Leben schon ein paar Mal angeklopft hat.

Das Ausgangsproblem war Folgendes: Ich hatte in meinem Leben als HPZ schon immer mehr als allergisch reagiert, wenn jemand unangemeldet an meiner Haustüre geklingelt hatte. In meiner ersten Kalifornienzeit von 1993 bis 1998 eskalierte diese Abneigung. Ja, man kann sagen, ich reagierte geradezu panisch auf jeden unangemeldeten Besuch.

In der ersten Sitzung, die mir Aufschluss geben sollte über dieses irrationale Verhalten, sah ich mich zunächst wieder einmal in einer heroischen Rolle. Ich war Lakaie des französischen Königs. Mein Gefühl sagte mir, dass ich nur wenige Jahre vor der französischen Revolution gestorben war, also spricht alles für Ludwig XVI. Ich spürte, dass ich überall, wo ich konnte, davon sprach, wie dumm der König sei, und wie wenig er den Thron verdient habe.

In der nächsten Szene sah ich mich in meiner Lakaienwohnung. Ich wusste, sobald es an die Tür klopft, hat mein letztes Stündlein geschlagen. Dann holten sie mich ab und enthaupteten mich, wobei viel schlimmer als die körperliche Qual der seelische Schmerz war, denn das Volk machte wie üblich aus der Hinrichtung ein Volksfest.

Ich zeichnete damals diese beiden Skizzen, die die Lage meiner Lakaienwohnung darstellen sollten:

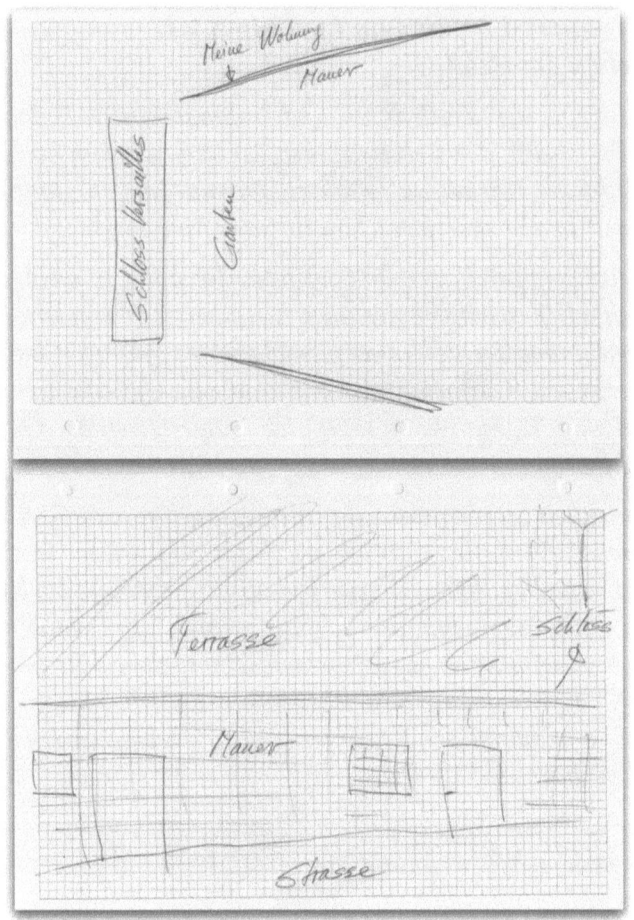

Ich hatte den Eindruck, dass meine Wohnung in eine Mauer eingelassen war, die das Fundament der Schlossterrasse darstellte. In einer zweiten Sitzung hatte ich auch noch das Gefühl, dem König eins ausgewischt zu haben, indem ich Geschlechtsverkehr mit seiner Lieblings-Mätresse hatte. Die wiederum hatte mich verraten, was dann letztendlich das Zünglein an der Waage gewesen sein muss für den Entscheid, mich hinzurichten.

In einer dritten Sitzung erlebte ich die Kindheit dieses Lebens. Ich meine, ich musste etwa hundert Kilometer westlich von Paris in einem kleinen Dorf aufgewachsen sein. Meine Mutter war ziemlich dumm, aber herrschsüchtig, mein Vater ein totaler Waschlappen ohne eigene Meinung. Meine Mutter prahlte schon früh damit, dass ihr Sohn später einmal für den König arbeiten würde. Ich fand das alles zum Kotzen, hatte aber nicht die Kraft, mich gegen ihre Pläne aufzulehnen. Die Hinrichtung, so traumatisch sie gewesen war (ich habe auch als HPZ bis vor wenigen Jahren unter chronischen Nackenschmerzen gelitten), war auch eine süße Rache an meiner Mutter. „Siehst du, das hast du jetzt von deinem blöden Königs-Gehabe!" war einer meiner letzten Gedanken, als ich auf dem Schafott stand. Nach meinem Gefühl müsste das 1786 gewesen sein, also drei Jahre vor der französischen Revolution. Ein kleiner Trost war mir, dass auch den König sieben Jahre später das gleiche Schicksal ereilte.

In einer weiteren Sitzung kam mir meine Haltung nicht mehr so heroisch vor. Ich hatte den Eindruck, auf die Macht des Königs neidisch gewesen zu sein und jede Gelegenheit beim Schopf gepackt zu haben, ihn schlecht zu machen.

Dieses Leben habe ich bisher am besten erforschen können, und ich werde gleich mit ein paar verblüffenden Tatsachen aufwarten. Aber vorher will ich noch etwas verraten zu meinem relativ jungen Wissen in Sachen Astrologie.

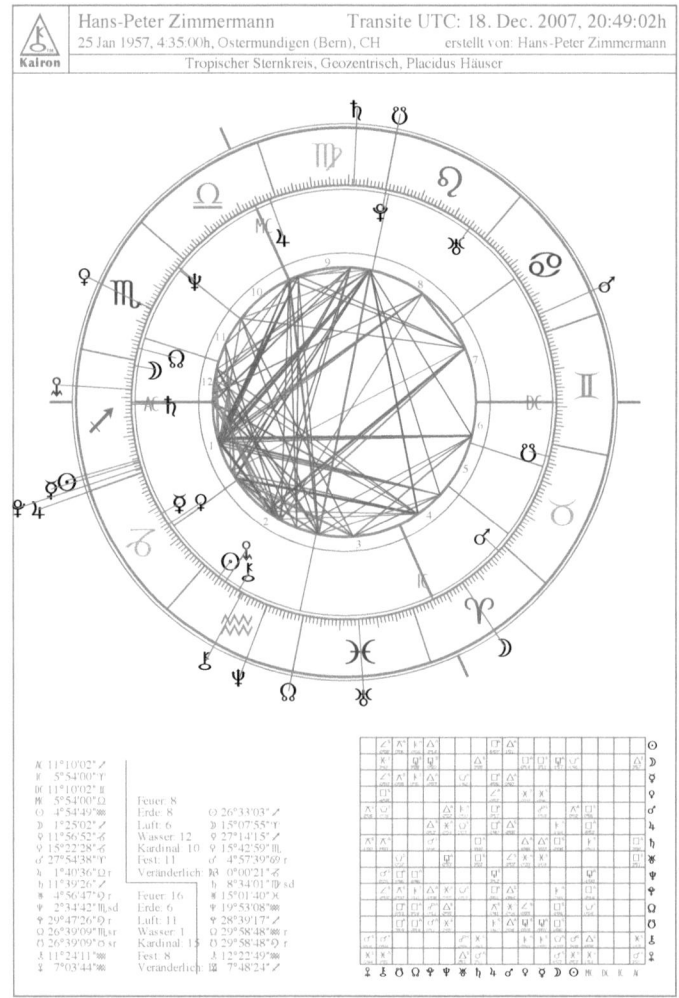

Der südliche Mondknoten, der für karmische Belastungen steht, ist bei mir im Sternzeichen Stier im sechsten Haus. Sein Herr-scher ist im Steinbock im ersten Haus. Daraus würden Ent-wicklungs-Astrologen folgern, dass ich in einem früheren Leben als Bediensteter (6. Haus) nur auf meinen eigenen Vorteil (Schattenseite Stier, 1. Haus) bedacht und herzlos (Schattenseite Steinbock) vorgegangen bin. Dabei habe ich mich mit einem

mächtigen Menschen angelegt (Pluto Quadrat südlicher Mond-knoten), der mich in meinem heutigen Leben einholen wird, damit ich mein Karma aufarbeiten kann.

Ende Dezember 2007 ging der südliche Transit-Mondknoten über eben diesen Pluto in meinem Geburtshoroskop, und ich erlebte eine an sich harmlose Internet-Mobberei, wie sie jeder Mensch mit Profil kennt, nur war sie für mich wie eine Hinrichtung.

Damals wusste ich noch nichts über Astrologie. Aber ich lebte immerhin so bewusst, dass ich nur kurz versuchte, mit herkömmlichen Mitteln gegen dieses Mobbing anzugehen. Sehr bald erkannte ich, dass es hier um etwas ging, was nicht in die Domäne von Rechtsanwälten gehörte, sondern mich dazu aufforderte, meinen psychologischen Schatten zu beleuchten. Ich bin heute sehr dankbar für dieses skorpionische Erlebnis; es hat meinem Leben viel mehr Tiefe verliehen, und irgendwie habe ich das Gefühl, dieses traumatische Leben bald aufgearbeitet zu haben.

Meine Frau findet allerdings, den Glaubenssatz „Wenn ich fremd gehe, kostet mich das meinen Kopf" sollte ich behalten.

Sobald es Google Street View gab, machte ich mich an die Recherche. Die Chance, auf eine Aufzeichnung dieser wohl eher nebensächlichen Hinrichtung zu stoßen, war gering. Aber ich hatte so deutliche Bilder von meiner Lakaienwohnung im Kopf, dass da vielleicht etwas zu machen war. Zunächst zeichnete ich auf einem Satellitenbild von Versailles den Ort ein, wo meiner Meinung nach meine Wohnung gelegen haben muss:

87

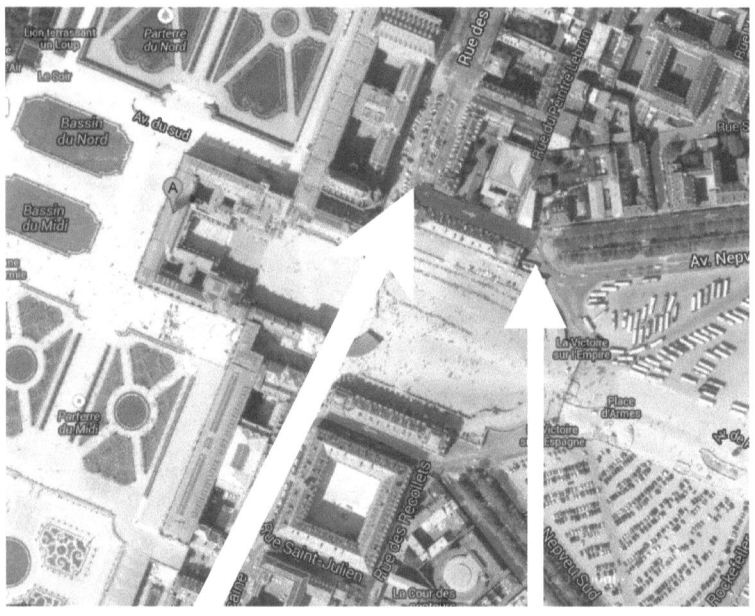

Ich hatte den Eindruck, dass das Gebäude, das entlang dieser Mauer stand, damals noch nicht existierte, und dass meine Wohnung in die Mauer eingelassen war. Etwas weiter östlich, dort wo die Mauer wieder zum Vorschein kommt, entdeckte ich folgendes Streetview-Bild, das mich sehr verblüffte:

Ich fragte im Archiv von Schloss Versailles nach, was das für Fenster und Türen seien in dieser Mauer und ob das Gebäude rechts davon im Jahr 1786 schon existiert habe. Hier die Antwort aus Versailles:

Cher Monsieur,

On m'a transmis votre message. En fait, le bâtiment que vous évoquez a été bâti en deux fois. Les deux pavillons (des secrétaires d'Etat) en 1670-1671 sur des plans de Le Vau, lesquels ont été réunis en 1677 par Jules Hardouin-Mansart afin de former l'aile nord des Ministres. Il est donc bien antérieur à 1782. Par ailleurs, le mur d'enceinte qui court jusqu'à la grille d'honneur date lui aussi du règne de Louis XIV. Il abritait de simples guérites à destination des gardes suisses mais non, à ma connaissance, de réels logements.

Avec mes meilleures salutations,

Mathieu da Vinha
Directeur scientifique

Das Gebäude also soll damals bereits existiert haben. Das entspricht nicht meinem Gefühl. Nach meinen Vorstellungen war damals noch die ganze Mauer sichtbar, und meine Wohnung weiter nordwestlich in der Mauer, die heute von diesem Gebäude verdeckt ist. Verblüffend aber ist die Tatsache, dass die Fenster und Türen in der Mauer zu Aufenthaltsräumen der Garde geführt haben sollen. Der wissenschaftliche Direktor von Schloss Versailles schreibt, „nach seiner Kenntnis" seien es nur Aufenthaltsräume und keine richtigen Wohnungen gewesen. Na ja, vielleicht weiß ich da mehr!

Menschenopfer Afrika (2 Leben zurück)

Das ist ein weiteres Leben, das Verständnis für meine tiefe Abneigung gegen jede Form von religiösem Fanatismus wecken kann.

Ich sehe mich als zwölfjährigen dunkelhäutigen Jungen in Afrika. Meine Eltern gehören irgend einem Stamm an, die Stam-

89

mesältesten haben mich auserkoren, das nächste Menschenopfer zu sein, und meine Eltern sind auch noch stolz darauf!

Ich werde also verbrannt, und ich sterbe mit einem so unendlichen Unverständnis, was die religiöse Blindheit angeht, dass ich dafür noch heute keine Worte finde.

Lange Zeit habe ich dieses Leben unter der Kategorie „möglicherweise erfunden" abgelegt, bis ich im Internet erfuhr, dass es diese Kinderopfer in Schwarzafrika nicht nur gegeben hat in der besagten Zeit, sondern dass es sie immer noch gibt!

Ertrinkungstod als Fünfjähriger (1 Leben zurück)

Die Ausgangslage war wie folgt:
Jeder in Mauern gefasste Bach ist mir ein Gräuel, obschon ich sonst alles andere als wasserscheu bin: Man müsste mir viel geben, damit ich in einem Bach baden gehe, der links und rechts von einer Mauer eingesäumt ist, selbst dann, wenn er nur einen Meter tief ist. Manchmal haben solche Bäche auch kleine Schleusen. Das ist für mich noch schlimmer; da mag ich nicht einmal hinschauen; es ist für mich, als ob eine Todesdrohung von solchen Schleusen ausgehe.
Nachdem ich gesehen habe, woher diese Abneigung kommt, ist es etwas besser geworden. Aber nach wie vor schaffen es solche Gewässer, mir einen grausigen Schauer zu verpassen.

Bei einer ersten Sitzung sah ich mich als fünfjährigen Jungen. Als Ort fiel mir Kiesen ein, ein Ort zwischen Thun und Bern. Ich fühlte mich sehr einsam, und der Einzige, der mit mir spielte, war der Dorftrottel. Nach meinem Gefühl war der zwischen 14 und 16 Jahre alt. Wir spielen bei einer alten Mühle, etwa einen Kilometer östlich vom Dorf Kiesen. Der Bach ist von Mauern eingefasst und hat an der Stelle, wo wir spielen, eine kleine Schleuse.
Und auf einmal dreht der Dorftrottel durch. Er will herausfinden, wie das ist, wenn man einen kleinen Jungen in den Bach

schubst. Ich kann natürlich nicht schwimmen und ertrinke. In meinem Todeskampf sehe ich die Mauern des Baches und die Schleuse. Beides bedeutet für mich von jetzt an: Tod. Meine Leiche wird durch den Bach in die Aare, den großen Fluss westlich von Kiesen gespült, und dort werde ich später auch gefunden.

In einer zweiten Sitzung hatte ich das Gefühl, der uneheliche Sohn einer Magd auf Schloss Kiesen gewesen zu sein. Und offenbar war der Schlossherr mein Vater. Das durfte natürlich niemand wissen, und uneheliche Kinder hatten damals (es muss 1956 oder früher gewesen sein) keinen leichten Stand.

Noch heute, wenn ich an einen grauen Tag in irgend einem stinklangweiligen Kaff denke, möchte ich lieber tot sein, als diesen Augenblick länger zu ertragen. Das erklärt auch ein paar Momente in meiner Kindheit, in denen ich entgegen meiner Natur total depressiv war.

Ich fertigte nach der Rückführung diese beiden Skizzen an:

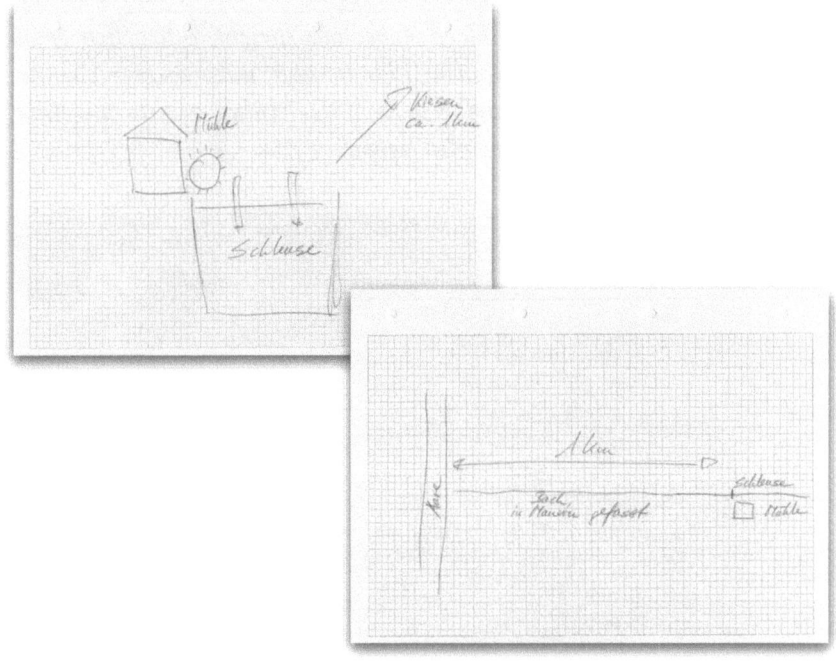

Die Nachfrage in der Gemeinde Kiesen, ob es dort früher eine Mühle gegeben habe, und ob es allenfalls Aufzeichnungen über Todesfälle gebe, lieferte ein ernüchterndes Resultat:

Sehr geehrter Herr Zimmermann

In Kiesen ist die Mühle von anderen Gebäuden umgeben. Kurz nach der Gemeindegrenze befindet sich in der Nachbargemeinde Oppligen ein Gebäude mit der Bezeichnung "Bühlmühle". Dieses Gebäude an der Schmittenstrasse, Oppligen, steht allein in der Nähe der Chise. Es ist uns jedoch nicht bekannt, bis wann dort eine Mühle in Betrieb gewesen ist. In unserem Gemeindearchiv sind keine Aufzeichnungen über Unglücksfälle vorhanden.

Mit freundlichen Grüssen

Gemeindeverwaltung Kiesen
Heinz Aebersold

Die Mühle, von der Herr Aebersold spricht, hätte sich etwa beim linken Pfeil befunden. Das ist aber nach meiner Erinnerung zu nahe am Dorf Kiesen. Die Mühle müsste ungefähr beim rechten Pfeil gestanden haben.

Meine Mutter hat ein paar Jahre ihrer Kindheit in Kiesen verbracht. Sie konnte mir nicht weiterhelfen. Doch mein Vater, der im benachbarten Dorf Oppligen aufgewachsen ist, erinnerte sich, dass sich ungefähr an dieser Stelle ein Handwerksbetrieb befunden hatte, der seine Geräte mit Wasserkraft antrieb.

Wir fuhren eines schönen Tages dort hin und entdeckten das hier:

Was man auf diesem Bild nicht gut erkennen kann, ist, dass es da offenbar einen Schacht gab, durch den man das Wasser zum Haus auf ein Mühlrad lenken konnte.
Ich vermute, das Haus mit der Mühle stand früher näher am Bach, aber leider zeigt sich die Gemeindeverwaltung Kiesen nicht sehr kooperativ, weshalb ich mit meinen Recherchen nicht weiter komme.

Auch wenn der Bach nur etwa 30 cm tief ist: Er hat für mich etwas Unheimliches...

...und beim Anblick dieser Schleuse schaudert es mich auch heute noch.

Ein paar Rätsel bleiben

Das war mein bescheidener Beitrag zum Thema Reinkarnationsforschung. Ein paar Fragen bleiben:

- *Warum habe ich mich nie als Frau gesehen?*
- *Warum hatte ich nie Kinder?*
- *Warum bin ich fast immer durch Gewalt ums Leben gekommen?*

Vielleicht war ich ja tatsächlich einmal eine Mutter von vielen Kindern, habe sie gut behandelt und bin im hohen Alter eines natürlichen Todes gestorben. Und es kann sein, dass das aus karmischer Sicht so langweilig ist, dass die Erinnerung daran schneller verblasst als diejenigen Leben, die von Traumata geprägt waren.

Eines kann ich jedenfalls sagen: Soweit ich mich erinnern kann, ist das Leben als HPZ das bisher Beste!

Der Laien-Therapeut

Wie schon erwähnt, steht die Sonne in meinem Geburtshoroskop im Wassermann. Ich verfüge aber auch über ganz viel Schütze-Energie. Mein Mond ist im Schützen, der Aszendent ist Schütze, und Jupiter, der Schütze-Herrscher, ist im neunten Haus, das ebenfalls über Schütze-Energie verfügt.

Schütze ist ein veränderliches Feuerzeichen, und es steht für den Weltbürger, den Philosophen, den Lehrer, den Zigeuner, den Weltenbummler, den Erforscher fremder Kulturen. Die meisten Menschen mit Schütze-Energie zieht es weit weg. Dazu fehlte mir bis 1985 das Geld, und es blieb beim bloßen Fernweh. Ab 1986 jedoch begannen meine Frau und ich, die Welt als ein Dorf zu sehen. Mehrere Reisen rund um die Welt standen auf dem Programm und mehrmals pro Jahr ein Sprung über den großen Teich in unser geliebtes Kalifornien.

Mitte 1992 waren wir sogar bereit für den ultimativen Schütze-Sprung: Wir wollten unseren Wohnsitz für ein paar Jahre ins kalifornische Orange County verlegen. Warten auf eine Greencard? Dafür fehlt dem Schützen die Geduld. Und der Wassermann in mir mochte sich nicht von irgendwelchen amerikanischen Beamten abhängig machen. Wo eine Wille ist, ist auch ein Weg, sagten wir uns. Und außerdem wollten wir ohnehin viermal im Jahr in die Schweiz fliegen und Seminare geben. Wozu also eine Greencard, wenn wir unser Geld in der Schweiz verdienten und nie länger als drei Monate am Stück in den USA weilten? Sieben Monate später, im Februar 1993, lebten wir in San Clemente, dem südlichsten Städtchen des Orange County, mit spektakulärem Blick auf den blauen Pazifik.

Ich war so begeistert von dieser inspirierenden Energie Südkaliforniens, dass ich davon zu träumen begann, eine Art „Lebensplan-Seminar" auf die Beine zu stellen: Zehn bis zwölf meiner Kunden aus den deutschsprachigen Ländern müssten doch dazu zu bewegen sein, dachte ich, für eine Woche nach Kalifornien zu fliegen und sich mit mir zusammen Gedanken über ihren weiteren Lebensweg zu machen. An den Vormittagen würden wir arbeiten und an den Nachmittagen würde ich den Teilnehmern ein Stück meiner neuen Heimat zeigen.

Es funktionierte. Von 1993 bis 1997 führten wir jedes Jahr so eine Lebens-plan-Woche durch, und es waren nicht nur zwölf, sondern jeweils zwischen zwanzig und fünfundzwanzig Teilnehmer. Ein Highlight des Seminars war, dass jeder mit jedem eine Rückführung in ein früheres Leben durchführte. Ich staune heute über meine Unverfrorenheit, aber das war halt so meine Art damals. Warum sollte ich etwas komplizierter machen als es war? Meine Frau und ich hatten allein aufgrund des Buches von Ingrid Vallières so tolle Erfahrungen gemacht und alte Blockaden gelöst, dass ich das meinen Teilnehmern nicht vorenthalten wollte. Aus heutiger Sicht muss ich sagen: Gottseidank ist nie etwas Gravierendes passiert. Wie leicht hätte es bei einem Teilnehmer zu einer Retraumatisierung kommen können! Vielleicht haben meine Schutzengel mein Gottvertrau-en belohnt; ich war einfach sicher, dass das Unterbewusstsein meiner Teilnehmer nur diejenigen Themen zulässt, mit denen es problemlos umgehen kann. Und es sind wirklich ein paar sensationelle Heilungen zustande gekommen in dieser Zeit. Stellvertretend für Dutzende von spektakulären Resultaten will ich Ihnen von zwei Erlebnissen erzählen:

Eine Teilnehmerin hatte eine Phobie, von der ich bis dahin nie etwas gehört hatte und auch seither nie wieder gehört habe. Sie sagte, sie leide unter eine Vogelfederphobie. Auf die Frage, wie sich das äußere, meinte sie, gerade an diesem Morgen hätte sie etwas Schreckliches erlebt. Im Swimming Pool des Hotels sei eine winzige Vogelfeder geschwommen. Das ekle sie dermaßen, dass sie den ganzen Tag nicht schwimmen gegangen sei, auch wenn ihr Mann die Feder sofort aus dem Becken gefischt habe.

Ich ahnte schon, dass ich mit den Kurz-Therapien, wie ich sie Ihnen weiter vorne geschildert habe, nicht weiterkommen würde, und so war es auch. Also sagte ich ungefähr Folgendes zu meiner Klientin, nachdem ich sie dazu gebracht hatte, ganz intensiv die Symptome ihrer Phobie zu spüren: „Falls es ein früheres Leben gibt, das dir Auskunft gibt über diese Vogelfeder-Phobie, wirst du auf Drei ein Bild, ein Gefühl oder einen Gedanken bekommen, der dir Aufschluss gibt. Eins... zwei... drei!"

Die Frau steigerte sich sichtlich noch mehr in ihre Symptome rein und erzählte unter Tränen, wie sie, vermutlich irgendwann im Mittelalter, geteert und gefedert worden sei. Als wir die Szene in allen Facetten exploriert hatten, war diese exotische Phobie für alle Zeiten weg.

Zweites Beispiel: Ein Teilnehmer hatte ein großes Problem mit einem seiner Nachbarn. Die Details brauchen uns hier nicht zu interessieren. Er könne fast nicht an ihn denken, ihm drehe es den Magen um. Ich sagte: „Gut, geh' nur so weit in die Situation hinein, wie du sie gerade noch erträgen kannst, aber versuche, an die Grenze des Erträglichen zu gehen. Denke intensiv an diesen Nachbarn und die Probleme, die Ihr miteinander habt."

Als der Teilnehmer sichtlich unter den Symptomen litt, schlug ich ihm vor, dass er sich vor seinem inneren Auge einen Garten vorstelle, durch den er wandere. Am anderen Ende des Gartens würde er durch einen Tunnel gehen, und wenn er aus dem Tunnel komme, würde eine Szene ihm zeigen, woher dieses Problem stamme.

Der Mann sah sich in einer Szene in einem früheren Leben, wo er wegen einer Bagatelle ermordet worden war. Auch hier erspare ich Ihnen die weiteren Details. Das Resultat: Das Problem löste sich wie durch ein Wunder auf, der Nachbar zeigte sich einsichtig und wurde einer der besten Freunde dieses Teilnehmers. Und nicht nur dieses eine Erlebnis, sondern das ganze Seminar scheint diesen Mann so beflügelt zu haben, dass er nach der Rückkehr von Kalifornien seine Stelle kündigte und ein sehr erfolgreicher Trainer und Therapeut wurde.

So flossen die Kalifornien-Jahre dahin, aber trotz allen Erfolgen war ich nicht so ganz zufrieden mit der Tatsache, dass ich keine richtige therapeutische Ausbildung vorweisen konnte. In meinem Buch „Geld ist schön" schrieb ich ein kurzes Kapitel über Reinkarnationstherapie und erzählte meinen Lesern, sie bräuchten dazu keine Hypnose. Erst zwei Jahre später, im Jahr 1995, meinte meine Frau einmal ganz nebenbei: „Weißt du denn überhaupt, was Hypnose ist? Wie kannst du sicher sein, dass du keine Hypnose anwendest?" Da hatte sie den Nagel wieder einmal auf den Kopf getroffen, und da ich mich Mitte 1995 mit dem Internet angefreundet und meine erste Homepage online gestellt hatte, startete ich sofort eine Internet-Recherche.

Ich, ein Doktor?

Jetzt folgt ein Kapitel, auf das ich einerseits sehr stolz bin, das mir aber andererseits später viel Schmerz bereitet hat, auch wenn dieser Schmerz nötig und wichtig war und ich diese Erfahrung nicht missen möchte. Lassen Sie mich von vorn beginnen.

Meine Internet-Recherche nach Hypnose-Ausbildungsstätten in unserer Nähe, also im kalifornischen Orange County südlich von Los Angeles, verlief zunächst ergebnislos. Aber das Thema ließ mich nicht in Ruhe; meine Frau hatte mit ihrer Bemerkung, ob ich denn überhaupt wüsste, was Hypnose sei, den Samen gepflanzt, so dass ich im Jahr 1996, als Altavista, die erste Internet-Suchmaschine scharf geschaltet wurde, nochmals einen Versuch wagte. Erst nach mehreren Tagen fiel mir ein, ich könnte es anstatt mit „hypnosis" auch einmal mit „hypnotherapy" versuchen, und siehe da: Es gab ein „American Institute of Hypnotherapy" in Irvine, also fast vor unserer Haustüre, und im nächsten Hypnose-Grundlagenseminar war auch noch ein Platz frei. Dass man sich nach nur zweieinhalb Tagen bereits „Clinical Hypnotherapist" (it's America, folks!) nennen durfte, war mir zwar nicht ganz egal, aber ich wollte in erster Linie eines: Lernen.

Das Neue, was ich lernte, war vor allem, dass ich in all den Jahren davor bereits Hypnose angewandt hatte ohne es zu wissen, und dass ich meine „Entspannungsübungen" jetzt „hypnotische Induktionen" und die „Veränderungsarbeit in Trance" „Interventionen" nennen durfte.

Unser Trainer, ein charismatischer junger Mann, der auch heute noch weltweit als Erfolgscoach und Hypnose-Lehrer unterwegs ist, wurde, wie ich später erfuhr, zusätzlich belohnt, wenn er möglichst viele Teilnehmer davon überzeugen konnte, sich zum Doktoratsstudium einzuschreiben. Natürlich ging mir sofort das Wort „Titelmühle" durch den Kopf, als ich das hörte, und die Art und Weise, wie der Trainer uns das schmackhaft machte, trug ein Übriges dazu bei. Er meinte nur: „Schreiben Sie Ihren Namen auf ein Blatt Papier. Haben Sie's? Jetzt schreiben Sie ein ‚Dr.' davor. Wie gefällt Ihnen das? Wenn es Ihnen gefällt, melden Sie sich an für das Studium zum D.C.H. (Doctor of Clinical Hypnotherapy)! Wenn Sie hier unterschreiben, dürfen Sie sich ab sofort D.C.H.(c) nennen; das steht für ‚Doctoral Candidate'." Später wurde ihm diese Hardselling-Masche zum Verhängnis; nachdem ein paar Doktor-Kandidaten zur Erkenntnis gelangt waren, dass wissenschaftliche Arbeit doch nichts für den Mann oder die Frau von der Straße ist, klagten sie gegen das Institut, und der Trainer wurde fristlos entlassen.

Ich war hin- und hergerissen. Einen Titel kaufen, das kam nicht in Frage, sonst hätte ich das vorher längst irgendwo anders tun können. Andererseits sah ich, wie der deutsche Mentaltrainer und frühere Unternehmensberater Kurt Tepperwein sich seit Jahren mit einem nicht-akkreditierten amerikanischen Titel schmückte, und niemand kritisierte das. Nicht einmal seinen Professoren-Titel, den er sich nachweislich selbst verliehen hatte, respektive sein Institut in Liechtenstein, das er in hochstaplerischer Weise „Akademie der Wissenschaften" nannte, wurde in Frage gestellt. Vor meiner Kalifornien-Zeit hatte ich etliche Anlässe besucht, wo „Prof. Dr. Tepperwein" als ehrwürdiger Gastredner präsentiert wurde.

Als die Institutsleitung auf meine Nachfrage hin mitteilte, dass man wirklich wissenschaftliche Arbeiten abliefern müsse, und zwar mindestens 60 Papers zu je mindestens 20 Seiten für den Bachelor und nochmals halb so viel für den Doktor, dass Sie vom Staat Kalifornien approbiert seien, die akademischen Grade „Bachelor of Clinical Hypnotherapy" und „Doctor of Clinical Hypnotherapy" zu vergeben, da ließ mich die Idee nicht mehr los, ein Intensiv-Studium zu absolvieren und ganz nebenbei noch akademische Anerkennung zu bekommen.

Für mich waren allerdings zwei Dinge klar: Erstens, ich wollte kein Minimalist sein, sondern so viel schreiben, wie es meiner Meinung nach nötig war, um ein Thema wissenschaftlich zu würdigen. Zweitens, ich würde den Titel nicht an die große Glocke hängen, sondern mehr so nebenbei im Lebenslauf erwähnen. Für einen Doktorgrad benötigte man auch damals schon mindestens einen Bachelor, und da es die Zeit vor der Bologna-Reform war und man den Bachelor in Europa noch nicht kannte, wurden mir die Zwischenprüfungen in Deutsch, Französisch und Pädagogik, die ich an der Uni Bern im Jahr 1980 bestanden hatte, als Bachelor angerechnet. Zu Recht, muss ich sagen, wenn ich sehe, wie wenig es heute für ein Bachelor-Studium braucht.

Auch meine über tausend Seiten umfassenden „Doctoral Papers" in, wie man mir bestätigt, sehr gutem Englisch können sich sehen lassen, und diejenigen Akademiker, die die Anforderungen des „American Institute of Hypnotherapy" ins Lächerliche ziehen, sollten sich einmal ein paar Dissertationen von europäischen Medizinern näher anschauen. Außerdem ist vielen nicht bekannt, dass es in Amerika sogenannte Practitioner-Titel gibt. Ein M.D. (Medical Doctor) oder ein D.C. (Doctor of Chiropractic) zum Beispiel muss keine Dissertation schreiben, sondern bekommt seinen Titel am Ende des Studiums geschenkt. Meine Papers können Sie übrigens, falls Sie des Englischen mächtig sind und gerne wissenschaftliche Arbeiten lesen, bei mir via E-Mail verlangen. Denken Sie jedoch daran, dass es sich um ein Zeitdokument handelt, dass Sie also meine Meinung und meinen Wissensstand von 1997 studieren; mittlerweile bin ich noch etwas gereift.

Das „American Institute of Hypnotherapy" war privat organisiert. Ein gewisser Al Krasner hatte es vor Jahren gegründet mit der Absicht, ein Pendant zum „Doctor of Psychology" (Psy.D.) auf dem Gebiet der Hypnotherapie zu schaffen, und um 1995 herum ging es in den Besitz des Hypnose- und NLP-Trainers Tad James über, der sich mit der Entdeckung der Timeline-Therapie einen Namen gemacht hatte. Natürlich war mir klar, dass es Tad James vor allem darum ging, seine Seminare und die seiner Protegés zu verkaufen, denn wenn man ein Seminar besuchte und ein Paper darüber schrieb, gab es dafür „academic credit". Das änderte aber nichts daran, dass seine Seminare von hervorragender Qualität waren, und die Timeline-Therapie gehört immer noch zu den wichtigsten Entdeckungen in meinem Leben. Ich hatte ja bereits die Erfahrung gemacht, dass Regressionstherapie mit Hilfe von Abreaktionen helfen konnte, die Vergangenheit aufzuräumen, aber oftmals blieben von traumatischen Ereignissen trotzdem noch vereinzelt Symptome zurück. Die Timeline-Therapie, vor allem wenn man sie, wie ich das tue, mit klassischer Regressionstherapie kombiniert, ist ein fast narrensicheres Tool, um ein quälendes psychisches Thema ein- für allemal ad acta zu legen.

Was mir den letzten Kick für dieses Doktoratsstudium gab, war die relativ vernünftige Studiengebühr. Das konnte sich nicht um illegale Abzocke handeln, und die „California State License" tat ein übriges dazu, dass ich mich einschrieb und mich „full time" hinter dieses Studium kniete. Ich musste ja nur viermal im Jahr für je drei Wochen zu Seminaren in die Schweiz fliegen und hatte dazwischen Zeit, um zu studieren und meine Papers zu schreiben.

1999 bei der AIH Graduation Party in Irvine/Kalifornien

Als ich Ende 1997 meine Arbeit nur vor einem einzigen Institutsmitglied und nicht, wie sonst üblich, vor einem Gremium verteidigen musste, kamen mir erneut Zweifel darüber, wie seriös dieses Institut trotz aller Legalität, und, wie immer wieder betont wurde, strengen Kontrollen durch den Staat Kalifornien, wirklich sei. Aber mir konnte es egal sein. Ich hatte eine gute Ausbildung genossen und in so kurzer Zeit so viel gelernt wie nie zuvor. Und ich würde diesen Titel sowieso nicht an die große Glocke hängen. Ich, der ich nie im Leben einen Doktor mit „Herr Doktor" angesprochen hatte, würde doch jetzt nicht damit beginnen, mich mit „Doktor Zimmermann" vorzustellen!

Mitte 1998 stand bei meiner Frau und mir wieder eine Rundum-Erneuerung an. Meine Frau hat zwar die Sonne in der bodenständigen

Jungfrau, aber ihr Aszendent liegt gradgenau da, wo meine Sonne liegt, nämlich bei knapp fünf Grad im Wassermann. Und so kommt es, dass wir von Zeit zu Zeit mit Begeisterung einen Schlussstrich unter die Vergangenheit ziehen und unser Leben neu erfinden.

Im Januar 1998 kauften wir in Kalifornien ein neues Auto, im Februar fassten wir den Entscheid, Mitte Jahr nach Italien zu ziehen, und im März war klar, dass ich mich auch von meinem Manager in der Schweiz trennen musste, mit dem ich seit 1992 zusammengearbeitet hatte. Da ich gegenüber dem zehn Jahre jüngeren Mann väterliche Gefühle hegte und ihm auch dankbar war für das, was er für mich geleistet hatte, obschon er mir mit seiner Verschwendungssucht öfter Sorgen bereitet hatte, wollte ich ihn nicht im Stich lassen und bot ihm an, unsere Firma *apm* selbständig weiterführen, meine Bücher und Kassetten weiter vertreiben und meine Seminare für eine bescheidene Lizenzgebühr mit befreundeten Trainern organisieren zu dürfen. Dabei auferlegte ich mir selbst die Bedingung, dass ich mich aus dem angestammten Fachgebiet „Management und Marketing für Kleinbetriebe" heraushalten und mich ganz dem Thema Hypnose widmen würde. Das verlangte nach einem neuen Namen für meine Firma, und als ich darüber mit einem befreundeten Juristen sprach, meinte er: „Da muss der ‚Dr.' rein, das wirkt glaubwürdiger!"
„Aber das ist ein amerikanischer Titel," widersprach ich.
„Na und?" meinte er lakonisch. „Tepperwein führt seit Jahren so einen; interessiert das jemanden?"

Ich recherchierte nochmals im Internet, ob irgendwo das „American Institute of Hypnotherapy" als Titelmühle respektive „diploma mill" aufgeführt war, aber da war nichts zu finden. Im Gegenteil: Auf der Homepage des Bildungsministeriums des Staates Kalifornien wurde es als approbierte Bildungsstätte für sogenannte „postgraduate studies" geführt. Nachdem dann auch noch das Handelsregisteramt Zug nach Vorweisung meines Diploms nichts gegen den Firmennamen „Dr. Zimmermann & Partner" hatte, bedeutete das für mich grünes Licht.

Ganz nebenbei: Nötig wäre der neue Firmenname nicht gewesen, denn mein Manager war damals im LOLA-Fieber und meinte, mit Loslassen alles erreichen zu können, so dass er es auch nicht für nötig befand, auf mein großzügiges Angebot einzugehen. Aber die neue Firma mit dem wohlklingenden „Dr." war schon eingetragen, und zehn Jahre lang hatte ich meine Ruhe, dann ging das Theater richtig los.

Aber bevor ich Ihnen erzähle, wie ich die Hölle erlebt habe, will ich Ihnen nochmals einige Portionen Hypnose-Wissen vermitteln.

Drei Klassen der Hypnotherapie

Ich merkte sehr bald, dass mir weder die klassische noch die Ericksonsche Hypnosetherapie genügten. Einen Klienten in Trance zu versetzen und mit positiven Suggestionen zu versuchen, seine alten, selbstschädigenden Programme zu überdecken, das war mir zu oberflächlich. Wenn Sie mir ausnahmsweise einen etwas unanständigen Ausdruck verzeihen: Wenn ich über die Scheiße ein Sahnehäubchen lege, ist die Scheiße immer noch da.

Wie ich während meines Studiums schon bald erfuhr, gibt es im Wesentlichen drei Klassen der Hypnotherapie:

- Die klassische Hypnotherapie ist denkbar einfach und besteht aus drei Phasen:

  - Einer Trance-Induktion, tiefer oder weniger tief, je nach Bedarf.

  - Einer Intervention, also der eigentlichen Veränderungsarbeit. Bei einem Raucher wären das zum Beispiel ein paar Suggestionen, die bewirken sollen, dass er mehr Lust auf frische Luft bekommt und immer weniger raucht; bei einem Menschen mit Gewichtsproblemen würde man versuchen, ihm die gesunden, fettarmen und wasserhaltigen Speisen schmackhafter zu machen.

  - Einer De-Hypnose, auch Deduktion genannt, oder ganz einfach: Dem Zurückholen in den Wachzustand.

  Die Suggestionen erfolgen bei der klassischen Hypnotherapie in direkter, autoritärer Art („schließe deine Augen", „entspanne dich", etc.)

- Die Ericksonsche Hypnotherapie, so benannt nach dem amerikanischen Psychiater Milton Erickson (1901-1980). Hier überwiegen permissive Suggestionen („vielleicht möchtest du die Augen schließen", „viele Menschen können sich mit geschlossenen Augen besser konzentrieren") und indirekte Suggestionen in Form von Metaphern. Es werden Geschichten erzählt, die scheinbar nichts mit dem Klienten zu tun haben, jedoch in seinem Unterbewusstsein Veränderungen bewirken. Ericksonsche Hypnose will auch verborgene Ressourcen im Menschen wecken und sie für ihn in den gewünschten Situationen verfügbar machen. Zum Beispiel hätte Erickson zu einem Menschen, der unter mangelnder Selbstsicherheit leidet, gesagt „Sind Sie sicher, dass Sie dieses Problem haben?", und wenn der Klient bejahte, hätte ihm Erickson klargemacht, dass er ja schon wisse, wie sich „Sicherheit" anfühle.

Es ist allerdings meiner Meinung nach nicht zulässig, Erickson auf diese paar Merkmale zu reduzieren. Der Hypnose-Blogger mit dem Pseudonym Escatan hat mich auf ein Paper von D. Corydon Hammond aufmerksam gemacht, das im April 1984 im American Journal of Clinical Hypnosis erschienen ist. Hammond rückt darin Erickson in rechte Licht und verlangt auch „ein Ende des Erickson-Kults". Ein hochspannender Artikel, den Sie googeln und lesen sollten, falls Sie wissenschaftliches Englisch beherrschen.

- Bei den aufdeckenden Verfahren, auch tiefenpsychologische oder analytische Hypnotherapie genannt, geht es darum, die verborgenen Ursachen von seelischen Blockaden und Konflikten aufzudecken und neurologisch so zu entkoppeln, dass beim Gedanken daran keine vegetativen Reaktionen mehr auftreten. Da bei diesem Verfahren der Klient die meiste Zeit reden muss, darf die Trance nicht zu tief sein.
  Der einzige „Convincer", dass wirklich Hypnose stattfindet, ist dann die Tatsache, dass der Proband sich ständig wundert, was er da Seltsames erzählt, es aber nicht kontrollieren zu können scheint.

Ein Convincer (von engl. convince = überzeugen) ist etwas, was den Probanden davon überzeugt, dass tatsächlich Hypnose im Spiel ist.

In mir, der ich keine halben Sachen machen wollte, erwachte also sehr früh schon das Interesse nach aufdeckenden Verfahren. Aber zuerst bin ich Ihnen ein paar Informationen zur klassischen Hypnose schuldig. Damit wir uns richtig verstehen: Aufdeckende Hypnose funktioniert nicht ohne hypnotische Basisfähigkeiten. Ich werde oft von potenziellen Seminarkunden gefragt, ob sie die Grundausbildung nicht überspringen und direkt mit den aufdeckenden Verfahren beginnen könnten. Doch da ich nicht beurteilen kann, wie gut sie die klassischen und Ericksonschen Verfahren beherrschen, lehne ich das immer konsequent ab. Und viele Teilnehmer, darunter auch Ärzte und Psychologen, die vorher schon herkömmliche Hypnose-Seminare besucht hatten, haben sich dahingehend geäußert, dass es da viel Mittelmäßiges oder gar Unbrauchbares gebe.

In guter Gesellschaft

Warum Sie sich unbedingt ein paar Minuten Zeit nehmen sollten, um die spannende Geschichte der Hypnose zu studieren:

1. Erfahrungsgemäß bringt es für das Verständnis der „Hypnose" sehr viel, wenn man über die Entstehung und Entdeckung dieses Phänomens Bescheid weiß.

2. Ihre Klienten werden Ihnen zu Ihrem Spezialgebiet Fragen stellen. Sie wirken glaubwürdiger, wenn Sie Auskunft geben können. Und Glaubwürdigkeit ist nicht nur in der Hypnotherapie das A und O.

3. Hypnose wird von Laien, und leider zählen auch die meisten Journalisten dazu, in die Esoterik-Ecke gestellt. Wenn Sie ihnen verraten, dass ganz viele namhafte Mediziner sich mit Hypnose beschäftigt haben, und dass Hypnose-Therapie heutzutage von den meisten Ärztegesellschaften als wirksames Verfahren anerkannt wird, dann nehmen Sie diesen armen Ignoranten rasch den Wind aus den Segeln.

Wenn Sie sich selbst einen Gefallen tun wollen, gönnen Sie sich zusätzlich meine reich bebilderte „Geschichte der Hypnose" als Video. Sie finden es auf meiner Homepage *hpz.ch*.

Tempelschlaf in Aegypten (500 v. Chr.)

Es existieren Berichte darüber, dass Hypnose im Serapis-Tempel in Memphis/ Aegypten und auch in den Isis-Tempeln am Nil angewandt wurde. Priester versetzten damals die Kranken in einen neun Tage dauernden, „magnetischen Schlaf". Im Traum erschien den Patienten die Göttin Isis, die ihnen Informationen über ihre Krankheit und Tipps zur Gesundung lieferte. Experten nehmen an, dass die Priester sich in den Tempeln versteckt hielten und mittels Schalltrichter heilende Botschaften suggerierten. Wie Sie wissen, sprechen wir immer dann von hypnotischen Vorgängen, wenn Suggestionen im Spiel sind, die im Unterbewusstsein eines Menschen etwas verändern sollen.

Frühes Christentum

Je nach Glaubenssystem kann man die Heilungen von Jesus und seinen Zeitgenossen als „Wunder" bezeichnen oder aber als Heilung durch Suggestion und Vertrauen in das Höhere Selbst. Die Qumran-Rollen, die 1947 am Toten Meer gefunden wurden, deuten unter anderem darauf hin, dass Jesus sich während Jahren bei den Essenern, einer kabbalistischen Vereinigung, aufgehalten hat. Die Essener, so wird vermutet, verfügten über umfangreiches naturheilkundliches Wissen, und weil das dem gewöhnlichen Volk nicht bekannt war, wurden viele Heilmethoden als „Wunder" bezeichnet. Außerdem wird Jesus als charismatischer Mensch mit einem Ruf, der ihm vorauseilte, über starke suggestive Kräfte verfügt haben.

Dunkles Mittelalter

Aus dem Mittelalter ist in Sachen Hypnose wenig überliefert. Das liegt wohl unter anderem daran, dass die „heilige" Inquisition jede erfolgreiche Heilkunst als Teufelswerk bezeichnete und dafür sorgte, dass entsprechende Schriften verbrannt wurden, und oft gleich auch noch die Verfasser selbst.

Von Paracelsus, dem berühmten Arzt aus dem schweizerischen Einsiedeln, ist bekannt, dass er um die heilende Wirkung der positiven Suggestion wusste. Der weit gereiste Mediziner war der Überzeugung, dass der beste Arzt der „innere Arzt" sei. Paracelsus beschrieb die von Mönchen praktizierte Fixierung einer Kristallkugel und den dadurch eintretenden tiefen Schlaf, in dem Heil-Suggestionen zum Erfolg führten. Die Behandlung mit Hypnose empfahl er insbesondere bei Nervenkrankheiten.

Exorzismus (18. Jahrhundert)

Johann Joseph Gassner (1727-1779), ein Landpfarrer in einem kleinen Dorf in der Ostschweiz, litt unter häufigen Kopfschmerzen und Schwindel. Er glaubte, dass der Teufel dahinter steckte und begann, katholische Exorzismus-Rituale anzuwenden. Er war erfolgreich, wandte diese Rituale auch auf andere Menschen an und wurde ein gefragter Heiler.

Etwa zur selben Zeit begann der Jesuitenpater Maximilian Hell (1720-1792) Kranke zu heilen, indem er Stahlplatten an ihre Körper legte.

Sicher fragen Sie sich jetzt, was Exorzismus mit Hypnose zu tun habe. Nichts, außer der Tatsache, dass man heute annimmt, dass beim Exorzismus nicht der Teufel ausgetrieben wird, sondern mittels Suggestionen negative Programme aus dem Unterbewusstsein des Patienten entfernt werden.

Franz Anton Mesmer (1734-1815)

Im Herbst 1775 setzte der bayerische Kurfürst Max Joseph eine Kommission zur Untersuchung der exorzistischen Praktiken ein. Unter den Mitgliedern befand sich auch Franz Anton Mesmer, der durch seinen „animalischen Magnetismus" berühmt geworden war. Er behauptete, eine ungünstige Verteilung dieses Magnetismus im menschlichen Körper bewirke alle möglichen Krankheiten, und er könne das natürliche Gleichgewicht wiederherstellen, indem er mit seinen Händen über den Körper der Patienten streiche.

Ich gebe zu: Die folgende Biografie Mesmers ist stark beeinflusst vom Film „Mesmer", der 1994 unter der Regie von Roger Spottiswoode produziert wurde. Ein Kunde aus Österreich machte mich einmal darauf aufmerksam, dass dieser Film aus dramaturgischen Gründen etliche Verfälschungen enthalte. Das konnte ich bis jetzt nicht überprüfen, denn selbst der Wikipedia-Eintrag erzählt eine ähnliche Geschichte. Falls sich eines Tages herausstellen sollte, dass sie zu viele Unwahrheiten enthält, haben wir einmal mehr den Beweis für die Macht Hollywoods. Also, hier ist meine Geschichte Mesmers nach bestem Wissen und Gewissen:

Mesmer, am 23. Mai 1734 in Iznang am deutschen Ufer des Bodensees geboren, hatte sein Medizinstudium in Wien abgeschlossen und eine reiche ältere Frau geheiratet. Seine Partys („Gesellschaften", wie sie damals hießen) waren sehr beliebt und wurden unter anderem auch von der Familie Mozart frequentiert. Mozarts Singspiel „Bastien und Bastienne" wurde sogar in Mesmers Garten uraufgeführt.

Mesmers idyllisches Leben wurde arg gestört, als man ihm einen Skandal im Zusammenhang mit der Heilung einer blinden jungen Frau anhängen wollte. Maria Theresa Paradis bekam von der Kaiserin eine Rente, angeblich wegen ihrer Begabung als Pianistin, aber möglicherweise auch nur aus Mitleid, denn gewisse Quellen behaupten, sie sei nicht sehr begabt gewesen. Der Film stellt Maria-Theresas Blindheit als eine hysterische Blindheit dar, eine Krankheit, die in der modernen Krankheits-Klassifikation als „dissoziative Sensibilitätsstörung" bezeichnet wird. Mesmer wurde als Scharlatan verschrien und musste Wien im Jahre 1778 verlassen. Mein Newsletter-Leser aus Österreich meinte allerdings, das sei Mumpitz. Mesmer sei freiwillig nach Paris gegangen, und seine Frau habe die Praxis in Wien weitergeführt. Das ist für mich nicht einleuchtend; von Frau Mesmer hat man nie etwas darüber gehört, dass sie Menschen geheilt hätte.

Vertrieben oder nicht, Mesmer zog nach Paris, wo er zusammen mit einem französischen Kollegen eine „magnetische Praxis" eröffnete. Der Zustrom zu dieser Praxis war so groß, dass Mesmer zu unkonventionellen Methoden griff: Er füllte ein „baquet", einen Holzzuber, mit Wasser, Eisenspänen und Glassplittern. Der von Mesmer in den Zuber übertragene Magnetismus sollte seine Patienten heilen. Dabei dürfte nach heutigem Verständnis die suggestive Kraft von Mesmers Worten und die Bereitschaft seiner vorwiegend hysterischen Klientinnen, an den „Wunderheiler" Mesmer zu glauben, eine wichtige Rolle gespielt haben. Eine Schlüsselszene zwischen Mesmer und seinem Geschäftspartner Dr. Delon bringt Mesmers damaliges Wirken auf den Punkt:

Mesmer: „Was machen wir hier eigentlich?"

Delon: „Wir heilen große Damen mit kleinen Leiden, und jeden gutbetuchten Hysteriker von Paris."

Im März 1780 setzte der französische König Ludwig XVI. eine Kommission ein, die Mesmers Heilungen untersuchen sollte. Diese befand, dass die magnetischen Phänomene auf Einbildung beruhten, zweifelte jedoch nicht an Mesmers Heilerfolgen. Trotz diesem Verdikt begann Mesmers Einfluss sich auszudehnen. In verschiedenen französischen Städten wurden sogenannte "Sociétés de l'Harmonie" gegründet, die Mesmers Methoden propagierten.

Die Französische Revolution setzte Mesmers Praxis in Paris ein Ende. Er verlor den größten Teil seines Vermögens und zog wieder an seinen heimischen Bodensee. In einigen amerikanischen Quellen heißt es, er sei total verarmt, doch dem scheint nicht so: Unterstützt durch eine Rente Frankreichs, lebte er ein ruhiges Leben, bis er mit 75 von einem Schweizer Arzt wiederentdeckt wurde. Eine magnetische Klinik in Berlin bot ihm eine Stelle als Direktor an, aber Mesmer verzichtete auf dieses Angebot, nicht zuletzt im Hinblick auf sein hohes Alter.

Das Haus, in dem Mesmer am 5. März 1815 starb, dient heute als Meersburger Weinmuseum.

Magnetismus? Oder Hypnose?

Eine Randbemerkung zum Thema Magnetismus: Viele Leute meinen, Mesmer hätte sich geirrt, und der von ihm propagierte Magnetismus existiere nicht; seine Heilerfolge seien bloß aufgrund der starken Suggestionen zustande gekommen. Wer sich aber schon einmal mit Werkzeugen der Energiearbeit wie Reiki oder Pranic Healing beschäftigt hat, wird zu Recht annehmen, dass es wohl eine Kombination von Energie und Suggestionen gewesen sein muss, die für Mesmers Heilungen zuständig waren.

Lassen Sie sich also bitte nicht verwirren, wenn man das, was heutzutage Hypnose genannt hat, mit Magnetismus bezeichnete. Andere Begriffe, die damals verwendet wurden, lauteten übrigens „Somnambulismus" und „Mesmerismus".

Marquis de Puységur (1751-1825)

Während es in Mesmers Praxis eher laut zu- und herging (die sogenannte „magnetische Krise" bestand aus dramatischen Schüttelkrämpfen und lautem Schreien), sprach sein Schüler, der Marquis de Puységur, von einer „stillen Krise" oder „magnetischem Schlaf". Auch hier zeigt sich aus heutiger Sicht die Kraft der Suggestion: So, wie Puységur die Krise suggerierte, so vollzog sie sich.

Puységurs Technik erinnert den aufmerksamen Leser sicher an den Tempelschlaf in Aegypten, und auch heute noch wird mancherorts das Wort „Heilschlafen" verwendet, wo eigentlich Hypnose gemeint ist.

Animalischer Magnetismus im deutschsprachigen Raum

Im deutschsprachigen Raum erfuhr der „animalische Magnetismus" vor allem durch Goethes Freund, den Zürcher Pastor Johann Caspar Lavater (1741-1801), Verbreitung. Lavater hatte den Magnetismus 1785 in Genf kennen gelernt und wandte ihn erfolgreich an seiner Frau an, die unter Migräne, Rheuma und Magenkoliken litt. 1786 wurde Lavater zum Prediger einer Bremer Gemeinde gewählt und gewann dort die Aufmerksamkeit der Ärzte Arnold Wienholt und Heinrich Wilhelm Mathias Olbers, die nach Lavaters Anweisungen erfolgreich Patienten behandelten. Wienholt veröffentlichte seine Fälle in einem dreibändigen Werk.

Karl-Friedrich, Markgraf von Baden, schickte den Karlsruher Physikprofessor Boeckmann nach Straßburg, damit er dort die Puységursche Technik lerne. Boeckmann gründete nach seiner Rückkehr das Archiv für Somnambulismus und Magnetismus.

Eberhard Gmelin, ein Arzt aus Heilbronn, der unter anderen auch Friedrich Schiller behandelte, veröffentlichte ebenfalls einflussreiche Bücher zum animalischen Magnetismus. Diese Bücher erregten die Aufmerksamkeit des damaligen Direktors der Charité, Christian Gottlieb Selle, so dass sich auch in Berlin eine „magnetische Szene" entwickelte.

Nachfolger von Selle in der Charité wurde Christoph Wilhelm Hufeland, der in seinem „Journal der praktischen Arzneykunde und Wundarztneykunst" etliche Artikel zum Thema Magnetismus veröffentlichte und dadurch vermutlich viel zur Verbreitung dieser Technik in Preußen beitrug.

Die Bücher von Carl Alexander Ferdinand Kluge (1782-1844) und Karl Christian Wolfart (1778-1832) zum Thema Magnetismus gewannen eine gewisse respektvolle Beachtung, während Mesmer fast in Vergessenheit geriet.

Zu erwähnen ist noch der deutsche Arzt und Dichter Justinus Kerner, der als einer der wenigen Mediziner dieser Zeit auch Berichte über spirituelle und mystische Erlebnisse im Zusammenhang mit animalischem Magnetismus ernst nahm. Kerner wurde unter anderem bekannt durch die spektakuläre Behandlung seiner Patientin Friederike Hauffe, die als „Seherin von Prevost" Berühmtheit erlangte.

Großbritannien – vom Magnetismus zur Hypnose

Der britische Chemiker Richard Chenevix (1774-1830), der seine magnetischen Kenntnisse von Abbé Faria, einem berühmten portugiesischen Magnetiseur und Wanderpriester hatte, demonstrierte 1829 in London seine Methode vor einigen interessierten Ärzten, darunter auch John Elliotson.

Elliotson (1791-1868) war Medizin-Professor an der London University und führte magnetische Behandlungen am University College Hospital durch. Er veröffentlichte zahlreiche Artikel im Zusammenhang mit mesmerischer Analgesie. Führend in der praktischen Anwendung der Mesmerschen Anästhesie war James Esdaile, ein schottischer Arzt, der im Jahr 1845 als Angestellter der East India Company zum Leiter eines kleinen Krankenhauses bei Kalkutta ernannt wurde. Esdaile dokumentierte zahlreiche Operationen, die er mittels Mesmerscher Anästhesie durchgeführt hatte, darunter auch die Amputation von Gliedmassen. Der Vize-Gouverneur von Bengalen ließ Esdailes Behauptungen überprüfen, und Esdailes Technik war anschließend anerkannt. Das Buch „Mesmerism in India", in dem Esdaile 1846 etliche spektakuläre Fälle von hypnotischer Anästhesie veröffentlichte, kann man heute gratis bei Google Books herunterladen.

Auch nach 1846, nachdem Aether und Chloroform eingeführt waren, hielt Esdaile am Mesmerismus fest, und zwar in erster Linie aufgrund der besseren Heilungsverläufe. Esdaile überließ allerdings in der Regel seinen Mitarbeitern das Hypnotisieren, da dies für solche Eingriffe zu lange Zeit in Anspruch nahm, und konzentrierte sich nur auf die Operationen.

Ab der Mitte des 19. Jahrhunderts begann sich das Verständnis der Hypnose von der Idee einer „äußeren Kraft" des Hypnotiseurs auf die „innere Kraft" des Patienten zu verlagern. Einer der ersten, die den „magnetischen Schlaf" mit inneren Prozessen des Patienten erklärten, war der schottische Arzt James Braid, der in Manchester/England praktizierte. Braid war zuerst der Ansicht, dass es sich bei der Hypnose um eine Art Schlaf handelte. Daher nannte er das Phänomen „Neurypnologie" (= nervöser Schlaf) und später „Hypnose", abgeleitet vom griechischen Gott des Schlafes, Hypnos.

Kurz vor seinem Tod änderte Braid seine Meinung und erklärte Hypnose als „Konzentration der Aufmerksamkeit und Erhöhung der Einbildungskraft" und wollte den Begriff „Hypnose" durch „Monoideismus" ersetzen. Aber die Bezeichnung „Hypnose" hatte sich bereits fest etabliert.

Hypnose in Frankreich im 19. Jahrhundert

Die Hypnose wurde in Frankreich zunächst überwiegend mit dem Hôpital Salpêtrière in Verbindung gebracht. Die Salpêtrière war ein

Nerven-Krankenhaus in Paris, das auf Veranlassung Ludwigs XIV. gebaut worden war, und das heute noch unter dem Namen Hôpital Pitié Salpêtrière als Universitäts-Hospital dient.

Jean-Martin Charcot (1825-1893), Medizin- Professor an der Pariser Universität und einer der größten Neurologen seiner Zeit, wurde 1862 an die Salpêtrière gerufen, wo er viele Jahre praktizierte, forschte und dozierte. Zu seinen Schülern gehörten zahlreiche später berühmt gewordene Neurologen wie Babinski und Gilles de la Tourette.

Charcot konnte beweisen, dass hysterische Lähmungen (heutige Bezeichnung „dissoziative Bewegungsstörungen") mittels Hypnose zum Verschwinden gebracht werden konnten. Ganz nebenbei bemerkt: Das hätte nachträglich eine Rehabilitation für Mesmer bedeuten können, denn auch die Blindheit seiner berühmten Wiener Patientin war mit großer Wahrscheinlichkeit nicht organisch bedingt, sondern die Folge einer dissoziativen Störung, die man damals Hysterie nannte.

Obwohl es Charcots Verdienst war, dass die Hypnose als untersuchungswürdiges Phänomen ernst genommen wurde, ist seine Theorie der Hypnose falsch. Er untersuchte sie nämlich nur anhand weniger hysterischer Patientinnen, die er nie selbst hypnotisierte (er überließ das Hypnotisieren seinen Assistenzärzten). Die hysterischen Patientinnen übernahmen gewisse Verhaltensweisen, die sie bei den Ärzten aufgeschnappt hatten und später untereinander absprachen. Dies brachte Charcot zu der irrigen Annahme, dass Hypnose ein krankhaftes Phänomen sei, das man nur bei Hysterikerinnen beobachten könne.

Pierre Janet, der noch unter Charcot in der Salpêtrière arbeitete, zeigte auf, dass die drei Stadien des „grand hypnotisme", die Charcot postulierte, nichts als beliebige Verhaltensweisen waren, die die Patientinnen von Hypnotiseuren angenommen hatten. Janets Arbeiten beeinflussten nicht nur Freud und Breuer bei ihren Studien über Hysterie, sondern auch Adlers Individualpsychologie und Jungs Komplex-Theorie.

In Nancy praktizierte der bescheidene Landarzt Ambroise Liébe-ault. Er wandte unter anderem die Hypnose mit gutem Erfolg an, nachdem er James Braids Buch „Neurypnology" gelesen hatte. Um nicht als Scharlatan verschrien zu werden, verlangte er jedoch für Hypnose-Behandlungen kein Geld.

Liébeault galt unter seinen Kollegen als Außenseiter. Als er im Jahr 1882 einen Patienten von seinen Ischiasbeschwerden befreite, nachdem dieser erfolglos von Hippolyte Bernheim (1837-1919), Professor am Medizinischen Institut in Nancy, behandelt worden war, da wollte Bernheim ihn der Scharlatanerie überführen. Doch es kam anders. Die Geschichte vom großen Professor Bernheim und dem kleinen Landarzt Liébeault klingt fast wie ein Hollywood-Märchen...

Professor Bernheim war so fasziniert von Liébeaults Arbeit, dass die beiden fortan zusammenarbeiteten. Die Hypnose-Schule von Nancy entstand, und Bernheims Buch über Hypnose, das 1886 er-schien, wurde ein großer Erfolg. Bernheims Theorie, wonach Hyp-nose ein Zustand erhöhter Suggestibilität sei, der durch Suggestio-nen hervorgerufen werde, schlossen sich bekannte Psychiater wie Forel und Bechterew an, und nach Charcots Tod setzte sich die Nancy-Schule endgültig durch.

Besser und besser – Emile Coué

Emile Coué (1857-1926) gilt als Begründer der modernen Autosug-gestion. Als Apotheker befasste er sich eingehend mit den Schriften der Nancy- Schule und stellte fest, dass er die Wirkung eines Medi-kaments positiv beeinflussen konnte, wenn er zum Kunden Sätze sagte wie: „Dieses Medikament wird Sie sehr schnell gesund ma-chen."

Coué soll auch mit dem Placebo-Effekt experimentiert haben, in-dem er zum Beispiel einer Kundin ein pharmakologisch völlig wert-loses Mittel gab mit dem Hinweis, es sei das beste Kopfwehmittel auf dem Markt. Von Coué stammt diese berühmte Selbst-Suggesti-on, die Bestandteil der standardisierten Skripte der Silva-Methode sind: „Es geht mir mit jedem Tag und in jeder Hinsicht besser und besser." Solche Selbst-Suggestionen werden von Tiefenpsychologen oft kritisiert, weil sie eigentlich nichts anderes suggerieren, als dass es einem jetzt schlecht gehe.

Coué hat, ähnlich wie Mesmer und später Milton Erickson, Kultstatus erreicht; es gibt in vielen Ländern Coué-Gesellschaften, die sein Gedankengut verbreiten.

Sigmund Freud – Totengräber der Hypnose

Sigmund Freud war der Erste, der das menschliche Unterbewusstsein wissenschaftlich erforschte. Allerdings entsprach seine Vorstellung des Unterbewusstseins mehr einer trüben Suppe von unterdrückten Trieben (allen voran dem Sexual- und dem Todestrieb), wogegen die heutige Hypnose-Theorie das Unterbewusstein als „Freund" darstellt, den man nur richtig programmieren muss.

Freud hielt sich 1885-1886 bei Charcot und später auch an der Nancy-Schule auf. 1892 bekannte er sich offiziell zur Theorie der Nancy-Schule. Über Freuds spätere Abkehr von der Hypnose wird viel spekuliert. Vermutlich war er doch zu stark von Charcots irriger Annahme beeinflusst, dass Hypnose nur bei Hysterikerinnen funktioniere. Sicher ist, dass er durch seine Abkehr von der Hypnose bewirkte, dass dieses faszinierende und vielversprechende Fachgebiet in eine Art Dornröschen-Schlaf verfiel. Es galt auf einmal in Medizinerkreisen nicht mehr als schick, die Hypnose als Therapieform anzuwenden.

Die Hansen-Zeit

Unter anderem dem dänischen Bühnen-Hypnotiseur Carl Hansen ist es wohl zu verdanken, dass die Hypnose trotz Sigmund Freuds „Todesurteil" nicht ganz in Vergessenheit geriet. Hansens weltweite Auftritte brachten etliche Wissenschaftler dazu, das Phänomen der Hypnose zu untersuchen.

Die „Hansen"-Zeit zeichnete sich dadurch aus, dass das Interesse an den klinischen Möglichkeiten der Hypnose eher in den Hintergrund rückte und sich etliche Forscher vor allem der experimentellen Hypnose widmeten.

So auch August Forel, Direktor der psychiatrischen Universitätsklinik „Burghölzli" in Zürich, und Oskar Vogt, Direktor des Instituts für Hirnforschung der Kaiser-Wilhelm-Gesellschaft, die ab 1895 als Herausgeber der Zeitschrift für Hypnotismus fungierten. Forels Buch „Der Hypnotismus oder die Suggestion und die Psychotherapie" war ein Standardwerk, das bis 1923 ganze zwölf Auflagen erfuhr und auch heute noch erhältlich ist.

Ein weiteres wichtiges Werk dieser Zeit, „Der sogenannte thierische Magnetismus", stammt aus der Feder von Rudolf Heidenhain, Professor für Physiologie an der Universität Breslau.

Hypnose in Österreich

In Österreich waren es um die Jahrhundertwende vor allem zwei Figuren, die in Sachen Hypnose den Ton angaben: Richard Freiherr von Krafft-Ebing, der sich als Sexual-Pathologe einen Namen gemacht hatte, und Julius Wagner-Jauregg, ein Psychiater, der 1927 den Nobelpreis für Medizin erhielt. Wagner-Jauregg vertrat allerdings noch die alte Ansicht, dass es vor allem die suggestive Kraft der „mächtigen Therapeutenfigur" sei, die den hypnotischen Prozess steuere.

Hypnose in den USA im 20. Jahrhundert

Clark Hull war einer der großen Psychologen des 20. Jahrhunderts und ein radikaler Behaviorist. Sein Buch „Hypnosis and Suggestibility" wird allgemein als der Startschuss für die moderne Hypnose-Forschung angesehen.

Während der beiden Weltkriege sowie des Korea-Krieges erlebte die Hypnose eine Renaissance aufgrund der erfolgreichen Behandlung von Shell-Shock-Opfern (zu Deutsch: Soldaten mit posttraumatischer Belastungsstörung). Zu nennen sind in diesem Zusammenhang der bereits erwähnte Amerikaner Clark Hull (1884-1952) sowie sein Landsmann George Estabrooks (1885-1973). Estabrooks war Leiter der Psychologischen Fakultät an der Colgate University und erlangte zweifelhaften Ruhm, weil er angeblich im Zweiten Weltkrieg Regierungsagenten mit Gehirnwäsche-Techniken bearbeitet und so „gegen ihren Willen" programmiert haben soll. Estabrooks schrieb zwei bedeutende Werke: „Man the Mechanical Misfit" (1941) und „Hypnotism" (1944).

Wenn wir schon beim Thema Gehirnwäsche sind, unterbrechen wir doch kurz unsere Geschichte der Hypnose für einen Artikel, den ich schon vor Jahren auf meiner Homepage veröffentlicht habe:

Hypnose und Gehirnwäsche... zwei Paar Schuhe, die verschiedener nicht sein könnten!

Als Hypnotherapeut hört man ab und zu den Einwand, Hypnose hätte etwas mit Mind Control oder Gehirnwäsche zu tun. Mein amerikanischer Studienkollege Topher Morrison hat sich einmal gründlich mit diesem Thema befasst. Und zwar zusammen mit Menschen, die es wissen müssen. Eine Basis der US-Army hatte ihm eine Zeitlang Offiziere in die Hypnose-Ausbildung geschickt. Es stellte sich heraus, dass einige von ihnen Spezialisten in Gehirnwäsche-Techniken waren (das würde die Armee natürlich offiziell dementieren). Dank Topher und seinen Kunden wissen wir jetzt aus erster Hand, dass Hypnose nichts mit Gehirnwäsche zu tun hat. Eher das Gegenteil, wie Sie gleich sehen werden, wenn wir die fünf Schritte der Gehirnwäsche näher unter die Lupe nehmen:

Gehirnwäsche-Technik Nr. 1: Das Subjekt vom Einfluss der gewohnten Umgebung abschirmen

Wenn man jemandem das Gehirn waschen will, muss man ihn von seiner gewohnten Umgebung abschirmen. Das haben die Sekten-Gu-

rus schon längst begriffen, daher gibt es Ashrams. Und daher gibt es zur Rehabilitation von Sträflingen sogenannte Boot Camps. Das bedeutet: Wochenlange Abschirmung von der gewohnten Umgebung. Oft kommt etwas Gutes dabei heraus, zum Beispiel beim Drogenentzug. Manchmal sind die Resultate aber für den Betroffenen nicht zu seinem Besten.

In der Hypnotherapie schirmen wir niemanden von der Umgebung ab. Meine Klienten möchte ich am Abend nicht mit nach Hause nehmen. Dafür habe ich eben eine Praxis. Und die Klienten sind herzlich eingeladen, das, was sie in der Hypnose-Sitzung erlebt haben, mit anderen zu diskutieren.

Gehirnwäsche-Technik Nr. 2: Dem Subjekt den Schlaf entziehen

Schlafentzug macht die Leute labil und suggestibel. Daher gibt es in Sekten gemeinsame Nachtgebete, und im Boot Camp lässt man die total übermüdeten Teilnehmer um 1 Uhr ins Bett gehen, um sie unverhofft um 3 Uhr wieder aufzuwecken.

In der Hypnotherapie ist es anders. Ich habe noch nie einen Hypnotherapeuten erlebt, der seinen Klienten befahl, wach zu bleiben. Außer wenn es um eine paradoxe Intervention ging, die zum Zweck hatte, den Klienten in Trance zu bringen.

Gehirnwäsche-Technik Nr. 3: Schmerz zufügen, wenn das Subjekt nicht gehorcht

Das kann körperlicher oder psychischer Schmerz sein. Oft werden alltägliche Annehmlichkeiten entzogen (Kaffee trinken, Duschen) oder unangenehme Zusatzarbeiten aufgebrummt (Toiletten reinigen, Boden mit Zahnbürste putzen).

In der Hypnotherapie ist es anders. Ich habe noch nie jemanden geschlagen oder geschimpft, wenn er nicht tief genug in Trance ging. Und die Toilette reinige ich immer selbst.

Gehirnwäsche-Technik Nr. 4:
Das Subjekt belohnen, wenn es gehorcht

Auch die Belohnung kann psychischer oder körperlicher Natur sein. Umarmungen und Lob in Sekten, Beförderungen, Auszeichnungen und Privilegien im Militär.

In der Hypnotherapie ist es anders. Ich habe noch nie jemanden dafür bezahlt, dass er in Trance ging. Meine Klienten bezahlen mich, und zwar unabhängig von der Trance-Tiefe.

Gehirnwäsche-Technik Nr. 5:
Die Körperchemie des Subjekts verändern

In einem Kult oder im Militär kann das zum Beispiel über eine radikale Ernährungsumstellung erfolgen. Hardcore-Brainwasher injizieren auch Chemikalien wie z.B. Sodium-Pentothal, um das Opfer gefügiger zu machen.

In der Hypnotherapie ist das anders. Ich ändere weder die Ernährung meiner Klienten, noch wende ich irgendwelche Chemikalien an. Es sei denn, der dezente Hauch meines Herrenparfums würde als chemische Keule durchgehen.

Fazit

Wenn Ihnen in Zukunft jemand mit Gehirnwäsche kommt, sind Sie hoffentlich gewappnet und verwechseln sie nie wieder mit Hypnose. Andernfalls überlege ich mir das mit der Technik Nr. 3 nochmals.

Nach diesem kurzen Intermezzo, das Sie hoffentlich genutzt haben, um mit einem Kaffee Ihre Körperchemie zu verändern, kehren wir zurück zur Geschichte der Hypnose...

Autogenes Training

Johannes Heinrich Schultz (1884-1970), Schüler des Hirn- und Hypnoseforschers Oskar Vogt, wurde 1919 Professor an der Univer-

sität Jena und ließ sich später in Berlin als Neurologe und Psychotherapeut nieder. Seine Rolle als Arzt während der Nazizeit ist um-
stritten. Berühmt wurde Schultz durch sein 1932 erschienenes Buch
„Autogenes Training".

Milton Erickson, Hypnose-Guru des 20. Jahrhunderts

Seit Franz Anton Mesmer rankte um keinen Hypnosetherapeuten
mehr so ein Mythos wie um den amerikanischen Psychiater Milton
Erickson (1901-1980). Das lag wohl nicht zuletzt an Jay Haley, der
1967 ein Buch über Ericksons Techniken veröffentlichte, und an
Ericksons Schülern Ernest Rossi und Jeffrey Zeig, die fest entschlossen schienen, jede noch so banale Eigenschaft Ericksons auf
die Genialitäts-Stufe zu heben.

Ericksons Hypnosetechniken werden im deutschsprachigen Raum
vor allem mit permissiver und indirekter Suggestionsart mittels
Metaphern in Verbindung gebracht. Erickson konnte jedoch durchaus auch direkt und autoritär sein, wenn er merkte, dass der Patient
gut darauf ansprach. Einige Besonderheiten der Ericksonschen
Hypnosetechniken werde ich Ihnen gleich im Anschluss an diesen
Geschichts-Exkurs liefern.

Wenn Sie mich fragen (und Sie sind es ja mittlerweile gewohnt,
dass ich immer etwas zu meckern habe): Einige Erickson-Jünger
betreiben heute geradezu einen Kult um Milton Erickson und um
das, was sie als seine Techniken zu begreifen glauben. Wer mit so
einem Menschen spricht, kann nie ganz sicher sein, ob er sich in
einem harmlosen Gespräch befindet, oder ob er gerade gegen seinen Willen therapiert wird. Erickson war sicher ein sehr kreativer
Therapeut, und die moderne Hypnose verdankt ihm viel. Doch das
ist kein Grund, daraus einen Kult entstehen zu lassen. Therapeuten
vom Format eines Milton Erickson gibt es meiner Meinung nach zu
Hunderten, nur erledigen sie eben ihre Arbeit still im Hintergrund.
Ich sehe auch nicht ein, warum es eine Milton-Erickson-Gesell-
schaft braucht. Entweder schränkt man sich damit von vornherein
ein, indem man impliziert, dass neben Ericksons Gedankengut

nichts anderes Platz hat, und wenn es noch so nützlich wäre, oder die Bezeichnung ist falsch und überflüssig, und man würde sich besser „Gesellschaft zur Förderung der klinischen Hypnose" nennen.

Anerkennung durch Ärztegesellschaften

Im Jahr 1955 erkannte die britische Ärztegesellschaft die Hypnose als wirksame Therapie an. 1958 taten die amerikanischen Kollegen es ihr gleich, und seitdem ist jede Medical School (medizinische Fakultät) in den USA verpflichtet, Hypnosekurse anzubieten. So viel zum Thema „Hypnose und Esoterik"...

Dave Elman – autoritär und effizient

Über Dave Elman gab es über lange Zeit relativ wenig biographisches Material. Dennoch sind viele Hypnose-Experten der Meinung, dass er in der Geschichte der Hypnose eine wichtige Rolle spiele.

Elman, der eigentlich David Kopelman hieß, war Entertainer und Radio-Moderator, bevor er sein Leben ganz der Hypnose widmete und vorwiegend Ärzte und Zahnärzte in hypnoanästhetischen Techniken ausbildete. In einigen amerikanischen Quellen heißt es, Elmans Vater sei Show-Hypnotiseur gewesen. Andere Quellen behaupten, Elmans Vater hätte eine tödliche Krankheit gehabt und sei durch einen Show-Hypnotiseur so weit von seinen Schmerzen befreit worden, dass sein Sohn Dave ihn besuchen konnte.

Dave Elmans Ansatz war, ganz im Gegensatz zu Erickson, autoritär und direkt. Elman wörtlich: „Wer hypnotisiert werden will, muss Anweisungen befolgen können. So einfach ist das."

Neurolinguistisches Programmieren (NLP)

Zwei Amerikaner, der Linguist John Grinder (*1940) und der Mathematiker und spätere Psychologe Richard Bandler (*1950), studierten in den frühen Siebziger Jahren mehrere Therapeuten und deren Methoden eingehend: Unter anderem den amerikanischen Arzt und Hypnosetherapeuten Milton Erickson, die Familientherapeutin Virginia Satir und den Gestalttherapeuten Fritz Perls.

Ursprünglich ging es Bandler und Grinder um das sogenannte „Modelling of Excellence", das Kopieren von Spitzenleistungen. Daraus entstand jedoch ein neues, ziemlich großes Gebiet der Psychotherapie: Das neurolinguistische Programmieren (NLP).

Das Raffinierte am NLP sind eigentlich nicht einmal die Techniken; sie basieren, wie ich schon früher ausführte, größtenteils auf bestehenden therapeutischen Schulen. Das eigentliche Verdienst von Bandler und Grinder besteht aus der radikalen Umsetzung in sofortige Resultate und der Einstellung, die hinter der NLP-Therapie steht: Nämlich dass wir Menschen alle Ressourcen zur Verfügung haben, die wir brauchen, um uns zu ändern, und dass der Therapeut dem Kunden lediglich hilft, sich auf seiner eigenen geistigen Landkarte besser zurechtzufinden.

Etliche Experten der Psycho-Szene sind jedoch der Meinung, dass NLP nur „alter Wein in neuen Schläuchen" sei und in erster Linie eine Marketing-Seifenblase. Insbesondere die diversen Süchte, die man Bandler nachsagt, sein ausschweifender Lebensstil und eine höchst seltsame Mord-Anklage, von der er 1988 vermutlich nur dank dem maroden amerikanischen Rechtssystem freigesprochen wurde, tragen nicht gerade viel zu einem seriösen Image bei.

Selbst Milton Erickson, der von Bandler und Grinder oft so dargestellt wird, dass man meinen könnte, sie würden ihn besser verstehen als er sich selbst, äußerte sich einmal wie folgt über die beiden NLP-Gurus: „They wanted me in a nutshell. Now they have the nutshell." (Sinngemäß auf Deutsch: „Sie wollten ein Konzentrat von mir. Jetzt haben sie eine leere Hülle.")

Zum Abschluss dieses Kapitels über NLP möchte ich Ihnen hier einen Artikel abdrucken, den ich im Jahr 2013 in meinem Power-Letter veröffentlichte. Mir ist bewusst, dass ich damit die Fanatiker unter den NLPlern vor den Kopf stoße und dafür sorge, dass sie niemals eines meiner Seminare besuchen werden. Und wissen Sie was? Das ist gut so! Schreiben Sie mir also nicht, wie sehr Sie sich von diesem Artikel betupft und beleidigt gefühlt haben; ich kann es mir vorstellen.

Die NLP-Fuzzis und ihr Guru!

Oder wie kann man sich einen mutmaßlichen Mörder und Drogendealer zum Vorbild nehmen?

Ein NLP-Trainer, dessen Namen ich hier aus Diskretionsgründen nicht nennen will, hat mich gebeten, seine Werbe-Videos in meinem Newsletter zu propagieren. Es ist ihm nicht gelungen, und das liegt unter anderem daran, dass er in jedem dritten Satz von einem „Richard" spricht („Richard sagt 'State is everything'"). Für NLP-Insider ist natürlich klar, um welchen Richard es hier geht; den Laien verrät der Trainer es erst im fünften Video: Sein großes Vorbild ist offenbar der NLP-Mitbegründer Richard Bandler.

Und das gibt mir wieder einmal Anlass für ein massives HPZ-Gemeckere: Wie ist es eigentlich möglich, dass die NLP-Gemeinde diesen Alkoholiker, Frauen-Schläger, Drogensüchtigen und mutmaßlichen Mörder für ihr großes Idol hält. Ja, Ihr habt richtig gelesen: Mutmaßlicher Mörder! Ich sage absichtlich „mutmaßlich", um keine rechtlichen Schwierigkeiten zu bekommen. Aber ich glaube, man kann mit Fug behaupten, dass Bandler nur aufgrund von gerissenen Anwälten freigesprochen wurde.

Die Fakten, die Ihr in einem Artikel der L.A. Times im englischen Original nachlesen könnt, sind wie folgt:
Nachdem Bandlers Frau sich von ihm hatte scheiden lassen, unter anderem wegen häuslicher Gewalt, stürzte dieser in Alkoholismus und Kokainsucht ab. Im November 1986 fuhr Bandler, zusammen mit seinem vorbestraften Freund James Marino zur Prostituierten Corine Christensen, die den beiden das Kokain zu verschaffen pflegte. Marino hatte Bandler am Tag zuvor verraten, Corine hätte eine lesbische Affäre mit Bandlers damaliger Freundin.
Kurz und gut: Corine Christensen wurde an diesem Abend mit Band-

lers 357er Magnum erschossen. Bandler und Marino gaben beide zu, am Tatort gewesen zu sein. Aber ihre Anwälte verrieten ihnen offenbar, wie man die amerikanische Justiz dennoch austricksen kann. Wenn jeder die Tat auf den anderen schiebt und sie keinem klar zugewiesen werden kann, dann muss ein Freispruch erfolgen. Und so war's auch. Mir ist zwar ein Rätsel, was das für ein Richter gewesen sein muss, der die Fingerabdrücke auf Bandlers Waffe, die Blutspritzer auf seiner Kleidung und die Schmauchspuren an seinen Händen als „nicht genügend Beweismaterial" beurteilt hat.

So, das musste mal gesagt sein. Und da ich der Meinung bin, dass Lehrer das leben sollten, was sie predigen, haltet Euch fern von jedem, der bewundernd von „Richard" spricht. Das kann nichts Gutes sein!

Auch wenn ich meine Geschichte der Hypnose mit einem eher dunklen Kapitel abgeschlossen habe, nehme ich doch schwer an, dass Sie sich jetzt weitestgehend in guter Gesellschaft fühlen, wenn Sie sich weiter mit Hypnose befassen. Und falls nicht, lesen Sie dieses Kapitel bitte nochmals; lassen Sie einfach Bandler und Grinder weg, dann geht's Ihnen gleich besser.

Ach, wissen Sie was? Jetzt habe ich doch ein bisschen ein schlechtes Gewissen, denn eine Sache muss man Bandler und Grinder zugestehen: Sie haben in einzigartiger Weise Ericksons raffinierten Gebrauch der Sprache untersucht und so dafür gesorgt, dass andere Therapeuten und solche, die es werden wollen, nicht einfach staunend beobachten müssen, sondern diese sprachlichen Taschenspieler-Tricks ebenfalls lernen können. Hier kommt mein Beitrag zum sogenannten Milton-Modell...

Zwei gute Haare

Wie versprochen, lasse ich ein gutes Haar am NLP, oder besser zwei, nämlich je eines an Bandler und eines an Grinder.

Bevor wir uns jedoch das sogenannte Milton-Modell näher betrachten, muss ich Ihnen den Unterschied zwischen drei möglichen Suggestions-Arten erklären. Wir unterscheiden zwischen:

1. direkter oder autoritärer Suggestion.
   Beispiele:
   „Setz' dich hin!"
   „Schließe deine Augen!"
   „Nimm einen tiefen Atemzug!"
   Mit anderen Worten: Die Suggestionen klingen wie ein Befehl, dem man sich nicht widersetzen sollte.

2. permissiver Suggestion (von lat. permittere = erlauben).
   Beispiele:
   „Haben Sie Lust, sich einfach mal bequem hinzusetzen?"
   „Viele Menschen schließen gerne die Augen, wenn sie sich ein wenig Entspannung gönnen wollen."
   „Tiefe Atemzüge können ebenfalls helfen, diesen angenehmen Zustand noch etwas angenehmer zu gestalten."
   Sie haben sicher gemerkt, dass in diesen Sätzen immer noch ein Wunsch drin steckt, aber dem Ganzen wurde die autoritäre Spitze genommen. Dadurch, dass die Suggestion scheinbar unverbindlich daher kommt und nach Freiwilligkeit riecht, wird der Rapport vertieft und die Chance erhöht, dass die Handlungsvorschläge befolgt werden.

3. indirekter Suggestion.
   Beispiele:
   „Finden Sie es auch kalt hier?"
   Mit keinem Wort habe ich etwas von „Fenster" oder „schließen" gesagt, aber die Wahrscheinlichkeit ist groß, dass ein allfällig offenes Fenster vom Gegenüber geschlossen wird.

„Oh, schon zwölf Uhr vorbei!"
Wenn dieser Satz um zwölf Uhr mittags ausgesprochen wird, wird vermutlich manch einer innerlich die Aufforderung hören „Zeit fürs Mittagessen", obschon ich das nicht explizit erwähnt habe. Um Mitternacht wird dieser Satz bedeuten „höchste Zeit für die Nachtruhe".

Eine andere Form indirekter Suggestion ist der Gebrauch von Metaphern, also bildhafter Sprache. Auch darin soll Erickson ein Meister gewesen sein. Das Buch „My Voice Will Go With You / The Teaching Tales of Milton H. Erickson" von Sidney Rosen enthält zahlreiche Lehrgeschichten von Milton Erickson, und ich werde dem Thema Metaphern gleich noch ein separates Kapitel widmen. Doch kommen wir zunächst zum Milton-Modell.

Das Milton-Modell ist ein Modell hypnotischer Sprachformen, das Richard Bandler und John Grinder aus dem Studium der Arbeit Ericksons entwickelt haben. Es besteht aus zwei großen Teilen:

1. Der Umkehrung der Sprachmuster des Meta-Modells.

2. Weiteren Elementen hypnotischer Sprache.

Die Umkehrung der Sprachmuster des Meta-Modells

Anstatt konkrete Sprache zu verwenden, wird möglichst vage formuliert. Anders gesagt: Die Sprache des Therapeuten bleibt in der Oberflächen-Struktur, so dass der Klient sich seine eigene Tiefen-Struktur dazu holt. Die sogenannte transderivationale Suche, die für diesen Prozess nötig ist, vertieft die Trance.

Beispiel:
"Die Menschen können sich auf so viele Arten entspannen und dabei die volle Kontrolle behalten über das, was geschieht. Und was geschieht, kann so wichtig sein für sie. Und was sie denken, ist oftmals das, was später geschieht. Und wer bestimmt, was geschehen

soll, wenn nicht sie? Wenn die Menschen wüssten, wie wichtig Entspannung ist, würden sie wohl öfter über dies alles nachdenken."

In diesem Beispiel steckt außerdem das Sprachmuster der Ambiguität (Zweideutigkeit) und damit sind wir beim zweiten Teil des Milton-Modells...

Die Verwendung weiterer Elemente hypnotischer Sprache

1. *Der eingebettete Befehl*
   Ein Befehl wird so eingebettet, dass er nicht wie ein Befehl wirkt. Durch spezielle Betonung, die man in der Linguistik auch „analoges Markieren" nennt, soll der Befehl trotzdem im Unterbewusstsein seine Wirkung entfalten.
   "Ich würde es nie wagen, Ihnen einen Befehl zu erteilen. Und schon gar nicht: 'Besuchen Sie mein nächstes Seminar!'"
   "...und vielleicht haben Sie schon einmal zu sich selbst gesagt: 'Augen schließen ist nicht unbedingt nötig, aber es hilft beim Entspannen!'"
   "Vielleicht erwartest du, dass ich zu dir sage 'hör auf zu rauchen, sofort!' und 'du kennst bereits den Weg zum Nichtraucher-Sein!' Doch ich werde dir nichts vorschreiben."

2. *Das Ja-Set*
   Der Hypnotiseur spricht Sätze aus, die beim Empfänger jeweils ein inneres „Ja" bewirken. Je mehr „Ja" auf diese Weise gesammelt werden, desto größer ist die Chance, dass der Empfänger auch weiter zustimmt, obschon die Logik auf einmal nicht mehr offensichtlich ist.
   "Du hörst die Geräusche hier im Raum, fühlst dein Gesäß auf dem Stuhl, sitzt hier und fragst dich, ob dies alles bedeuten kann, dass du jetzt in eine tiefe Trance sinken wirst."
   "Du siehst ein, dass Entspannung wichtig ist für deine Gesundheit? Du bist schon mal auf der Autobahn gefahren und wusstest nicht, wie die letzte halbe Stunde vorbeiging? Du kannst dich an den Zustand erinnern heute morgen kurz vor dem Aufwachen?

Gut, dann hast du alle Voraussetzungen, die du brauchst, um auf drei in eine tiefe Trance zu gehen, tiefer als je zuvor.

3. *Die Präsupposition oder Implikation*
"Möglicherweise hast du den Spitzenverkäufer in dir drin noch nicht entdeckt."
Wenn der Empfänger hier nickt, dann hat er die Implikation, dass er eigentlich ein Spitzenverkäufer sei, geschluckt.
"Ich weiß nicht, wann du genau beschlossen hast, in Richtung deiner Träume zu schreiten."
Wenn der Empfänger hier nickt, hat er zugegeben, dass er diesen Beschluss gefasst hat.
"Möchtest du in fünf Minuten in Trance gehen oder lieber jetzt gleich?"
"Beginnen beide Augen gleichzeitig zu flattern, oder erst das eine und dann das andere?"
"Beginnt die Entspannung in deinem Körper an einem Ort oder an mehreren Orten gleichzeitig?"
"Welches meiner Seminare planst du als nächstes zu besuchen?"

4. *Gedankenlesen*
"Ich weiß, dass du dich jetzt fragst, wie das wohl gehen soll."
"Ich sehe, Sie sind unsicher. Und diese leichte Unsicherheit kann sogar ein Vorteil sein."

5. *Konversationelle Postulate*
Eine etwas komplizierte Formulierung für „höfliche Ausdrucksweise".
"Wäre es dir möglich, noch etwas tiefer zu sinken?"
"Ich frage mich, ob du sogar bereit wärst, in eine ganz tiefe Trance zu gehen."

6. *Rhetorische Fragen*
(Fragen, die nur eine Antwort zulassen)
"Und nicht wahr, es ist ein angenehmes Gefühl, einfach mal nur dazusitzen und alle Spannung aus dem Körper entweichen zu lassen?"
"Und kennst du nicht auch das Gefühl, wenn der Körper einfach

keine Nahrung mehr aufnehmen mag, weil er alles hat, was er braucht?"

"Und da ist es doch ein leichtes, allen Menschen, die schwächer sind als du, zu verzeihen, oder nicht?"

7. *Nominalisierungen und Satzfragmente*
"Das Verstehen deiner Beziehung, das Lernen und das Können, das Weiterkommen... ja, genau so."
Von Nominalisierung spricht man dann, wenn aus einem Verb ein Substantiv gemacht wird. Ein Satzfragment ist ein nicht vollständiger Satz.

8. *Negative Befehle*
"Du musst dich noch nicht zu hundert Prozent annehmen können, um zu wissen, dass du es verdient hast, deine Träume zu verwirklichen."

9. *Zitate*
"Eine Klientin sagte kürzlich zu mir, sie hätte eine gute Woche gebraucht, um die Wirkung dieser Therapie zu spüren. Aber dann sei die Post so richtig abgegangen."

10. *Ambiguität (Zwei- oder Mehrdeutigkeit)*
"Wenn du dieses Meer/Mehr an Möglichkeiten siehst..."
"Herbst. Die Zeit der Reife. Der milden Klarheit sonnig-später Tage. Wir genießen sie. Genau so wie unsere Milde Sorte."

11. *Kausales Verknüpfen*
"Während du hier sitzt und mir zuhörst, können diese Sprachmuster ein Teil deiner Persönlichkeit werden."
"Wenn du jetzt etwas müde bist, kann das bedeuten, dass dein Gehirn besonders viel geleistet hat und sich unbewusst jedes Sprachmuster merkt."
"Da Sie den langen Weg in meine Praxis auf sich genommen haben, sind Sie bereit für eine Veränderung."
Der Trick hier ist, dass man zwei Dinge, die miteinander nichts zu tun haben, so verknüpft, dass das eine der Grund für das andere zu sein scheint.

12. Universal-Quantoren

"Jeder ist imstande, daraus etwas für ihn Sinnvolles zu machen."
"Es war noch immer so, dass der Stärkere dem Schwächeren geholfen hat."

Gönnen Sie sich bitte zu diesem Thema mein eBook „Hypnose im Alltag", das die Mitglieder meines Insider-Clubs gratis herunterladen können. Es erklärt all diese Sprachmuster und bringt jeweils mindestens ein positives Beispiel aus dem klinischen Bereich, und mehrere ethisch fragwürdige Beispiele aus Politik, Verkauf und Werbung. Wenn also der schweizerische Süßgetränke-Hersteller Rivella Sie in Zukunft mit dem Spruch „Welches Rivella löscht deinen Durst am besten?" ködern will, können Sie diese Implikation getrost ignorieren und antworten: „Keines von den dreien; ich trinke Leitungswasser."

Ein weiterer Begriff, den Erickson geprägt hat, ist die Utilisation. Von Utilisation sprechen wir dann, wenn der Therapeut die Signale der Umgebung oder die Lebensgeschichte des Klienten in die Intervention mit einbezieht. Das Resultat ist in der Regel eine Vertiefung der Trance.

Beispiele:

- Eine Tür geht während der Sitzung unerwartet auf. Der Therapeut übernimmt dieses akustische Signal, das normalerweise störend wäre, in sein Skript und sorgt dafür, dass es sogar trancevertiefend wirkt:
  "Alte Türen gehen zu, neue Türen gehen auf."

- Während der Sitzung beginnt unten auf der Straße ein Presslufthammer zu hämmern:
  "Und manchmal kannst du sogar hören, wie die alten Strukturen aufbrechen."

- Im Praxis-Vorraum ist plötzlich eine laute Diskussion zu hören:
  "Und wenn du diese Stimmen hörst, draußen... oder drinnen... und du versuchst zu verstehen, und doch immer nur eines

hörst... du kannst... du kannst... du kannst. Und vielleicht auch... du hast Kraft... du hast Mut... du hast Sicherheit."

- Der Klient hat dir anvertraut, dass er Fan ist von Formel-1-Rennen, insbesondere von Sebastian Vettel:
  "Und ich frage mich oft, wie sich Vettel fühlt, wenn's so richtig losgeht. Und er weiß, er hat alles, was er braucht, um ein Gewinner zu sein."

Ein Musterbeispiel von Utilisation hat mir einmal Tad James erzählt. Er arbeitete normalerweise in seiner Praxis, aber aus irgend einem Grund gab es wohl einmal eine Ausnahme, und er bestellte einen Klienten zu sich nach Hause. Der Mann saß abends kurz nach sechs Uhr auf Tads Sofa in tiefer Trance, und Tad kam kurz vor sieben Uhr mit Schrecken in den Sinn, dass um Punkt sieben Uhr die alte Standuhr schlagen würde, die er von seinem Großvater geerbt hatte. „Die macht so einen Heidenlärm, dass ich befürchten musste, den armen Hypnotisanden zu traumatisieren", erzählte er uns in seiner humorvollen Art. Doch gottseidank fiel ihm rechtzeitig der Rettungsanker der Utilisation ein; er wartete, bis er am typischen Rattern hören konnte, dass die Uhr sich auf ihre sieben Schläge vorbereitete, und sagte zu seinem Klienten: „In einem Augenblick werden dir sieben Möglichkeiten einfallen, wie du deine Träume in konkrete Resultate umsetzen kannst... (boing) eins... (boing) zwei..."
Wenn man Tad James glauben darf, und das tue ich in diesem Fall, dann gab dieser Klient später zu Protokoll, er sei noch nie so tief in Trance gewesen. Und sonst, wie sagen die Italiener so schön: „Se non è vero, è ben' trovato" (Wenn's nicht stimmt, ist's gut erfunden).

A propos Erfinden: Dazu passt doch gleich noch das Thema Metaphern, dem wir uns im nächsten Kapitel zuwenden wollen...

Der Metapher-König

Eine Metapher (von griech. metaphora = Übertragung) ist ein bildhafter Ausdruck. Beispiele:

- Das Leben ist wie eine Flussfahrt; wenn du an der ersten Flussbiegung deine Zelte aufschlägst und dort bis zu deinem Lebensende bleibst, hast du nicht begriffen, worum es geht.
- Die Zeit ist wie eine Filmrolle; alles ist bereits da.
- Meine Wohnung ist für mich ein Energie-Tempel.
- Der tägliche Konkurrenzkampf findet in der „Jauchegrube des Mittelmaßes" statt.

Komplexere Metaphern sind Geschichten, die oft mehrere Bedeutungsebenen haben. Was genau dabei geschieht? Beim Erzählen einer Geschichte wird der bewusste Anteil in uns auf elegante Weise abgelenkt. Gleichzeitig wird eine unbewusste Suche nach Bedeutungen und Ressourcen aktiviert. Der rote Faden der Geschichte vertreibt dem linken Gehirn angenehm die Zeit, und die Botschaft gelangt direkt ins Unbewusste. Für Metaphern gilt: Ein (sprachliches) Bild sagt mehr als tausend Worte!

Mit Metaphern können wir

- Aufmerksamkeit bekommen
  (z.B. am Anfang einer Rede eine Geschichte erzählen)
- Regression bewirken (Kindern erzählt man Geschichten)
- komplizierte Sachverhalte einfach erklären
- Trancen induzieren
- kreative Prozesse in Gang setzen
- elegant Feedback geben

Der römische Philosoph, Dramatiker und Naturforscher Seneca war wahrscheinlich der Metapher-König der Antike. Von ihm stammen diese unbezahlbaren metaphorischen Weisheiten:

- Wer nicht weiß, in welchen Hafen er segeln will, für den ist kein Wind ein günstiger.
- Im Hafen ist ein Schiff sicher, aber dafür ist es nicht gebaut.
- Den Wind können wir nicht bestimmen, aber wir können die Segel nach ihm setzen.

Eine wunderbare Möglichkeit, den Menschen zu erklären, dass sie mehr sind als nur eine Maschine mit Schaltzentrale, ist diese Metapher:

- In den Sechziger Jahren suchte der Hirnchirurg Wilder Penfield fieberhaft nach dem Sitz der Seele im Gehirn. Er soll sich später einmal so geäußert haben: "Die Kommandozentrale haben wir gefunden, den Kommandanten leider nicht."

Und hier ist das Beispiel einer Metapher, die bewirken soll, dass die Menschen die Verwirklichung ihrer Ziele anpacken und nicht warten, bis sie alles bis ins kleinste Detail geplant haben:

- Vor langer Zeit fand ein Mann in einem fernen Land ein Stück einer Landkarte. Er war sich sicher, es müsse sich um eine Schatzkarte handeln, und er wollte den Rest der Landkarte finden und den Schatz bergen. Er suchte und suchte... und fand nichts. Eines Tages kam er auf die Idee, sich das eine Stück genauer anzusehen. Und siehe da: Da war ein Hinweis drauf. Der führte ihn zu einem weiteren Stück der Karte. Dieses Stück enthielt einen Hinweis auf das dritte Stück. Und so immer weiter, bis er die ganze Karte beisammen hatte.
Und es mag noch nicht einmal so wichtig sein zu wissen, dass er den Schatz auf seinem eigenen Grundstück geborgen hat. Wichtiger ist es wohl, zu wissen, was dieser Mann gelernt hat, nämlich dass man nicht immer die ganze Landkarte braucht, um loszumarschieren.

Die bereits erwähnten blinden Erickson-Fans würden wahrscheinlich behaupten, Erickson sei der Metapher-König der Neuzeit. Ja, ihm ist öfter mal eine wirklich brauchbare Metapher eingefallen, aber zu behaupten, dass Erickson mit einem einzigen Satz den Burnout eines Bäckers abgewendet habe, das geht wieder ins Kapitel „mein Guru ist der Größte". Falls Sie jetzt neugierig sind, die Geschichte geht so:

- Erickson soll zu diesem Bäcker Folgendes gesagt haben: „Ist Ihnen schon einmal aufgefallen, dass die Menschen, wenn sie an einer Bäckerei vorbeigehen, automatisch ihr Tempo verlangsamen, um den Duft der frischen Brötchen einzuatmen?" Dieser Satz soll, oh Wunder, bereits ausgereicht haben, behauptet Sidney Rosen, um den Bäcker zu einer gemächlicheren Lebensweise umzuprogrammieren.
  Es ist einfach, so etwas zu behaupten, denn besagter Bäcker, wenn er denn überhaupt existiert, wird sich kaum melden und gegen diese Geschichte protestieren. Das ist der Stoff, aus dem Gurus gemacht werden.

Aber natürlich war der Genie-Pegel eines Milton Erickson immer noch zu niedrig für seine Fans. Da musste gröberes Geschütz aufgefahren werden. Und so wurde die „mehrfach verschachtelte Metapher" geboren. Erickson beginnt eine Geschichte, erzählt sie jedoch nicht zu Ende, sondern beginnt die nächste. Sie haben es erraten: Er erzählt auch die zweite nicht zu Ende, sondern beginnt die dritte Story. Dann bringt er die zweite und schließlich die erste Geschichte zu Ende. Damit nicht genug: Erickson-Freaks übertreffen sich darin, wie viele Stufen von „multiple embedded metaphors" sie hinbekommen, und sie begründen das Ganze so: Das Bewusstsein studiere meistens noch der vorherigen Geschichte nach, und die Botschaft der nächsten Metapher könne direkt ins Unterbewusstsein sinken. Dann noch das Stichwort „transderivationale Suche" dazu, und fertig ist das Guru-Süppchen.

Wenn man es mit der entsprechenden tiefgründigen Miene vorträgt, merkt niemand, dass die Wirkung dieser Verschachtelungen wissenschaftlich nicht nachgewiesen ist. Ich kann Ihnen sagen, was sie bei mir bewirkt hat: Wann immer ich bei einem NLP- oder Erickson-Fan ein Seminar besucht habe, kam ich eine Stunde später, weil ich keine Lust hatte, mich sechzig lange Minuten mit einer stinklangweiligen Geschichte voll labern zu lassen mit der Begründung, es würden dadurch bei mir „neue neuronale Netzwerke" etabliert. Das einzige, was sich bei mir etabliert hat, ist der Verdacht, dass Erickson einfach zu alt und trottelig war, um seine Geschichten strukturiert zu erzählen.

Und wenn Sie sich zum wiederholten Mal Ericksons Geschichte mit der Heizkessel-Fabrik anhören müssen, nur weil Sidney Rosen gesagt hat, man solle die am Anfang eines Seminars erzählen, weil es die Teilnehmer lernbereiter mache, dann fragt sich ein vernünftiger Mensch, in welchem Film er sitzt, wenn Menschen zu Seminaren gehen, die offensichtlich nicht bereit sind zu lernen.

Einmal habe ich während so einer Geschichte ganz laut gefurzt, und als sich alle nach mir umdrehten, sagte ich: „Das war eine nonverbale Intervention; mal sehen, bei wem sie wirkt, so von wegen heißer Luft!" Aber was ist schon meine Genialität gegen die eines Milton Erickson!

Auch wenn eine Metapher nicht solche schnellen Wunder bewirken kann wie die Erickson-Jünger behaupten, ist das doch ein sprachliches Werkzeug, das man nicht unterschätzen sollte. Eigentlich wäre ich in einem Alter, wo auch ein paar wortgewandte Fans meine selbstgebastelten Metaphern verherrlichen könnten. Aber wie immer in meinem Leben muss ich alles selber machen. Also, sind Sie bereit für die „Teaching Tales of H.P. Zimmermann"?

- In der Volksschule hatte ich einen Freund, der immer davon erzählte, dass er sich eines Tages ein Rennpferd kaufen würde. Er war von dem Gedanken besessen, eines Tages ein Rennpferd zu besitzen. Und tatsächlich: Eines Tages war es so weit. Mein Freund kaufte sich ein Rennpferd. Es war sündhaft teuer, ich glaube, so an die hunderttausend Franken oder Euro. Und der Züchter gab meinem Freund eine Checkliste mit; da stand drauf, was er alles beachten müsse, damit das Pferd auch wirklich das bringt, was man von ihm erwartet. Und das scheint geholfen zu haben, denn es ging nicht lange, da war dieses Pferd bei den Rennen schon unter den ersten zehn, nach ein paar weiteren Monaten fast regelmäßig unter den ersten drei, und später ganz oft auf Platz eins.

Dann verlor ich meinen Freund eine Zeitlang aus den Augen, und als ich ihn nach Jahren wiedersah, war er sehr traurig. Er hatte die Checkliste verloren, und sein Pferd leistete nicht mehr das, was es früher einmal geleistet hatte. Die Geschichte machte mich neugierig, und ich wollte mir das Pferd anschauen. Mein Freund führte mich zum Stall, und ich war schockiert. Das Pferd hauste in einem staubigen, unausgelüfteten Stall, an den Wänden hing so klebriges schwarzes Zeug, keine Ahnung, was das war, im Futternapf lag ein Pfund ranziges, stinkiges Fett, und im Wassertrog, wo eigentlich frisches Wasser hätte sein müssen, da dümpelte eine braune, undefinierbare Brühe vor sich hin.

Ich sagte zu meinem Freund: „Ich habe auch keine Checkliste. Aber ich habe meinen gesunden Menschenverstand. Und ich glaube, ich kann dir schon sagen, was man da tun kann. Gemeinsam begannen wir, diesen Stall auszumisten. Zuerst ließen wir frischen, reinen Sauerstoff hinein und wuschen dieses klebrige, schwarze Zeug von den Wänden. Und dabei fiel mir auf, wie flach mein Freund atmete. Ich redete auf ihn ein: „Ist dir eigentlich bewusst, dass Sauerstoff Lebensenergie Nummer eins ist? Drei Minuten kannst du sein, ohne zu atmen, und dann ist Sense! Atmen kostet hierzulande nichts! Warum nicht wenigstens in Sachen Sauerstoff aus dem Vollen schöpfen!" Dann schütteten wir diese braune Brühe weg und ersetzten sie durch frisches, reines Quellwasser. Und ich sagte zu meinem Freund: „Wasser ist Lebensenergie Nummer zwei. Drei

Tage kannst du sein ohne zu trinken. Und mich würde es nicht wundern, wenn auch du immer öfter so richtig Durst bekommst nach frischem, reinem Quellwasser." Zum Schluss vergruben wir das Stück ranziges Fett tief in der Erde und ersetzten es durch frisches Kraftfutter. Und ich sagte zu meinem Freund: „Du kennst doch den Stefan mit seinem Ferrari, der immer peinlich genau darauf achtet, welchen Kraftstoff er tankt, (,Kraftstoff' sagt Stefan, nicht ,Benzin') weil er sagt „für meinen Ferrari nur das Beste."

Und das alles scheint gewirkt zu haben, denn es vergingen kaum ein paar Monate, da war dieses Pferd wieder unter den ersten zehn, und den Rest könnt ihr euch denken.

Ich kann mir gut vorstellen, wie mein Freund sich fühlte, als er mich damals anrief und sagte: „Das ist halt schon ein erhebendes Gefühl, wenn man so auf dem Siegerpodest steht, die Siegesmusik hört, den Pokal entgegennimmt und weiß, dass wir in einer Welt leben, wo jeder Mensch, wenn er es will, sich fühlen kann... wie ein Sieger."

Sie haben es natürlich längst erraten: Das Pferd steht für unseren Körper, das schwarze, klebrige Zeug an den Stallwänden für den Teer, den die Raucher jeden Tag freiwillig an die „Wände" ihrer Lungen streichen, und so weiter. Leider wirkt die Metapher nicht bei allen Menschen, aber bei einigen, bei mir inklusive, hat sie doch dafür gesorgt, dass sie sich gut überlegen, was sie alles in sich hineinstopfen, so nach dem Motto: „Was ich meinem Rennpferd nicht zumuten würde, werde ich sicher auch mir nicht antun."

Sind Sie einverstanden, dass die Metapher wesentlich mehr Kraft hat, als wenn ich einfach nur sagen würde: „Passen Sie auf, was Sie alles in sich hineinstopfen, sonst sind Sie nicht leistungsfähig genug!" Genau so verhält es sich mit der nächsten Metapher aus meiner Küche. Wenn ich den Teilnehmern meiner Hypnose-Seminare lediglich erzählen würde, dass sie am Ende des Seminars noch keine Meister sein müssen, sondern jetzt erst mit dem Lernen beginnen sollten, dann wäre das eine ziemlich lauwarme Botschaft. Wie ist es aber hiermit?

- Ende 1993 legte ich in Kalifornien meine Helikopter-Prüfung ab. Ich kann mich noch genau erinnern; es war nämlich der 31. Dezember, und ich wunderte mich noch darüber, dass die Amerikaner am letzten Tag des Jahres arbeiteten. Ich startete, zusammen mit dem Prüfungsexperten, der sich mit seinem Vornamen „Tim" vorgestellt hatte, am John-Wayne-Flughafen im Orange County, flog dann auf Tims Geheiß nach Long Beach, wo ich ein paar Manöver vorzuführen hatte, und beim Rückflug bremste Tim mir erwartungsgemäß einen simulierten Motorausfall rein, damit ich meine Autorotations-Fertigkeiten unter Beweis stellen konnte. Schließlich landete ich, leicht schweißgebadet, aber doch mit einem ganz guten Gefühl, wieder auf dem Dach der Firma Helistream in Costa Mesa.

  Tim machte sich ein paar Notizen und meinte dann: „Gratuliere, Hans (so heiße ich in Amerika, denn Hans-Peter ist für die Amis einfach zu viel Aufwand), du darfst jetzt Pilot werden."

  „Wie bitte?" fragte ich ungläubig zurück, und im Hinterkopf ging die Suche nach Fehlern los, die ich gemacht haben könnte. „Habe ich nicht bestanden?"

  „Doch," meinte Tim.

  „Aber," reklamierte ich, „dann *bin* ich doch jetzt Pilot."

  Tim schaute mich von der Seite an, während ich den Motor runterkühlen ließ und dann routiniert gemäß meiner inneren Checkliste „Clutch, Mixture, Avionics, Alternator, Magnetos" ausschaltete, und dann sagte er:

  „Das Papier, das wir dir heute geben, bedeutet, dass wir dich mit relativ geringem Risiko alleine in die Luft gehen lassen können. Aber Pilot werden, das ist ein Prozess, der dauert ein ganzes Leben."

Na, habe ich Ihnen zu viel versprochen? Ist doch eine tolle Geschichte, oder? Und sie ist auf meinem Mist gewachsen! Genau so wie diese hier:

- Wissen Sie eigentlich, wie ein Navigations-Gerät, kurz ein Navi, funktioniert? Eigentlich denkbar einfach. Es braucht lediglich zwei Informationen: Wo bin ich jetzt? Und wo will ich hin?

  „Wo bin ich jetzt", das erfährt das Navi von den Satelliten. Ein interessantes Wort; es kommt aus dem lateinischen „Satelles" = der Begleiter. Und „wo will ich hin", das müssen Sie selbst eintippen.

  Wenn das Navi diese beiden Informationen hat, dann führt es Sie auch an ganz abgelegene Orte.

Wenn Sie klug genug sind, von dieser Metapher auf Ihr inneres Navigations-System zu schließen, dann haben Sie ein goldenes Werkzeug in der Hand, mit dem Sie in Ihrem Leben spektakuläre Ziele erreichen können!

Ich weiß nicht, ob ich in Zukunft noch mein beliebtes Kalifornien-Seminar durchführen werde; das hängt ein wenig davon ab, wie vernünftig sich die Amerikaner benehmen, denn ein Land, in dem ein Donald Trump auch nur als Präsidentschaftskandidat in Betracht gezogen werden kann, ist mir nicht ganz geheuer. Aber die Metaphern, die mir da unter der Sonne Südkaliforniens zugefallen sind, die möchte ich Ihnen auf keinen Fall vorenthalten:

- Ich weiß nicht, was für dich der Hauptgrund war, dich zu diesem Seminar anzumelden. Vielleicht möchtest du einfach eine schöne Woche mit gleichgesinnten Freunden verbringen. Vielleicht war es für dich *die* Gelegenheit, die Gegend um Los Angeles kennenzulernen mit jemandem, der sich schon ein wenig auskennt. Vielleicht hat dein Unterbewusstsein dir aber auch ein Zeichen gegeben, dass das hier ein wichtiger Meilenstein in deinem Leben sein wird. Ja, vielleicht wird es sogar so sein, dass du dein Leben künftig in die Zeit *vor* und die Zeit *nach* dem Kalifornien-Seminar einteilen wirst.

  Wie gesagt, ich weiß es nicht. Und vielleicht weißt auch du es nicht. Aber dein Unterbewusstsein weiß es ganz bestimmt. Denn dein Unterbewusstsein war es auch, das dich hierher gebracht hat. Denke nochmals zurück an deinen Flug nach Los Angeles. Man kann ja nicht sagen, dass Los Angeles am Weg liegt, oder? Los Angeles liegt gute zehntausend Kilometer von da entfernt, wo du dich normalerweise aufhältst. Hast du irgendwann während des Fluges Zweifel daran gehabt, in Los Angeles anzukommen? Ich glaube nicht. Dein inneres Navigationssystem hatte zwei Informationen. Die erste Information hieß „Wo bin ich jetzt?" und die zweite hieß „Wo will ich hin?"

Und nachdem das klar war, hast du automatisch alle richtigen Schritte unternommen. Du hast dir eine Airline gesucht, die nach Los Angeles fliegt. Und auch da arbeiten die Piloten nach dem gleichen Prinzip. „Wo bin ich jetzt?" und „Wo will ich hin?"

Wäre es nicht schön, wenn man auch sonst im Leben darauf vertrauen könnte, dass man dort ankommt, wo man ankommen will? Nun, vielleicht ist es keine Überraschung für dich, wenn ich dir sage, du kannst es. Das einzige Problem, das gewisse Menschen haben, ist, dass sie ihr Navigationssystem nicht richtig bedienen. Entweder geben sie sich keine Mühe, herauszufinden, wo sie jetzt sind, oder sie tippen ihr Ziel nicht richtig ein.

Wie du weißt, ist diese Gegend hier meine alte Heimat. Und ich möchte mit dir zusammen in dieser Woche nicht nur meine alte Heimat erkunden, sondern auch deine. Und deine heißt „Unterbewusstsein". Warum ich sie alte Heimat nenne? Weil viele Menschen vergessen haben, dass ihr Unterbewusstsein vertrautes Gebiet ist. Ein Gebiet, das einem freundlich gesinnt ist, wo man sich wohl und geborgen und sicher fühlen kann, wo die Sonne scheint, der Horizont weit ist, und wo es eine Instanz gibt, die weiß, dass du der wichtigste Mensch bist in deinem Leben. Wie sollte es auch anders sein? Du bist der einzige Mensch, der bis zum Schluss mit Garantie bei dir bleibt. Also solltest du dafür sorgen, dass dieser Mensch dein Freund bleibt. Und wie man Freunde behandelt, das weißt du ja. Man macht ihnen Geschenke, man zeigt ihnen, dass sie wichtig sind, man ist nett und zuvorkommend zu ihnen.

Vielleicht magst du dich nochmals zurückbesinnen an den Moment, wo Du im Hotel angekommen bist. Bist du dir vorgekommen wie eine VIP, eine „very important person", also eine sehr wichtige Person? Oder hast du gedacht, das sei nichts für dich? Dann stelle dir nochmals vor, nicht *du* bist in diesem Luxushotel, sondern dein bester Freund oder deine beste Freundin. Würdest du ihm oder ihr dieses Gefühl nicht von Herzen gönnen? Würdest du nicht das unglaubliche Potenzial spüren, das dieses Gefühl in deinem Freund auslöst? Würdest du dich nicht freuen auf all die wunderbaren Resultate, die dein Freund aufgrund dieses Erlebnisses hervorbringen wird? Und würdest du deinem Freund nicht auch erzählen, dass man nur dann ein Segen für andere sein kann, wenn es einem selber gut geht?

Wie war das nochmals im Flugzeug? Was sagte die Flugbegleiterin oder der Flugbegleiter, wie das ist, wenn man mit kleinen Kindern reist und die Sauerstoffmasken benötigt werden? „Versorgen Sie zuerst sich selbst mit Sauerstoff, damit Sie sich nachher um ihr Kind kümmern können." Die wissen, dass es den Kindern nur dann gut gehen kann, wenn es den Eltern gut geht. Und das gilt nicht nur für Kinder, das gilt auch für deine Kunden, deine Freunde und deine Angehörigen. Überlege doch einmal: Wie wichtig ist es für dich, dass es der Seminarleitung gut geht? Ist das nicht das A und O in dieser Woche, dass ich dir deine Quellen von Kraft und Zuversicht zeigen kann? Und könnte ich das, wenn ich selbst nicht kräftig und zuversichtlich wäre? Und genau so hast du nicht nur das Recht auf Wohlstand und Glück, sondern geradezu die Pflicht. Denn als Energielieferant, der du nun mal bist, musst du zuerst Energie tanken, um sie weitergeben zu können.

Und nun möchte ich dich bitten, dir vorzustellen, wie es wäre, wenn du über die Zeitachse deines Lebens fliegen könntest. Stelle dir vor, du hast einen Ein-Mann- oder Ein-Frau-Helikopter zur Verfügung und kannst dir einen richtig guten Überblick über dein Leben verschaffen. Fliege doch einmal ganz zurück an den Anfang deines Lebens. Noch weiter zurück, zu dem Moment, wo dein Vater und deine Mutter dich gezeugt haben. Mache dir bewusst, was da Unglaubliches passiert ist. Zwei Menschen kommen zusammen, vereinigen sich im Geschlechtsakt, und heraus kommt ein neuer Mensch aus dem Nichts. Und dieser neue Mensch bist du. Ist es da nicht völlig gleichgültig, aus welchem Motiv heraus deine Eltern zusammengekommen sind? Ist es nicht total nebensächlich, wie die Stimmung beim Zeugungsakt war und ob die beiden nachher zusammengeblieben sind oder nicht? Sie sind von einer höheren Intelligenz dazu gebracht worden, dich auf die Welt zu bringen, und das haben sie getan. Und offensichtlich haben sie es sogar geschafft, dich großzuziehen, egal ob mit oder ohne fremde Hilfe. Du bist heute hier, und das ist ein Wunder, findest du nicht auch?

Und jetzt gehe langsam in der Zeit vorwärts. Beobachte, wann deine ersten bewussten Erinnerungen einsetzen, was man dir erzählt hat über deine frühe Kindheit, an welche Kindheitsfotos du dich erinnern kannst, vielleicht auch wichtige Momente aus deinen Rückführungen. Wann war der erste Moment, wo du gemerkt hast, dass du später einmal erwachsen sein und einen Beruf ergreifen würdest? Was waren deine ersten Ideen und Träume, was deinen Beruf angeht? Was für ein Gefühl war das? Wie hast du dir damals dein Familienleben vorgestellt?

Wie war das, als du in die Spielgruppe oder den Kindergarten kamst und zum ersten Mal lernen musstest, auf andere Rücksicht zu nehmen? Und wo du auch die Vorteile der Gemeinschaft und der Zugehörigkeit erkannt hast? Wenn alles richtig gelaufen ist, dann hast du das richtige Maß gefunden. Du hast gemerkt, dass man ein gewisses Maß an Rücksicht ausüben muss, um die Zugehörigkeit zu erleben, die dir die nötige Geborgenheit gibt. Es kann aber auch sein, dass gewisse Missverständnisse dafür gesorgt haben, dass du zu viel Rücksicht nimmst, dass du lieber auf dein Leben verzichtest, als die Zugehörigkeit zu verlieren. Dann hast du jetzt die Möglichkeit, das zu korrigieren. Einfach indem du dir bewusst wirst, dass das da unten auf der Zeitachse dein Kindheits-Ich ist, das einfach nur geliebt werden möchte und alles dafür tut. Und stelle dir vor, dein Erwachsenen-Ich nimmt dieses Kindheits-Ich an die Hand und sagt zu ihm: „Zugehörigkeit ist schön, aber nicht um jeden Preis. Wenn du dein Leben dafür opferst, ist der Preis zu hoch. Folge deiner Berufung, folge deiner inneren Stimme, und du wirst Zugehörigkeit finden. Vielleicht bei anderen Menschen, bei solchen, die nicht nur sagen, dass sie dein Schicksal achten und deinen Weg respektieren, sondern die es auch tun.

Gehe weiter durch deine Schulzeit und die Zeit deiner Berufsausbildung. Achte besonders auf die großen und kleinen Erfolge, die für dich ganz persönlich Erfolge bedeuten. Viele von uns haben gelernt, dass etwas nur dann ein Erfolg ist, wenn andere sagen, dass es einer ist. Frage einmal dein Erwachsenen-Ich, welche Erfolge für dich ganz persönlich ein Erfolg waren, ohne dass du die Rückmeldung anderer brauchtest. Was hat dich in deinem Leben vorangebracht? Welches waren die wichtigen Stationen? Ich lasse dir jetzt eine Weile Zeit, um mit deinem Helikopter über die Zeitachse zu fliegen, bis du beim heutigen Datum angekommen bist. Wenn du beim Heute angelangt bist, wirst du genau wissen, welche Stationen wichtig waren auf dem Weg ins Heute. Und du wirst wissen, was heute und in den nächsten Tagen geschehen muss, damit dein Leben so weitergeht, wie du es haben willst...

Und am Nachmittag, vor dem Helikopter-Flug über das Orange und Los Angeles County, beglücke ich meine Teilnehmer mit dieser Metapher-Sammlung. Keine Sorge, Sie können sich trotzdem zum nächsten Kalifornien-Seminar anmelden, denn die Metapher ist das eine, sie aber im lichtdurchfluteten Seminarraum über dem blauen Pazifik von mir persönlich erzählt zu bekommen und anschließend den Helikopter-Flug live erleben zu dürfen, das ist nochmals ein ganz anderes Paar Schuhe!

- Wie du weißt, werden wir gleich zum John-Wayne-Flughafen fahren und mit dem Helikopter einen gut einstündigen Rundflug unternehmen. Stelle dir jetzt vor, wie du in den Helikopter einsteigst, voller Vorfreude auf das, was kommt, was du alles Interessantes sehen wirst, und welche guten Gefühle dabei aufkommen.

  Du kannst dich darauf verlassen, dass der Pilot alle Vorkehrungen getroffen hat, die nötig sind, damit dieser Flug für dich zu einem einmaligen Erlebnis wird. Er hat zuerst den sogenannten Preflight-Check durchgeführt. Dabei prüft er, ob alle Teile des Helikopters in tadellosem Zustand sind. Gelenke, Kupplungen, die wichtigen Teile des Motors, alles wird überprüft. Jetzt geht er die Checkliste für den Start durch. Nachdem der Motor gestartet wurde, muss er auf die richtige Betriebstemperatur gebracht werden. Dann werden weitere Checks durchgeführt, und schließlich ist der Helikopter bereit zum Abheben.

  Du kannst dieses Gefühl richtig genießen, wenn du mit dem Helikopter langsam aufsteigst. Und alles wirkt so übersichtlich von oben, so überlegen, so einfach und schön.

  Du fliegst über Massen von Einfamilienhäusern, siehst da und dort einen Garten mit Swimming Pool und wirst dir bewusst, dass unter jedem von diesen Tausenden von Dächern mehrere Schicksale verborgen sind. Menschen, die denken, dass ihnen ihre Probleme über den Kopf wachsen, und dass sie der Nabel der Welt sind. Nur du weißt es besser, denn du hast den Überblick. Du siehst sie alle da unten. Und du weißt, jeder ist ein sehr kleines Rädchen in diesem riesigen Räderwerk, aber dennoch ein wichtiges. Denn wenn man aus einem großen Räderwerk ein Rad entfernt, geht erst einmal gar nichts mehr.

Nach einem schier endlosen Meer von Häusern fliegst du über den Commerce Rail Yard, den Güterbahnhof von Los Angeles. Und dann kannst du bereits Downtown L.A. erkennen, das mit seinen Wolkenkratzern das Herzstück dieser riesigen Stadt darstellt. Am östlichen Rand der Wolkenkratzer liegt die älteste Straße von L.A., die Olvera Street. Dort entstand im Jahr 1781 die erste Siedlung. Sie steht heute unter Denkmalschutz und ist mit ihren mexikanischen Geschäften und Restaurants bei Touristen sehr beliebt.

Daneben ist die Union Station, der Bahnhof von Los Angeles, der 1939 eröffnet wurde und innen eine faszinierende Mischung aus spanischem Kolonialstil und spätem Art Deco zeigt, ein Bahnhof wie ein kleines Kunstwerk.

Vielleicht kannst du auf der westlichen Seite von Downtown L.A. einen etwas niedrigeren Wolkenkratzer mit vier runden Türmen erkennen. Das ist das Bonaventure Hotel, in dessen Drehlounge im 34. Stock wir uns am Donnerstag einen Drink und einen kleinen Snack genehmigen werden. Dieses Hotel hat für mich eine besondere Bedeutung. Im Jahr 1985 durfte ich, damals noch als Angestellter, im Auftrag einer Firma zum ersten Mal nach Los Angeles fliegen. Und die Firma hatte für mich ein Zimmer in diesem Hotel gebucht. Ich kann mich noch sehr gut an das Gefühl erinnern, als ich zum ersten Mal dort aufwachte. Hätte mir damals jemand verraten, was ich in dieser Stadt noch alles erleben werde, ich hätte ihn für verrückt erklärt.

Würde man *dir* heute verraten, was du in deinem Leben noch alles unternehmen und erleben wirst, würdest du ihn vermutlich auch für verrückt erklären.

Wir fliegen weiter Richtung Nordwesten, am Griffith Park Observatorium vorbei. Dort werden wir uns am Donnerstag nach Sonnenuntergang das riesige Lichtermeer anschauen, etwas, was man einfach gesehen haben muss, denn beschreiben kann man es nicht. Dann sehen wir rechts den Hügel mit dem berühmten Hollywood-Schriftzug, fliegen über die Universal Studios, die wir am Donnerstag ebenfalls besuchen und wo wir einen Blick hinter die Kulissen der Traumfabrik Hollywood werfen werden. Ich könnte mir vorstellen, dass auch deine Träume danach etwas größere Dimensionen annehmen als bisher. Und das ist völlig in Ordnung, denn deine Träume gehören zu dir, sonst wären sie nicht deine Träume. Und so manch ein Traum ist wahr geworden.

Dann fliegen wir südwärts über den Hollywood Boulevard Richtung Küste. Da unten ist Santa Monica mit seinem Vergnügungsviertel auf dem Pier. Und da kommt Venice Beach mit seinem Freiluft-Fitnesscenter Muscle Beach, wo Arnold Schwarzenegger im Jahr 1968 seine Bodybuilding-Karriere begann. Man muss kein Schwarzenegger-Fan sein, um sich in Demut und Ehrfurcht vor dem Leben zu verneigen, das es möglich macht, dass solche Träume wahr werden. Und ich könnte mir gut vorstellen, dass auch dein Unterbewusstsein, während du den Ausblick genießt, ein bisschen von dieser Kraft mitbekommt und dir ebenfalls erlaubt, deine Träume zu träumen.

Jetzt fliegen wir mitten über den internationalen Flughafen Los Angeles, den man einfach nach der Abkürzung in der Fliegersprache LAX nennt. Auch hier kannst du erkennen, wie übersichtlich alles aussieht von oben. Vergleiche es mit dem Gefühl, das du hattest, als du da unten ankamst und auf dein Mietauto oder deine Limo gewartet hast. Merkst du den Unterschied?

Im Hafen von Long Beach wird dir sicher der große alte Ozeandampfer auffallen, Das ist die Queen Mary, die von

1936 bis 1967 Passagiere auf den Ozeanen dieser Welt be-
fördert hat und seither als Hotel und Museum in Long
Beach stationiert ist. Daneben siehst du eine große, weiße
Kuppel. Dort drunter war lange Zeit die Spruce Goose be-
heimatet, ein weiteres kleines Wunder, das beweist, dass
man mit dem Wort „unmöglich" vorsichtig umgehen sollte.
Die Spruce Goose ist ein Flugzeug mit acht Propellern, das
im Jahr 1942 ganz aus Holz gebaut wurde, weil die üblichen
Flugzeug-Materialien schwer zu bekommen waren. Es war
sechs Mal größer als die anderen Flugzeuge dieser Zeit.
Skeptiker hatten von Anfang an behauptet, die Spruce
Goose könne nicht fliegen. Doch am 2. November 1947
flog sie, zwar nur eine Meile weit und nur in einer Höhe
von etwas mehr als 20 Metern, aber Howard Hughes, dessen Hirn die Spruce Goose entsprungen war, hatte bewie-
sen, dass sein Flugzeug fliegen kann.

Von Long Beach geht's dann weiter der Küste entlang, über
Seal Beach und Huntington Beach nach Balboa und Balboa
Island. Nach einem Abstecher über das Einkaufszentrum
Fashion Island landen wir wieder glücklich und zufrieden
auf dem John-Wayne-Flughafen.

Was dieser Flug für dich bedeutet, kann ich nicht voraussagen. Ich könnte mir aber gut vorstellen, dass dein Unterbewusstsein vieles von dem, was du da siehst und erlebst,
als Metapher verwenden wird, als Symbolsprache für deine
eigenen Lebensstationen, die vergangenen und die zukünftigen. Und dass du dich noch lange an dieses Erlebnis erinnern und daraus Kraft schöpfen wirst, dessen bin ich mir
ziemlich sicher.

Am Tag vor der großen Hollywood-Tour dürfen meine Teilnehmer
sich diese wunderbare Geschichte anhören. Für Experten: Ihr
müsst doch zugeben, das ist „Preframing" vom Feinsten, oder?

- Freust du dich schon auf morgen, auf unsere Hollywood-
  Tour? Ich mich auch.

Vielleicht denkst du, dass das morgen ein freier Tag sein wird. Und das ist er in gewisser Weise auch... aber nur für dein Bewusstsein. Dein Unterbewusstsein wird viel Arbeit haben. Es wird permanent damit beschäftigt sein, all die Dinge, die du erlebst, einzuordnen und dafür zu verwenden, dass deine Zukunft noch schöner wird.

Das beginnt schon damit, dass die Autobahnen hier "Freeway" heißen, Freiweg. Und es würde mich nicht wundern, wenn dein Unterbewusstsein diese Metapher so richtig tief einsinken lässt: Ein Freiweg zu deinem Ziel.

Und dann kommt noch etwas dazu: Wenn man mindestens zu zweit im Auto sitzt, darf man die CarPool-Spur benützen. Das bedeutet für dein Unterbewusstsein: Gemeinsam kommt man schneller ans Ziel.

Unsere erste Station wird ein Frühstückshalt im Regent Beverly Wilshire Hotel sein. Das ist das Hotel, in dem Richard Gere im Film Pretty Woman abgestiegen ist. Nun kannst du natürlich sagen, Pretty Woman war ein Märchen, und so etwas gibt es nicht in der Realität. Da magst du recht haben. Aber für die Filmemacher ist damals ein Märchen in Erfüllung gegangen. Ein Film, der zuerst ganz anders geplant war, und an den viele nicht mehr geglaubt hatten, wurde ein Riesenerfolg. Von daher kann man doch sagen: Märchen können Wirklichkeit werden. Wunschträume können erfüllt werden, wenn man nur fest genug an sich glaubt und alles tut, was getan werden muss.

Nach dem Frühstück in diesem Nobelhotel wird unsere Fahrt weiter gehen zu dem Billighotel, in dem Richard Gere Julia Roberts am Schluss des Films abgeholt hat. Dort werden wir unser Auto parken und dann über den Walk of Fame mit den Hollywood-Sternen auf dem Gehweg zu Mann's Chinese Theatre spazieren, dem Kino, vor dem die Hand- und Fußabdrücke der Stars zu bewundern sind. Kurz vorher wirst du rechts das Dolby Theatre sehen, in dem jeweils die Oscars verliehen werden.

Vielleicht sagst du, toll, dass man das einmal gemacht hat, wo man schon mal hier war. Jetzt weiß ich, wovon die Rede ist, wenn die Leute vom ‚Walk of Fame‘ sprechen oder von der Oscar-Verleihung. Jetzt kann ich mir etwas darunter vorstellen.

Es kann aber auch sein, dass dir dieser touristische Teil Hollywoods nicht so gut gefällt, ja vielleicht sogar, dass du ein wenig enttäuscht bist. Und auch das ist eine ganz wichtige Botschaft für dein Unterbewusstsein, nämlich dass Geld und Ruhm nicht alles sind auf der Welt. Es wird dir helfen, dich auf deine wahren Werte zu besinnen. Und selbst wenn du eines Tages noch mehr Geld und sogar etwas Ruhm erlangen wirst, wirst du deine wahren Werte immer im Auge behalten, nicht wahr?

Dann wird unser Weg uns zu den Universal Studios führen, wo wir den größten Teil des Nachmittags verbringen. Hollywood, die Traumfabrik. Dein Unterbewusstsein wird dabei auf viele neue Ideen kommen, während du dich einfach vergnügst und es dir gut gehen lässt. Und mit einer Metapher wird es besonders viel anfangen können:

Du bekommst nämlich nicht ein gewöhnliches Eintrittsticket, sondern einen so genannten ‚Front of Line Pass‘. Das bedeutet, du musst dich nie in die Schlange stellen bei all den Attraktionen, sondern darfst einen separaten Eingang benutzen.

Vielleicht wirst du ab und zu ein etwas schlechtes Gewissen haben, wenn du so an den wartenden Menschen vorbeiziehst. Aber das wird sehr schnell vergehen, denn du weißt ja: Du hast den Preis dafür bezahlt. Du wirst diesen Front of Line Pass mitnehmen in dein Leben. Und ab und zu wirst du an Menschen vorbeiziehen, die immer noch auf ihr Glück warten. Und das schlechte Gewissen wird sich auch da in Grenzen halten, weil du weißt, du hast den Preis bezahlt. Du hast jeden nötigen Schritt unternommen und es verdient, ‚Front of Line‘ zu sein!

Etwa um 17:30 Uhr werden wir zum Griffith Park Observatorium fahren, dort den Sonnenuntergang genießen und anschließend das eindrückliche Lichtermeer. Da werden dir sicher verschiedene Gedanken durch den Kopf gehen. Unter anderem wird dir bewusst werden, dass da unten in dieser riesigen Stadt so viele Menschen leben, und jeder denkt, seine Sorgen sind die wichtigsten Sorgen auf der ganzen Welt. Vielleicht macht dich dieser Ausblick etwas bescheiden und demütig. Oder dir wird schlagartig klar, dass jeder von uns zum einen ein sehr kleines Rädchen in diesem riesigen Räderwerk, genannt Menschheit, ist, und auf der anderen Seite ein sehr wichtiges. Was gäbe es alles nicht, wenn du nicht gelebt hättest? Und vielleicht bist du ja fest entschlossen, diesen Dingen noch ein paar weitere wichtige Dinge hinzuzufügen. Ein Buch, oder auch zwei oder drei, über die man sogar dann noch sprechen wird, wenn du einmal nicht mehr da bist. Wäre das nicht eine tolle Sache?

Und zum Abschluss des Tages werden wir in den dreißigsten Stock des Bonaventure Hotels fahren, das du schon vom Helikopterflug her kennst, und dort in der Drehlounge etwas essen und trinken. Während Downtown Los Angeles an dir vorbeizieht und du nochmals den Überblick über alles genießen kannst, kann dir auch die Tatsache nützlich erscheinen, dass das das erste Hotel in Amerika war, in dem ich übernachtete. Das war 1985, ich war als angestellter Verkaufsleiter für Filmvertonungs-Anlagen an einer Ausstellung. Und wenn du mir damals gesagt hättest, was ich in dieser Stadt noch alles erleben würde, dass ich nur sieben Jahre später selber mit dem Helikopter über dieses Hotel fliegen würde, ich hätte dich für verrückt erklärt.

Was hast du noch für verrückte Gedanken im Kopf? Welche gewagten Ziele werden dir wohl einfallen in dieser Woche? Lasse sie zu, träume ein wenig. Es gibt keine Verpflichtung, einen Traum wahrzumachen. Aber wenn du einen wahrmachst, ist es ein erhebendes Gefühl.

So, das muss genügen. Wenn Sie mehr wollen, kommen Sie zu meinen Seminaren. Ich bin sicher, dass die Erwachsenenbildner unter Ihnen die eine oder andere Metapher in ihre Trainings einbauen werden. Recht so. Lieber Gutes kopieren, als Schlechtes erfinden!

Das Staunen kehrt zurück

In meinem Leben gab es eine kurze Phase, in der ich etwas desillusioniert war und dachte, mit dem, was ich zeitlebens für ein kleines Wunder gehalten hatte, nämlich der Hypnose, verhalte es sich ähnlich wie mit dem Osterhasen und dem Weihnachtsmann. Es existiere gar nicht wirklich, sondern sei bloß ein Märchen, das uns die Show-Hypnotiseure über all die Jahre hinweg aufgetischt hätten, und einfach nur ein interessanteres Wort für Entspannung oder Mentaltraining.

Doch als ich die ersten hypnotischen Phänomene sowohl als Hypnotisand wie auch als Hypnotiseur erlebt hatte, kehrte das Staunen wieder zurück. Damit Ihnen klar ist, worum es geht: Von einem hypnotischen Phänomen wird dann gesprochen, wenn mittels Suggestion direkt in die Neurologie, also das Nervensystem, des Probanden eingegriffen wird. Einige dieser Phänomene haben einen sehr hohen therapeutischen Wert, andere wiederum taugen in meinen Augen lediglich für Show-Effekte und sind klinisch irrelevant. Hier sind die wichtigsten hypnotischen Phänomene und mein Kommentar dazu:

Hypermnesie

Beachten Sie bitte die Schreibweise, auch wenn dieses Wort etwas schwierig auszusprechen ist. Es heißt Hypermnesie und nicht etwa Hyper-Amnesie. Dabei handelt es sich um gesteigerte Erinnerungsfähigkeit. Sie ist bei den meisten Menschen bereits in leichter Trance möglich und erlaubt das Aufarbeiten seelischer Blockaden. Ob dieses Phänomen echt ist oder nur vom Klienten vorgetäuscht wird, kann man in vielen Fällen leicht überprüfen. Wenn ein Klient detailgenau die Vorgänge bei seiner eigenen Geburt schildert etwa, oder wenn er fast wortgetreu die Reaktion seiner Eltern wiedergibt, als sie erfuhren, dass die Mutter mit ihm schwanger war, dann wissen wir, dass es sich um echte Erinnerungen gehandelt hat und

nicht um sogenannte Konfabulierungen (Auffüllen der Erinnerungs-
lücken mit Phantasiegeschichten).

Auch wenn der Hypnotisand scheinbar Geschichten aus dem Leben seiner Vorfahren erfindet, die bisher in seiner Familie nicht bekannt waren, kann man das oft durch Recherche überprüfen und
erlebt nicht selten sein blaues Wunder, wenn sich die Geschichte
bestätigt. Wenn er Geschichten aus früheren Leben erzählt, kann
man im besten Fall überprüfen, ob es ein solches Schicksal einmal
gegeben hat. Ob es genau *diesem* Klienten passiert ist, werden wir
nie mit absoluter Sicherheit wissen können, obschon die Tatsache
zu denken geben müsste, dass der Hypnotisand nur auf bestimmte
traumatische Ereignisse emotional reagiert, eben solche, die er mit
einem eigenen früheren Leben verbindet, während erfundene Hor-
ror-Geschichten oder solche, die anderen passiert sind, ihn zwar
nicht kalt lassen, aber doch auch nicht für dramatische Abreaktionen sorgen.

Kurz und gut: Für die aufdeckende Hypnose, über die wir in einem
der nächsten Kapitel sprechen werden, ist die Hypermnesie eines
der wichtigsten Phänomene, wenn nicht gar das einzig notwendige.
Es gibt ganz wenige Fälle, wo die Hypermnesie nicht auf Anhieb
funktioniert. Das nennt man Therapie-Resistenz, und ich habe im
Laufe der Jahre ein paar Werkzeuge entdeckt, mit denen ich die
meisten Fälle von Therapie-Resistenz knacken und Hypermnesie
etablieren konnte. Einige dieser Werkzeuge werde ich Ihnen später
verraten.

Amnesie

Amnesie ist das Gegenteil von Hypermnesie und bedeutet Erinne-
rungsverlust. Im Kapitel über Thorwald Dethlefsen habe ich bereits ein paar Worte zu diesem Thema verloren. Wenn ich mich
nicht mehr erinnern kann, was ich vor genau zehn Jahren zu Mittag
gegessen habe, ist das eine Form von natürlicher Amnesie; sie spart
schlicht und einfach wichtigen Speicherplatz im Gehirn.

Daneben gibt es zwei Formen von „krankhafter" Amnesie: Die retrograde und die anterograde. Ich schreibe „krankhaft" deshalb in Anführungszeichen, weil es sich dabei vermutlich um einen gesunden Schutzmechanismus handelt. Von retrograder Amnesie sprechen wir dann, wenn von einem traumatischen Ereignis die Tage oder Wochen *davor* mit Amnesie belegt sind; anterograde Amnesie bezieht sich auf die Zeit *nach* dem Trauma.

Dazu eine kurze Anekdote aus meiner Praxis, natürlich aus Diskretionsgründen anonymisiert: Eine 51-jährige Ärztin, die einmal bei mir zur Therapie war, beklagte sich darüber, dass sie noch nie in ihrem Leben eine intensive Beziehung zu einem Mann gehabt habe. Sie wünsche sich so sehr einen treuen Lebenspartner an ihrer Seite, aber jedesmal wenn es ernst zu werden beginne, sabotiere sie die Beziehung. Sie sei übrigens, beeilte sie sich zu ergänzen, einmal bei einer Psychologin gewesen, und die hätte ihr gesagt, sie sei mit zwölf Jahren vergewaltigt worden.

„Woher wollte die das wissen?" fragte ich nach.

„Ja, die ist eben hellsichtig," meinte meine Klientin.

„Auweia", konnte ich da nur sagen, „wenn du sie wieder einmal siehst, hau' ihr eine runter, der blöden Kuh." Selbst wenn jemand das Gefühl hat, hellsichtig zu sein und schon öfter richtig gelegen zu haben: Die Gefahr, dass man mit solchem Verhalten mehr Schaden anrichtet, als dass man hilft, ist doch sehr groß. Meine Annahme war, dass, wenn sich dieses Trauma tatsächlich zugetragen hätte, die Zeit um das schlimme Ereignis herum mit Amnesie belegt gewesen wäre, das heißt, die Klientin hätte sich nicht mehr an ihre damalige beste Freundin erinnert, nicht an den Lehrer oder die Lehrerin, nicht daran, wo sie damals im Urlaub war, und vieles mehr. Diese Erinnerungen waren aber alle vorhanden, so dass ich annahm, die Psychologin habe sich geirrt und ihre „Hellsichtigkeit" missbraucht. Die Sitzung wurde dann doch noch höchst interessant, doch auch davon möchte ich Ihnen später berichten.

Amnesie ist mittels Hypnose wesentlich schwieriger zu produzieren als Hypermnesie. Außerdem ist Amnesie nach meiner Erfahrung immer nur sehr oberflächlich und kann schnell rückgängig gemacht werden. Wie oft habe ich es in den letzten zwanzig Jahren erlebt, dass mir ein Klient von einem Unfall oder einer Operation in seiner Vergangenheit erzählt hat, und ich habe lediglich gesagt: „Schließe deine Augen, auf drei ist die Amnesie aufgehoben, du kannst dich an alles erinnern, das hier ist ein sicherer Ort und die richtige Zeit, um dir alles nochmals anzuschauen und alles, was dein Körper dazu an Symptomen gespeichert hat, für immer loszulassen. Eins, zwei, drei!" Und der Klient begann zu erzählen, und mit jedem Mal, wo wir erneut durch den Unfall oder die OP gingen, kamen mehr Details zum Vorschein. Die meisten dieser Details hielten einer seriösen Überprüfung stand.

Ich habe an anderer Stelle einmal mit meiner bekannt spitzen Zunge behauptet, es gebe etliche Show-Therapeuten, die mit Amnesie herumspielten wie Bühnen-Hypnotiseure und sie als mystifizierenden Gag missbrauchten. Nun bin ich bei der Recherche zu diesem Buch auf einen sensationellen Blog gestoßen, der mir meine intuitiven Behauptungen wissenschaftlich untermauert. Die URL lautet *hypnoseinfos.wordpress.com*, und die umfangreiche Website wird von einem Mann mit dem Pseudonym Escatan betrieben. Warum so ein blitzgescheiter Mensch anonym bleiben will, ist mir ehrlich gesagt ein Rätsel. Ich verspreche Ihnen aber eines: Wenn Ihnen mein Buch zu unwissenschaftlich ist, können Sie sich an Escatans Elaboraten – excusez l'expression – aufgeilen. Versprochen!

Katalepsie

Das Wort kommt aus dem griechischen „katalepsis" (Besetzen, Festhalten) und ist eigentlich eine neurologische Störung, die man im Deutschen Starrsucht nennt. Sie äußert sich darin, dass aktiv oder passiv herbeigeführte Körperhaltungen übermäßig lange aufrecht erhalten werden. Wird zum Beispiel ein Bein passiv von der Unterlage abgehoben, bleibt dieses nach dem Loslassen in der Luft. Die Störung tritt vor allem bei schizophrenen Erkrankungen auf, aber zum Teil auch bei organischen Hirnerkrankungen.

Katalepsie kann auch durch Suggestion künstlich erzeugt werden. Wenn Sie es testen möchten, heben Sie jetzt den linken Arm in die

Luft und lesen Sie weiter mit dem linken Arm in der Luft. Tun Sie's, es wird eine interessante Erfahrung für Sie! Strecken Sie den linken Arm in die Luft. Während ein Teil von Ihnen diesen Arm überhaupt nicht mehr beachtet, kann ein anderer Teil spüren, wie dieser Arm immer fremder wird, sich immer mehr anfühlt wie ein Stück Holz oder Gummi, das gar nicht zu Ihrem Körper gehört. Mit jedem Wort, das Sie lesen, kann dieser Arm fremder und fremder werden, und diese Haltung kann sich mehr und mehr sehr angenehm und völlig normal anfühlen. Ja, es fühlt sich mit der Zeit so normal und gut an, dass Sie absolut keine Lust mehr haben, diesen Arm herunterzunehmen. Und je mehr Sie die Muskeln in den Schultern spüren, desto weniger haben Sie Lust, irgend etwas an Ihrer Haltung zu verändern. Es bereitet Ihnen ein seltsames Vergnügen, den Arm in dieser Position, von der Sie jetzt nicht einmal mehr sagen könnten, ob sie angenehm ist oder nicht; sie ist einfach, nicht wahr? Und das ist gut so.

Auch dieses Phänomen können die meisten Menschen leicht produzieren. Und ich sage Ihnen gleich, inwiefern die Armkatalepsie therapeutisch sehr wertvoll sein kann. Vorerst nur so viel: Katalepsie kann sich in sämtlichen Gliedmaßen zeigen, und ziemlich berühmt ist die sogenannte Ganzkörper-Katalepsie, die oft bei Bühnen-Shows zur Anwendung kommt. Man nennt sie dort auch die „kataleptische Brücke". Der dänische Show-Hypnotiseur Carl Hansen, von dem ich Ihnen im Kapitel über die Geschichte der Hypnose erzählt habe, hat jeweils einem Probanden suggeriert, er sei steif wie ein Brett. Dann legte Hansen ihn zwischen zwei Stühle und stellte sich selbst auf den Bauch des Versuchskaninchens. Den letzten Schritt unterlassen die modernen Show-Hypnotiseure in der Regel; wenn Sie mal einen treffen sollten, der das immer noch tut, verklagen Sie ihn, denn auch wenn es problemlos geht, können durchaus schlimme Rückenschäden die Folge sein.

Übrigens... Sie dürfen den Arm jetzt wieder runter nehmen!

Ideomotorik

Den klinischen Nutzen der Armkatalepsie sehe ich persönlich vor allem in Kombination mit der Etablierung ideomotorischer Signale. Das sind Signale, die vom Unterbewusstsein direkt ans motorische Nervensystem (also an die Muskeln) gesandt werden. Auch dieses Phänomen ist relativ leicht zu produzieren, und wenn Sie es beherrschen, haben Sie ein sensationelles Diagnose-Instrument in der Hand. Lassen Sie mich erklären...

Zunächst kann ich Sie beruhigen: Ideomotorische Signale hat Ihr Körper schon oft produziert. Man nennt sie im Alltag „Körpersprache". Wenn ich Ihnen etwas erzähle, das für Sie im Moment sehr viel Sinn ergibt, ist die Chance recht groß, dass Sie ideomotorisch zu nicken beginnen. Warum ideomotorisch? Weil Sie vermutlich nicht bewusst gesagt haben „Ich nicke jetzt", sondern Ihr Gehirn hat dem Körper unbewusst Ihre Zustimmung mitgeteilt, und der hat mit Nicken reagiert. Wenn ich Sie fragen würde, ob Sie gerade genickt haben, würden Sie vermutlich antworten: „Ääähhh, ich weiß nicht, war mir jedenfalls nicht bewusst."

Den nächsten Punkt zu glauben, wird Ihnen vermutlich schwerer fallen, vor allem dann, wenn Sie sich zu den Skeptikern zählen. Sie müssen mir auch nichts glauben. Machen Sie selbst die Erfahrung, dann müssen Sie nichts mehr *glauben*, sondern Sie *wissen* es. Es scheint tatsächlich so zu sein, dass unser Unterbewusstsein fast zu allem eine Meinung hat, und dass es wesentlich mehr weiß, als Ihnen bewusst ist. Und mit dieser unerschöpflichen Quelle des Wissens in Ihnen drin können Sie kommunizieren, zwar nur mit Hilfe von Ja- und Nein-Informationen, aber immerhin.

Bevor ich Ihnen ein selbst gebasteltes Skript zur Etablierung ideomotorischer Signale liefere, will ich Ihnen von einem typischen Beispiel erzählen, wie ideomotorische Signale wahre Wunder bewirken können. Im Jahr 1999 war eine Frau bei mir in der Therapie, die unter anderem an Morbus Crohn litt. Was das für eine mühselige Krankheit ist, können Sie selbst recherchieren, nur so viel: Die Ärzte hatten ihr gesagt, damit würde sie leben müssen, so etwas werde man nicht mehr los. Die Frau litt jedoch sehr unter den Nebenwirkungen des vielen Cortisons, das sie schlucken musste, und wollte alternative Methoden ausprobieren. Wir räumten drei Tage lang gründlich ihre Vergangenheit auf, und am letzten Tag etablierte ich ideomotorische Signale. Dazu müssen Sie wissen, dass man in der Naturheilkunde nicht einfach sagt „Oh, der Verdauungstrakt ist ausgeflippt, also fokussieren wir uns mittels chemischer Keule oder Skalpell nur darauf, denn der Rest ist ja in Ordnung", sondern man betrachtet den Organismus als ganzheitliches System und spricht von vier möglichen Ursachen-Komponenten:

- psychisch
- biochemisch
- elektromagnetisch
- strukturell

Die Details können Sie auf der Insider-Plattform *hpz-insider-club.org* einsehen unter dem Stichwort „Ideomotorik-Checkliste". Dort finden Sie zu jedem dieser vier Stichworte zahlreiche Unterkategorien. Ich geb's zu: Wenn Sie Laie sind in Sachen Hypnose, werden Sie das vermutlich nicht richtig hinbekommen, denn es braucht eine gewisse Sicherheit im Gebrauch dieses Werkzeugs, aber wenn Sie es beherrschen, ist es wirklich, ich kann es nicht anders sagen, spektakulär. Bei dieser Frau fragte ich also ab, ob wir die psychische Komponenten von Morbus Crohn genügend bearbeitet hätten. Ihre Ideomotorik lieferte ein Ja. Dann fragte ich die anderen Komponenten ab, und bei der strukturellen kam ebenfalls ein Ja, im Sinne von „da ist noch was". Als ich weiter ins Detail ging, gab C4, also der vierte Halswirbel, an. Dann fragte ich die optimale Therapie für diesen offensichtlich subluxierten Wirbel ab, und heraus kam die Dorn-Methode, eine sanfte Wirbelsäulen-Therapie, die man auch als Laie in zwei bis drei Tagen lernen kann. Nachdem die Klientin einen Dorn-Therapeuten aufgesucht hatte, schlich sie in Absprache mit ihrem Internisten das Cortison aus und erlitt nie wieder einen Morbus-Crohn-Schub. Das sind jetzt, wo ich dieses Buch überarbeite, 23 Jahre her!

Hier ist mein Ideomotorik-Skript für Sie. Ich gehe davon aus, dass Sie es nur dann anwenden, wenn Sie sich Ihrer hypnotischen Basisfähigkeiten sicher sind:

Führen Sie zuerst eine normale Trance-Induktion durch, und wenn Sie davon ausgehen können, dass Ihr Klient in einer leichten bis mittleren Trance ist, gehen Sie wie folgt vor:

Von da aus, wo du jetzt bist, gibt es noch drei tiefere Stufen der Trance: Stufe A, Stufe B und Stufe C.

Um von hier aus auf Stufe A zu kommen, musst du nichts anderes tun als dir vorzustellen, wie es wäre, wenn du die Entspannung in deinem Körper verdoppeln könntest. Du wirst merken, dass du auf Stufe A bist, wenn du versuchst, den Buchstaben A auszusprechen, und es gelingt noch relativ mühelos.
Bitte sprich den Buchstaben A aus, sobald du glaubst, auf Stufe A zu sein.

(warten Sie, bis der Klient „A" gesagt hat. Wenn er „A" sagt, sofort reagieren!)

Hervorragend. Um auf Stufe B zu kommen, musst du nichts anderes tun, als dir vorzustellen, wie es wäre, wenn du deine Entspannung nochmals verdoppeln könntest. Du wirst merken, dass du auf Stufe B bist, wenn du versuchst, den Buchstaben „B" auszusprechen, und es gelingt gerade noch mit knapper Not. Wie ein Mensch, der gerade dabei ist, seinen Sprechapparat auszuschalten, und kurz vorher haucht er noch ein stimmloses „B" über die Lippen.
Sobald du glaubst, auf Stufe B zu sein, versuche bitte den Buchstaben „B" auszusprechen und stelle fest, dass es gerade noch für ein stimmloses „B" reicht.

(warten Sie, bis der Klient „B" gesagt hat)

(Falls der Klient noch zu deutlich spricht:)

Jawohl, das war noch Stufe A. Bitte entspanne dich noch tiefer und tue so wie ein Mensch, der große Mühe hat zu sprechen. Sprich das „B" erst aus, wenn du sicher bist, dass du kaum mehr sprechen kannst.
Natürlich weißt du, dass du jederzeit wieder sprechen kannst, wenn du es wirklich willst. Aber jetzt willst du nicht; jetzt befiehlst du deinem Nervensystem, dass es sämtliche Muskeln in deinem Sprechapparat vorübergehend ausschaltet.

(warten Sie, bis der Klient ein kraftloses „B" ausgesprochen hat)

Hervorragend. Um auf die Stufe C zu kommen, musst du nichts anderes tun, als dir vorzustellen, wie es wäre, wenn du die Entspannung in deinem Körper nochmals verdoppeln könntest. Du wirst merken, dass du auf Stufe C bist, wenn du versuchst, den Buchstaben „C" auszusprechen, und es gelingt nicht mehr. Der Sprechapparat ist ausgeschaltet.
Natürlich weißt du, dass du ihn jederzeit einschalten könntest, wenn du wolltest. Aber du willst eben nicht. Du willst beweisen, dass man seinen Sprechapparat willentlich ausschalten kann.

Damit ich trotzdem sehen kann, dass du auf Stufe C bist, wollen wir jetzt sogenannte ideomotorische Signale etablieren. Dazu bringe ich deine Hand in eine bequeme Position
(Armkatalepsie produzieren)

(Sobald Armkatalepsie etabliert)

Bitte sage jetzt mehrmals innerlich „ja". Versuche, deine ganze Körperchemie auf Zustimmung einzustellen, und beobachte die Finger an deiner linken Hand.

(linken oder rechten, je nachdem, welche der Therapeut besser sieht).

Einer der Finger wird sich etwas anders anfühlen, vielleicht etwas schwerer, vielleicht auch leichter werden, vielleicht wird er zu zucken beginnen. Auf drei zeigst du mir deutlich deinen Ja-Finger an: Eins, zwei, drei *(mit dem Finger schnippen)*.

Sehr gut, der _____-Finger ist dein Ja-Finger *(aufschreiben)*.

Jetzt machen wir das Gleiche mit „nein". Bitte sage mehrmals innerlich „nein" zu dir, stelle deine ganze Körperchemie auf Ablehnung ein und beobachte, welcher Finger sich hier bewegen will. Auf drei zeigst du mir deutlich den Nein-Finger an: Eins, zwei, drei *(mit dem Finger schnippen)*.

(warten Sie, bis der Klient ein Fingersignal gegeben hat)

Hervorragend. Sehr gut, der _____-Finger ist dein Nein-Finger *(aufschreiben)*.

(Mit der ideomotorischen Abfrage beginnen)

Eine gute Formulierung:
„XY (Name des Klienten) muss nicht wissen, worum es hier geht, sondern lediglich beobachten, welcher Finger Lust hat, sich zu bewegen."

Ihnen ist sicher aufgefallen, dass ich Ihnen bisher keine einzige vollständige Trance-Induktion geliefert habe, und auch diese hier ist nicht brauchbar, wenn Sie nicht vorher eine ganz normale Standard-Induktion angewandt haben.
Wenn Sie sich in Hypnose auskennen, dann wissen Sie ohnehin, wie das geht. Und wenn Sie ein blutiger Laie sind, dann gönnen Sie sich bitte ein Hypnose-Einführungsseminar, denn ein paar Basisfähigkeiten sind meines Erachtens nicht mit Büchern zu vermitteln. Nein, das Seminar muss nicht zwingend bei mir besucht werden.

Mir ist klar, dass nicht jeder das Geld für einen Rolls Royce zur Verfügung hat. Dann kaufen Sie sich eben den Volkswagen oder den Suzuki Swift unter den Trainern, Hauptsache, Sie lernen erst mal Auto fahren.

Wie bitte? Sie finden das nicht in Ordnung? Sie protestieren gegen ein Hypnose-Buch ohne eine einzige Induktion? Also gut, Sie haben mich überzeugt. Dann schenke ich Ihnen hier eine kurze Leer-Hypnose. *Leer*-Hypnose habe ich gesagt, nicht *Lehr*-Hypnose, Sie müssen schon besser zuhören, wenn Sie bei meinem Buch mitreden wollen! Eine Leer-Hypnose ist eine Hypnose, die nur aus Induktion und De-Hypnose besteht. Ja, Sie haben Recht: Die Bezeichnung ist ziemlich doof. Eine solche Hypnose ist nämlich alles andere als leer, denn sie sorgt dafür, dass die Menschen ruhiger und gelassener werden, und was denken Sie, wie viele Menschenleben das retten könnte, wenn unsere Politiker anstelle ihres sonstigen Leerlaufs sich öfter mal eine Leer-Hypnose gönnen würden?

Eine einfache Hypnose-Induktion

Schließe deine Augen. Atme tief ein... halte die Luft eine Weile an... atme dann aus... alles ausatmen, die Luft mit leeren Lungen eine Weile anhalten... dann wieder einatmen, so tief wie es geht... anhalten... und wieder alles ausatmen. Und normal weiter atmen.

Bevor du dich noch tiefer entspannst, möchte ich dir eine selbstbefreiende Suggestion liefern: Wann immer du während dieser und auch während zukünftigen Übungen das Gefühl haben solltest, dass etwas nicht zu deinem Wohle geschieht, kannst du dich mühelos vom Trance-Zustand befreien, indem du innerlich von eins bis fünf zählst und bei fünf hellwach bist, ganz im Hier und Jetzt, und mit voller Urteilsfähigkeit ausgestattet.

Wenn du jetzt Lust hast, dich weiter zu entspannen, dann stell' dir bitte vor, wie es wäre, wenn sich deine Kopfhaut entspannen könnte... deine Stirn... deine Augenlider... besonders die Augenlider, ja genau so. Wie sich dein Gesicht entspannt, dein Ober- und Unterkiefer, dein Hals und dein Nacken.

Stell' dir vor, wie sich die Entspannung weiter ausbreitet in deine Brust und deinen Rücken, in deine Schultern, Oberarme, Unterarme, Hände und Finger. Vielleicht spürst du sogar ein angenehmes Kribbeln oder Pochen in den Fingerspitzen.

Von der Brust kann sich die Entspannung weiter ausdehnen in deinen Bauch und Unterleib, in dein Gesäß, in die Oberschenkel, Unterschenkel, Füße und Zehen. Welchen Zeh spürst du zuerst? Ist es der große, der kleine oder einer dazwischen?

Und magst du vielleicht noch etwas tiefer sinken, wenn ich jetzt gleich von zehn bis eins abwärts zähle? Wird dir dein Unterbewusstsein erlauben, bei jeder Zahl die Entspannung zu verdoppeln? Oder möchtest du so viel Kontrolle behalten, wie es für dich richtig ist? 10... 9... 8... 7... 6... 5... 4... 3... 2... 1, du bist jetzt so tief entspannt, wie es dein Unterbewusstsein für richtig hält.

Eine einfache De-Hypnose
(lebhaft, wach und bestimmt sprechen!)
In einem Augenblick werde ich von eins bis zehn zählen. Du kommst bei jeder Zahl um einen Zehntel des Weges zurück. Bei zehn wirst du hellwach sein, topfit und voll guter Energie.

Alle Suggestionen, die dir dienlich sind, behalten ihre Wirkung und werden noch stärker. Alles, was nur dem Experiment diente oder dir in irgend einer Weise schaden könnte, ist hiermit vollständig aufgehoben. Alle Suggestionen, die dir dienlich sind, behalten ihre Wirkung und werden noch stärker.

1, 2, 3, 4, 5, 6, 7, 8, 9, 10. Augen auf, hellwach, topfit, ganz im Hier und Jetzt, und voll guter Energie!

So, jetzt aber ganz schnell zurück zum Thema „hypnotische Phänomene", sonst werfen Sie mir zu Recht vor, dieses Buch sei ein Kaffeekränzchen. Wobei, was wäre so schlimm daran? Es war doch bis jetzt das lehrreichste Kaffeekränzchen, das es je gab, oder?

Analgesie und Anästhesie

Schmerzlosigkeit und Gefühllosigkeit. Die beiden Begriffe werden manchmal synonym gebraucht, aber sie bedeuten nicht ganz dasselbe. Das Wort „Algos" kommt aus dem Griechischen und bedeutet „Schmerz". Analgesie ist also Schmerzlosigkeit, das bedeutet, Sie empfinden das Skalpell des Chirurgen wie eine Feder, die über Ihre Haut streicht. „Aisthein" bedeutet „Fühlen" oder „Wahrnehmen". Wenn Sie also anästhetisch sind, spüren Sie nicht einmal mehr, wo der Chirurg gerade arbeitet. Ihnen kann das natürlich egal sein, Hauptsache, es tut nicht weh.

Wenn Sie Analgesie mittels Hypnose durchführen wollen, brauchen Sie vor allem drei Dinge:

1. Sie müssen motiviert sein. Wenn Sie denken, dass es bequemer wäre, chemische Anästhetika einzusetzen (die werden ja auch immer besser), dann fehlt Ihnen vermutlich die nötige Motivation.

2. Sie müssen fähig sein zu dissoziieren, das heißt, Sie müssen sich vorstellen können, wie es wäre, wenn Sie Ihren Körper zur Reparatur abgegeben hätten und selbst ganz weit weg gehen würden, auf Ihre ganz private Karibik-Insel zum Beispiel. Wenn Sie gespannt darauf warten, ob Sie etwas spüren, dann sind Sie assoziiert, das heißt, ganz in Ihrem Körper drin, und dann können Sie darauf wetten, dass es weh tut.

3. Sie müssen ein OP-Team finden, das bereit ist, ohne chemische Anästhesie zu arbeiten. Die Muskel-Relaxation funktioniert nämlich bei der hypnotischen Anästhesie nicht ganz so gut wie bei der chemischen.

Bei der hypnotischen Anästhesie gibt es nach meiner Erfahrung zwei Stufen:

1. Der Schmerz wird noch empfunden, wird jedoch anders bewertet, oder mit anderen Worten: Er ist einem egal.

2. Der Schmerz ist tatsächlich nicht mehr zu spüren.

Was da genau im Körper passiert, hat die Hypnoseforscher seit jeher beschäftigt. Ich erspare Ihnen jedoch den Wissenschafts-Talk
dazu. Wenn Sie sich dafür interessieren, lesen Sie zum Beispiel Ernest Hilgards Buch „Hypnosis in the Relief of Pain" oder studieren
Sie auf *hpz-insider-club.org* mein Paper, das ich über Hilgards Forschungen geschrieben habe.

Falls Sie ausgebildeter Hypnotiseur sind und einmal den Auftrag
fassen sollten, einen Klienten für einen chirurgischen Eingriff vor-
zubereiten, empfehle ich folgendes Vorgehen:

1. Wochen vor der OP den Klienten ein- bis zweimal pro Woche
   einbestellen, um mit ihm ein Anästhesie-Skript einzuüben.

2. Bei jeder Sitzung die tiefste Trance-Stufe so verankern, dass der
   Klient bei der nächsten Sitzung dort beginnt und noch tiefer
   geht.

3. Während der letzten drei Sitzungen die tiefste Trance mit einem
   für die Trance geeigneten Musikstück verknüpfen, das dem Klienten besonders gut gefällt. Die Anästhesie mittels Blut-Lanzet-
   te, Hämostat, Kanüle oder Skalpell testen (wenn Sie nicht Arzt
   oder Heilpraktiker sind, dann bitte nur unter medizinischer Supervision!)

4. Vor der OP den Klienten in Trance bringen, Ideomotorik etablieren, die Musik einschalten und suggerieren:
   „Das Unterbewusstsein von XY (Name des Klienten) wird mir
   mit einem klaren Ja-Signal bekannt geben, sobald XY (Name des
   Klienten) in dem Zustand ist, der nötig ist, damit das, was jetzt
   folgt, für ihn/sie zu einem wunderschönen Erlebnis wird."
   (Suggestion wiederholen und auf das ideomotorische Signal warten)

Wenn Sie unsicher sind in der Anwendung von Anästhesie, lassen
Sie lieber die Finger davon oder besuchen Sie vorher ein Seminar,
das sich speziell diesem Thema widmet, zum Beispiel beim Zahnarzt Albrecht Schmierer (*www.hypnos.de*)

Halluzinationen

Sinnestäuschungen. „Positive Halluzination" bedeutet, es wird etwas wahrgenommen, was nicht da ist. „Negative Halluzination" bedeutet, es wird etwas nicht wahrgenommen, was da ist. Dabei sind die fünf Sinne unterschiedlich leicht auszutricksen.

- Eine optische oder visuelle Halluzination hat mit dem Sehsinn zu tun,
- eine akustische oder auditive Halluzination hat mit dem Hörsinn zu tun,
- eine kinästhetische oder haptische Halluzination hat mit dem Tastsinn zu tun,
- eine olfaktorische Halluzination hat mit dem Riechsinn zu tun,
- eine gustatorische Halluzination hat mit dem Geschmackssinn zu tun.

Die berühmten weißen Mäuse beim Alkohol-Entzugsdelir zum Beispiel sind eine positive optische Halluzination.

Auf den ersten Blick ist nicht einleuchtend, wozu bewusst unter Hypnose suggerierte Halluzinationen gut sein sollen, außer zur Unterhaltung bei Show-Hypnose, wo dem Probanden beispielsweise eingeredet wird, er solle einem imaginären Kanarienvogel mit einem Netz nachjagen, um ihn einzufangen. Ob diese Probanden tatsächlich halluzinieren, ist sehr schwierig zu überprüfen, denn selbst wenn sie nach der Show beteuern, einen Kanarienvogel gesehen zu haben, wissen wir immer noch nicht, ob sie bloß auf den Gruppendruck reagieren, dem Show-Hypnotiseur einen Gefallen tun wollen oder das Märchen vom allmächtigen Hypnotiseur, der mehr kann als andere, aufrecht erhalten möchten.

Bei näherem Hinsehen kann es jedoch auch in der klinischen Hypnose sinnvoll sein, mit Halluzinationen zu arbeiten. Wenn zum Beispiel während einer Sitzung irgend ein störendes Geräusch zu hören ist, könnte man diese negative akustische Halluzination sugge-

rieren: „Du nimmst nur diejenigen Geräusche und Worte wahr, die dir dienlich und nützlich sind; alles andere ist vollständig ausgeblendet und wird erst nach der Sitzung wieder zu hören sein."
Und auch die Anästhesie müsste man streng genommen als negative kinästhetische Halluzination bezeichnen.

Posthypnotische Suggestionen

„Post" kommt aus dem Lateinischen und bedeutet „nach". Eine posthypnotische Suggestion ist also eine Suggestion, die auch nach dem hypnotischen Zustand weiter wirken soll. Eine solche Suggestion verwende ich standardmäßig vor jeder De-Hypnose. Sie lautet wie folgt: „Dein Unterbewusstsein wird weiterhin alle kleineren und größeren Veränderungen vornehmen, die nötig sind, um dich genau dorthin zu bringen, wo du hin willst." Ob diese Suggestion tatsächlich angenommen wird, kann schlecht überprüft werden, da der Proband ja keine konkrete Handlung ausführen muss, aber schaden tut sie mit Sicherheit nicht.
Show-Hypnotiseure verwenden dagegen konkrete posthypnotische Aufträge, um Schabernack zu treiben mit „suggerierten Zwangsstörungen". Man nennt solche Aufträge auch „ephypnotische Suggestionen", „posthypnotische Trigger", „posthypnotische Anker" oder auch einfach „Schlüsselreize". Wenn man die Probanden später fragt, ob sie denn gemerkt hätten, dass sie auf eine posthypnotische Suggestion reagieren, und ob sie sich dagegen hätten wehren können, sagen die meisten: „Ich hätte mich wahrscheinlich schon dagegen wehren können, wenn ich gewollt hätte, aber ich hatte keine Lust, es zu wollen. Es gab keinen triftigen Grund dazu." Nun suggerieren natürlich raffinierte Show-Hypnotiseure zusätzlich Amnesie, das heißt, die Versuchskaninchen erinnern sich nicht daran, einen posthypnotischen Auftrag bekommen zu haben. Aber wie oberflächlich suggerierte Amnesie ist, darüber haben wir bereits gesprochen. Die Wissenschaftshungrigen unter Ihnen verweise ich erneut auf Escatans Blog *hypnoseinfos.wordpress.com*. Dort können Sie sich im Detail über all die interessanten Studien informieren,

die kluge Hypnoseforscher zu diesem Thema publiziert haben. Sie werden auch den Unterschied kennenlernen zwischen automatischen, quasi-automatischen und exekutiven Triggern (die Bezeichnungen sind Escatans Wortschöpfungen, sind aber sehr sinnvoll). Ein quasi-automatischer Trigger ist zum Beispiel das Klingeln des Telefons. Wir Menschen sind so programmiert, dass wir reflexartig zum Hörer greifen. Zahlreiche Studien haben mittlerweile nachgewiesen, dass es sich beim Befolgen posthypnotischer Suggestionen keinesfalls um automatische, sondern höchstens um quasi-automatische Aktionen handelt, eher aber um exekutive, also zielgerichtete Aktionen, die der Proband durchaus willkürlich steuern kann.

Leider Gottes leistet die Filmindustrie hier immer wieder allen möglichen Vorurteilen Vorschub, wenn sie Szenen von sogenannten Schläfern zeigt, die „programmiert" worden sein sollen, um auf ein bestimmtes Stichwort jemanden umzubringen. Auch etliche Schaumschläger-Hypnotiseure stellen Experimente auf Youtube und behaupten, sie hätten nachgewiesen, dass Mord unter Hypnose möglich sei. Natürlich ist Mord unter Hypnose möglich, genau so wie vieles andere auch, aber daraus einen kausalen Zusammenhang herstellen zu wollen, ist wissenschaftlich nicht zulässig, genauso wenig wie Sie sagen können, dass, nur weil Hamburger oft mit Pommes Frites zusammen auftreten, das eine das andere verursacht. Zu so einem „Beweis", der leider auf Youtube nicht mehr zu sehen ist, habe ich in meinem Power-Letter einmal Folgendes geschrieben:

Mord unter Hypnose?
HPZs Kommentar zu einem fragwürdigen Experiment...

Schaut Euch bitte zuerst dieses 13-minütige Video an, und dann lest meinen Kommentar:

    1. Es ist unwissenschaftlich, nach diesem Experiment zu behaupten, „der Mensch" könne mittels Hypnose zum Mörder werden. Dieser eine Mensch namens Stefan konnte dazu gebracht werden, das ist alles, was das Experiment aussagt.

2. *Ob man Stefan tatsächlich hätte hypnotisieren müssen dafür, stelle ich ebenfalls zur Diskussion. Menschen, die in Hypnose keinen eigenen Willen haben, haben ihn auch im Wachzustand nicht. Hitler zum Beispiel hat Tausende Menschen dazu gebracht zu töten. Dazu braucht es keine Hypnose.*

3. *Dieser Hypnotiseur ist ein ziemlich verantwortungsloser Bursche. Was für ein Interesse hat er, einen Menschen zum Mörder gemacht zu haben? Er kann das therapeutisch nicht verwerten. Er wird höchstens seinen Bekanntheitsgrad steigern und eine fragwürdige Kundschaft anziehen. Mediengeilheit heißt das, und sie hat ihren Preis.*

4. *Wenn ich der Hypnotisand wäre, hätte ich bei der Veröffentlichung dieses Videos ein Veto eingelegt. Oder Hand aufs Herz: Würdet Ihr so eine potenzielle Tötungsmaschine in Eurer Firma haben wollen?*

Zusätzlich, und das ist alles andere als unwichtig, ist zu sagen: Das Experiment zeigt lediglich, dass der Proband bereit war, *in einem Experiment so zu tun* als würde er jemanden umbringen. Er hat doch mit Sicherheit die ihn begleitende Kamera und den Mikrofongalgen wahrgenommen und zumindest unbewusst als „nicht ganz alltäglich" eingestuft.

Damit haben wir das Thema „hypnotische Phänomene" abgeschlossen. Jetzt wird es Zeit, dass wir uns den aufdeckenden Verfahren zuwenden...

Zeba wisch und weg?

Als mein erster Hypnose-Lehrer, über den ich schon berichtet habe, erfuhr, dass ich gegenüber spirituellen Themen aufgeschlossen bin, machte er mich auf ein Huna-Seminar mit Tad James aufmerksam. „Huna?" dachte ich. „Klingt so ein bisschen wie Voodoo." Aber natürlich wusste ich es besser. Schon Robert Kober, über den ich weiter vorn berichtet habe, verwendete in seinem Chancen-Seminar ein Element aus dem hawaiianischen Huna. Er nannte nämlich sein Unterbewusstsein Schorsch. Das ist nichts anderes als der „George" der alten Kahuna. „Let George do it!" ist ein Spruch, den man unter Huna-Jüngern öfter mal hört, und gemeint ist damit, dass man oftmals besser daran täte, seinem Unterbewusstsein einen Auftrag zur Lösungsfindung zu erteilen, anstatt bewusst über ein Problem nachzudenken.

Zehn Tage auf Hawaiis Big Island zu verbringen, das konnte nicht verkehrt sein. Am Morgen, wo auf Hawaii meistens die Sonne scheint, hätten wir laut Programm frei und würden am Hotelpool die legendäre hawaiianische Energie auf uns wirken lassen können; am Nachmittag, wo es oft regnet (ja, woher soll sonst die üppige Vegetation herkommen?), da würden wir uns bis 20 Uhr im Seminarraum schlau machen lassen.

In der Zwischenzeit hatte ich mir zwei Video- und drei Audio-Lehrprogramme von Tad James einverleibt und war etwas hin- und hergerissen. Die Timeline-Therapie, die zwar ursprünglich aus dem NLP stammt, aber von Tad James in einem ganz wesentlichen Punkt neu erfunden wurde, so dass er heute als Vater dieser Therapieform gilt, war eine der sensationellsten Entdeckungen in meinem Leben. Ich konnte nicht glauben, dass es tatsächlich möglich sein sollte, traumatische Erinnerungen neurologisch so zu entkoppeln, dass man fortan mit neutralen Gefühlen daran denken konnte. Bis zum Jahr 1991 kannte ich nur Albert Ellis' ratio-emotive Therapie, die nicht viel besser ist als bloßes positives Denken. Zugegeben, für einfachere Themen funktioniert sie. Aber versuchen Sie einmal, bei einer Klientin einen schweren Missbrauch mit positivem Denken, ratio-emotiver Therapie oder der von Ellis geklauten The-Work-Technik nach Byron Katie zu therapieren. Es wird Ihnen nicht gelingen. Ab 1992 lernte ich, dass man mit klassischer Regressionstherapie nach einer gründlichen Abreaktion eine deutliche Linderung der Symptome erreichte. Und 1996 erfuhr ich, dass man mit Hilfe der Timeline-Therapie tatsächlich die körperlichen Symptome auf Null bringen konnte.

Allerdings wurde mir bald einmal klar, dass die Original-Timeline-Therapie, wie Tad James sie betrieb und lehrte, zu oberflächlich war. Ich erlebte, gerade auch an besagtem Huna-Seminar, Menschen, die sich Master-Timeline-Therapeuten nannten, und die mir einen überdurchschnittlich blockierten Eindruck machten.

Auch Tad James wartete gleich mit der ersten Enttäuschung auf: Ich hatte mich darauf gefreut, seine langjährige Ehefrau Ardie kennenzulernen, mit der zusammen er sein Buch über Huna geschrieben hatte. Das Erste, was er uns mitteilte, war, dass er sich von seiner Frau getrennt habe. In der Freizeit konnte man den Grund dafür erkennen; er erlebte wohl gerade seine Midlife Crisis und versuchte mit Hilfe seiner blutjungen Sekretärin und ein Paar freakigen Rollerblades den zweiten Frühling in Gang zu bringen.

Seine Art, uns Huna beizubringen, bestand, wie ich heute weiß, eher aus mehreren Werbeveranstaltungen für seine NLP- und Timeline-Seminare, und ein paar Episoden, die ich mit ihm in diesen zehn Tagen erlebte, waren für mich schlecht einzuordnen zwischen Tads Gefühlskälte und den größtenteils leichtgläubigen Esoterik-Freaks, die an diesem Seminar teilnahmen. Zum Glück war Tad James nur der neue *Besitzer* des „American Institute of Hypnotherapy" und nicht der *Betreiber*, sonst hätte ich mich von deren Ausbildungs-Programm gleich wieder verabschiedet.

Unter den wenigen anwesenden Skeptikern kursierten außerdem Gerüchte, wonach Tad James gar nicht der Entdecker der Timeline-

Therapie sei, sondern als Teilnehmer an einem Experimental-Seminar mit Wyatt Woodsmall und Robert Dilts deren Ideen geklaut und auf Hawaii zum Patent angemeldet habe. Möglich wär's, denn damals war das Internet noch eine sehr private Domäne und verfügte über wenig Datenmaterial.

Zur Ehrenrettung von Tad James muss ich sagen, dass ich in diesen zehn Tagen in der Nähe von Kona ein paar sehr spirituelle Momente erlebt habe. Unvergessen bleibt mir unser Spaziergang über den Kilauea-Krater. Wenn Sie sich selbst ein Bild machen wollen, gehen Sie auf Google Maps und tippen Sie dort „Kilauea" ein. Dann verschaffen Sie sich mittels Street View einen Überblick. Vom Hawaiian Volcano Observatory steigt man zuerst etwa dreißig Minuten hinunter auf die erste Ebene des Kraters, die sogenannte Caldera. Dann wandert man entlang eines Pfades, der sich aufgrund der unterirdischen Lavaströme immer wieder verändert, zum Rand des aktiven Lava-Sees Halema'uma'u, in dem die unberechenbare Feuergöttin Pele wohnen soll. Wir machten uns lustig über die Tatsache, dass Tad James uns Pele als relativ simples Gemüt vorgestellt hatte: Wir sollten alle etwas Rotes tragen, denn Pele liebe Rot. Außerdem hätte sie nichts gegen ein Schlückchen Schnaps und ein Büschel wilden Salbei. Beides würden wir dann als Opfergabe in den Halema'uma'u werfen. Ich nahm das Ganze etwa so ernst wie das Abendmahl in der Kirche, freute mich aber auf den willkommenen Ausflug. Es war strahlend schönes Wetter, als wir beim Observatorium ankamen, kein Wölklein am Himmel. Eine Teilnehmerin ermahnte mich, Sonnenschutzmittel einzureiben. „Sun screen?" schoss es aus mir heraus. „No, what we need are raincoats!" Ich hatte keine Ahnung, wie ich dazu kam, dass wir Regenmäntel gebrauchen könnten. Aber als wir unten an der Caldera angekommen waren, war der Himmel kohlenschwarz, und ich habe einen Regen erlebt wie noch selten in meinem Leben. Mein Portemonnaie hatte ich in einem Bauchtäschchen, und es wurde so nass, dass ich später sogar die Banknoten trocknen musste. Der starke Wind drehte alle paar Minuten; er kam buchstäblich aus allen Richtungen.

Noch heute höre ich unseren „Chant", mit dem wir uns auf der einstündigen Wanderung zum Lava-See in Trance brachten:

E Pele e Pele ka`uka`uli ana
E Pele e Pele hua`ina hua`ina
E Pele e Pele `oni luna `oni luna
E Pele e Pele `oni lalo `oni lalo
E Pele e Pele a`o kuli pe`e nui
Ha`ina ka inoa no Pele la ea
Eala eala ea, a i e a
He inoa no Pele
He inoa no Pele

Auf die Minute genau als wir beim Halema‘uma‘u ankamen, hörte der Regen schlagartig auf, und fünf Minuten später war kein Wölklein mehr am Himmel. Am Rand des tiefen Kraters, den der Halema‘uma‘u bildet, standen zwei „Nenes", als ob sie uns den Weg zu Pele zeigen wollten. Der echte Kahuna, der uns begleitete, machte uns klar, dass die Branta sandvicensis, die man auch Hawaii-Gans oder hawaiianisch Nene nennt, in dieser Gegend sehr selten sei. Er meinte, wir seien von Pele gereinigt worden, und Tad James drückte sich in seiner gewohnt eleganten Art aus: „The most fucking spiritual experience I've ever had!" Ich glaube noch immer nicht an launische Göttinnen, aber auf Hawaii war die Versuchung groß, das kann ich Ihnen sagen!

Doch kehren wir zurück zu einem fassbareren Thema: Interessanterweise gilt die Timeline-Therapie unter Psychologen als nicht ernst zu nehmen, was vermutlich darauf zurückzuführen ist, dass die Therapie, wie sie Tad James anwendet oder zumindest damals anwandte, sehr oberflächlich ist. Anders gesagt:

Tad James arbeitet fast ausschließlich mit der *Struktur* einer Erinnerung, und nicht mit deren *Inhalt*. Das genaue Erkunden von Ursachen sowie entsprechende Abreaktionen sind in seinen Augen unnötig. Das klang dann ungefähr so bei ihm: „Denk an das traumatische Ereignis. Hast du's? Gut. Spüre, wo die Symptome sind im Körper. Hast du's? Gut. Das allererste Ereignis, das mit diesem Gefühl im Körper zusammenhängt, finden wir das vor, während oder nach deiner Geburt? Gut. Gehe hoch über der Zeitachse zurück, vor das allererste Ereignis und stelle fest, wie die Symptome verschwinden. (Nach zehn Sekunden) Sie sind weg, nicht wahr? Gut, gehe ins Original-Ereignis und stelle fest, dass du die Symptome nicht mehr hervorrufen kannst."

Dieses suggestive Unterstellen, das jedes gründliche Arbeiten unterbindet, hat mich von Anfang an enorm gestört, und ich hatte den guten Mann in Verdacht, dass er sich, ähnlich wie sein großes Vorbild Richard Bandler, mit Vorliebe hysterisch angehauchte Probanden auf die Bühne holte, die ihm das Leben möglichst leicht machen und ihn in einem guten Licht dastehen lassen wollten. Mehrere Studenten beklagten sich später, dass man ihnen nicht die nötige Zeit gegeben hätte, um ihre Symptome wirklich abzukoppeln. Einige wurden nachgewiesenermaßen von weiteren Trainings ausgeschlossen, weil sie sich „nicht kooperativ" verhalten hätten. Besonders diejenigen Klienten, die vermehrt kinästhetisch verarbeiten, benötigen in der Regel länger für diesen Prozess, und ein ungeduldiger Therapeut richtet in einem solchen Fall mehr Schaden an, als dass er hilft.

Wenn Sie wissen möchten, wie ich die Timeline-Therapie weiterentwickelt und auch mit der an Moreno angelehnten Technik des kathartischen Rollenspiels ergänzt habe, lesen Sie zuerst meine Selbsthilfe-Anleitung, wie sie im Internet bereits über hunderttausend Mal angeklickt und von vielen meiner Studenten unverändert auf ihren eigenen Homepages publiziert wurde:

Wie man seine seelischen Blockaden mittels Timeline-Therapie los wird...

Eine Anleitung für die Selbst-Therapie mit der Timeline-Methode und verwandten Techniken

Seelische Blockaden? Was ist das überhaupt?

Eine gute Frage. Darf ich Ihnen ein paar Gegenfragen stellen?

- *Haben Sie manchmal das Gefühl, dass Sie auf keinen grünen Zweig kommen, obschon Sie sich mit viel Liebe und Einsatz Ihrer Arbeit widmen?*

- *Haben Sie manchmal den Eindruck, dass Sie Ihren Erfolg selbst sabotieren?*

- *Denken Sie manchmal, dass Sie auf gewisse Dinge völlig unverhältnismäßig oder impulsiv reagieren?*

- *Gefährden Sie immer wieder Beziehungen, die Ihnen wichtig sind, weil „etwas in Ihnen drin" sich völlig daneben benimmt?*

- *Gibt es Menschen, die Sie verletzt oder enttäuscht haben, und denen Sie einfach nicht verzeihen können? Und spüren Sie, wie Sie sich selbst mit diesem Problem blockieren?*

- *Halten Sie sich für einen ganz normalen Menschen, weil ja schließlich „jeder ein wenig neurotisch ist"?*

Wenn Sie bei der einen oder anderen Frage mit „ja" geantwortet haben, dann sollten Sie diese Anleitung sorgfältig studieren und die Timeline-Methode ausprobieren.

Wenn Sie überall mit „nein" geantwortet haben, sind Sie entweder erleuchtet (Was sucht ein Erleuchteter im Internet?) oder ein Profi-Verdränger. Der Begriff „Verdrängung" geht auf Sigmund Freud zurück und ist einer von vielen Abwehr-Mechanismen der Seele. Es bedeutet vereinfacht gesagt: Wenn etwas für die Seele zu schmerzhaft ist, wird es aus dem Bewusstsein verdrängt.

Zu den Profi-Verdrängern gehören auch die sogenannten Positiv-Denker. Ein Positiv-Denker sagt die ganze Zeit zu sich „Es gibt kein

Unkraut in meinem Garten" und merkt nicht, wie das Unkraut in der Zwischenzeit den ganzen Garten auffrisst.

Anmerkung 2016: Das stimmt so natürlich nicht ganz und wird leider von vielen Menschen verwechselt. Ein Mensch, der weiß, dass er Probleme hat, sich jedoch nicht mit diesen beschäftigen mag, ist kein Verdränger, sondern bestenfalls ein Vermeider.

Tatsache ist:

- *Psychische Blockaden behindern den Energiefluss und machen seelisch und körperlich krank.*
- *Psychische Blockaden führen in Form von negativen Glaubenssätzen dazu, dass man seinen eigenen Erfolg boykottiert.*
- *Psychische Blockaden führen dazu, dass man sich immer wieder in den gleichen selbstschädigenden Verhaltensmustern bewegt und das Gefühl hat, nicht vom Fleck zu kommen.*

Wie merke ich, dass ich psychische Blockaden habe?

Bitte führen Sie jetzt gleich dieses kleine Experiment durch: Denken Sie an eine sehr unangenehme Situation in Ihrem Leben. Am besten schließen Sie dazu die Augen. Versuchen Sie, sich zu erinnern, was Sie damals gesehen, gehört, gedacht und gefühlt haben. Wenn Sie sich geärgert haben, fluchen Sie ruhig innerlich ein paar Mal. Wenn Sie Angst hatten, vergegenwärtigen Sie sich, was alles Schlimmes hätte passieren können. Wenn Sie Gewissensbisse hatten, beschimpfen Sie sich selbst. Und wenn Sie traurig waren über den Verlust eines Menschen, denken Sie daran, was Sie noch alles mit diesem Menschen hätten unternehmen wollen.

Wenn Sie die Aufgabe ernsthaft durchgeführt haben, dann hat Ihr Körper mit negativen Symptomen reagiert. Schreiben Sie jetzt gleich auf, an welchen Körperstellen Sie Symptome spüren und wie stark auf einer Skala von eins bis zehn. Zehn bedeutet enorm stark, eins bedeutet ganz schwach wahrnehmbar.

Wichtig ist dabei: Die Symptome sollen konkret formuliert sein. „Ich fühle mich bedrückt" gilt nicht, ebenso wenig wie „ein komisches Gefühl" und „überall am Körper". Was ist es genau? Verkrampfen sich die

Muskeln am ganzen Körper? Zieht sich die Haut zusammen? Drückt etwas auf die Brust? So könnte beispielsweise eine Symptombeschreibung aussehen:

- Kehle wie zugeschnürt, Stärke 6

- Drücken im Unterbauch, Stärke 8

- Herzklopfen, Stärke 4

- Muskeln angespannt im ganzen Körper, Stärke 3

Sollten Sie rein gar nichts gespürt haben (was sehr selten vorkommt), gibt es drei Erklärungs-Möglichkeiten:

- Sie haben dieses Ereignis bereits mit einer anderen Technik bearbeitet. Dann schreiben Sie mir bitte, was das für eine Technik ist. Vielleicht kenne ich sie noch nicht. Aber erzählen Sie mir nicht, Sie hätten ein schweres Trauma einfach „weggeklopft" nach der EFT-Methode von Callahan und Craig. Ich weiß, dass diese Methode in leichteren Fällen funktioniert, aber eben nur in leichteren Fällen und nicht bei schweren Traumata.

- Sie sind ein Profi-Vermeider und wollten gar nicht tief in dieses Ereignis eintauchen aus Angst, es könnte zu schmerzhaft sein.

- Sie leiden unter einer dissoziativen Störung. Das ist dann der Fall, wenn ein Ereignis in Ihrer Vergangenheit so traumatisch war, dass Sie sich quasi „von Ihrem Körper abgekoppelt" haben und gar nicht mehr fähig sind, Gefühle zu empfinden. In diesem Fall benötigen Sie psychiatrische Hilfe.

Und diese Blockaden soll ich selbst beseitigen können?

Trösten Sie sich. Ich habe genau so ungläubig dreingeschaut, als ich zum ersten Mal mit der Timeline-Methode experimentierte. Ich hatte gerade einen Streit mit meiner Frau gehabt. Sie hatte beim Nachhausefahren im Auto eine Bemerkung fallen lassen, die jeden Außenstehenden völlig kühl gelassen hätte. Ich jedoch ging an die Decke vor Wut. Ein „normaler" Ehemann hätte wohl noch den ganzen Abend seine Wut zur Schau getragen. Aber ich merkte sehr rasch, dass meine

Reaktion nichts mit meiner Frau, sondern nur mit mir selbst zu tun haben konnte.

Ich zog mich zurück und fand mit den Techniken, die ich Ihnen gleich erklären werde, heraus, dass das auslösende Ereignis für meine unverhältnismäßige Reaktion bereits während meiner Zeit im Mutterleib geschehen war. Ich sah meine Mutter, wie sie mit mir im fünften Monat schwanger war. Sie war stinkesauer auf meinen Vater (warum, werde ich hier aus Diskretionsgründen nicht erwähnen). Nachdem ich festgestellt hatte, dass meine Wut eigentlich meiner Mutter gehörte, hängte ich sie innerhalb einer Minute mit Hilfe der Timeline-Methode ab. Die Wut, meine ich, nicht die Mutter.

Danach prüfte ich, ob mein Körper noch fähig war, über das Ereignis mit meiner Frau im Auto Wut zu empfinden. Es war nicht mehr möglich. Ich entschuldigte mich bei meiner Frau und erklärte ihr, was ich soeben erlebt hatte.

Damit begann für meine Frau und mich ein systematischer Abbau unserer Neuröschen und Neurosen. Das Resultat: Ein völlig neues Lebensgefühl, mehr Erfolg mit weniger Aufwand, und die Überzeugung, wirklich vorwärts zu kommen.

Woher stammt die Timeline-Methode?

„Walking the Time Line" ist als therapeutische Technik bereits seit den 70er Jahren bekannt, und zwar durch die beiden Pioniere des Neurolinguistischen Programmierens (NLP), Richard Bandler und John Grinder. Im NLP geht man tatsächlich körperlich über eine gedachte Zeitlinie, und dazu braucht es natürlich einen großen Raum.

In den 80er Jahren entdeckte der Hypnotherapeut Tad James, dass die bloße Vorstellung der Zeitachse genügt, um eine therapeutische Wirkung zu erzielen. „Zufälligerweise" kam er darauf, dass bei einer bestimmten Position über der Zeitachse die zu einem Ereignis gehörenden negativen Emotionen völlig verschwunden waren. Seine Erfahrungen fasste er 1988, zusammen mit seinem Trainer-Kollegen Wyatt Woodsmall, im Buch „Time Line Therapy and the Basis of Personality" zusammen. Kurz-Urteil: Ein chaotisches Buch, eine sehr taugliche Methode!

Als ich später jedoch Menschen traf, die von Tad James zu „Master Timeline Therapists" ausgebildet worden und immer noch voller Blockaden waren, wusste ich, dass da etwas fehlte: Bei James setzt man sich nicht mit dem Inhalt des Geschehenen auseinander, sondern lediglich mit der Struktur. Das ist an sich typisch für einen großen Teil der NLP-Gemeinde, die sich eher der verhaltenstherapeutischen Schule zugehörig fühlt. „Mensch falsch programmiert, eben mal Finger schnippen und umprogrammieren," lautet bei vielen die Devise.

Das mag zwar in einigen Fällen reibungslos funktionieren; bei tieferliegenden Problemen scheint es sich jedoch bloß um einen ausgeklügelten Verdrängungs-Mechanismus zu handeln.

Also fing ich an, die Methode von Tad James mit Techniken der Tiefen-Psychologie, der Regressions-Therapie und des Psychodramas zu kombinieren. Die Resultate waren in sehr vielen Fällen verblüffend. Und nachdem ich begonnen hatte, diese Werkzeuge an Seminaren zu lehren, schrieben mir selbst Psychiater und erfahrene Psychotherapeuten, dass sie mit Hilfe dieser Methode Blockaden bearbeiten könnten, an denen sie sich vorher monate- oder gar jahrelang die Zähne ausgebissen hatten.

Und so funktioniert's!

Nehmen wir als konkretes Beispiel unseren Patienten Hans. Als sein größtes Problem sieht er die Tatsache, dass er sich oftmals schuldig fühlt für Dinge, die er gar nicht selbst verursacht hat. Wir bitten ihn, die Augen zu schließen und ganz intensiv an so eine Situation zu denken, wo er sich schuldig gefühlt hat.

Hans gelingt es offensichtlich besser, sich in die Situation einzufühlen, wenn er uns ein wenig von so einer Situation erzählen kann:

„Letzte Woche war wieder so ein Fall bei uns im Geschäft. Eine Sekretärin hatte die falsche Ware bestellt, dadurch gerieten wir mit unserer Lieferung in Verzug. Der Kunde rief mich an, um zu fragen, was los sei, und anstatt eine saubere Reklamationsbehandlung hinzulegen, begann ich zu stottern und mich zu rechtfertigen, so dass der Kunde zur Überzeugung kommen musste, dass ich es war, der die Sache verbockt hatte. Am Ende des Tages rief mich mein Chef zu sich

und fragte, was denn los sei, und daraufhin hatte ich drei schlaflose Nächte. Auf der einen Seite fühlte ich mich schuldig, auf der anderen Seite war ich wütend auf alle, von denen ich das Gefühl hatte, dass sie mir die Schuld in die Schuhe schoben. Am wütendsten war ich auf mich selbst, weil ich mich wieder in so eine Situation hinein manövriert hatte.“

Hans scheint sichtlich erregt. Wir fragen ihn: „Wo spürst du dieses negative Gefühl im Körper?“
„Ganz stark im Hals“, sagt Hans.
„Und wie stark auf einer Skala von 1 bis 10, wenn 10 sehr stark wäre und 1 ganz schwach noch wahrnehmbar?“
„Etwa 8“, sagt Hans.

Wir notieren das auf einem Notizblock.

„Spürst du's sonst noch irgendwo im Körper?“ fragen wir weiter.
„Ja“, gibt Hans zur Antwort. „Es ist so ein Druck in der Brust, Stärke 6, und es zieht runter zum Solarplexus, dort ist es etwa eine 4.“
Auch das notieren wir. „Sonst noch irgendwo im Körper?“
„Ja, alles ist so angespannt.“
„Meinst du die Muskeln?“
„Ja, die Muskeln am ganzen Körper, etwa eine 3.“
„Sonst noch irgendwo?“
„Nein, das ist alles.“

Durch das Schließen der Augen und die Konzentration auf seinen Körper ist Hans in der Zwischenzeit in einer leichten Trance, gerade richtig, um Hypermnesie zu produzieren, das heißt, sich an Dinge zu erinnern, die er längst vergessen geglaubt hat.
Wir stellen ihm die Standard-Frage: „Das allererste Ereignis, das mit diesem Gefühl im Körper zusammenhängt, finden wir das vor, während oder nach deiner Geburt? Was war der erste Gedanke, grad als ich's gesagt hab'.“
„Der erste Gedanke war nach der Geburt,“ sagt Hans ohne zu Zögern und scheint selbst erstaunt zu sein über seine spontane Antwort.
„In welchem Alter? Was war der erste Gedanke?“
„Der erste Gedanke war mit drei Jahren.“

Hans hat immer noch das Gefühl, dass er seine Antworten erfindet. Was aber jetzt kommt, überzeugt ihn vollends, und er wird seiner ersten Eingebung fortan vertrauen.

„Du bekommst auf drei ein Bild von einer Situation, wo du drei Jahre alt warst. Eins, zwei, drei. Ein Bild, ein Gefühl ein Gedanke ist da. Was siehst du?"

Zu seinem Erstaunen fällt Hans eine Szene im Alter von drei Jahren ein, wo seine Mutter ihn bestraft hatte für etwas, was eigentlich sein

älterer Bruder getan hatte. Er erzählt uns, wie sein Bruder die Hühnereier fallen ließ, die er im Auftrag der Mutter vom Bauern gekauft hatte. Aus Furcht vor der Reaktion der Mutter hatte der Bruder fluchtartig das Haus verlassen. Hans jedoch wollte die Sauerei aufwischen, und just in dem Moment kam seine Mutter zurück und packte ihn an den Ohren. Hans konnte noch so beteuern, er sei es nicht gewesen, es nützte alles nichts. Hans bricht in lautes Schluchzen aus, als er uns das erzählt.

„So was Blödes," sagt er zwischen zwei Schluchzern, „dass ich als erwachsener Mann darüber weinen muss. Das ist doch längst vorbei."

Doch wir ermuntern ihn dazu, alles rauszulassen, was nicht mehr benötigt wird. Er soll noch einmal die Gefühle leben können, die er sich damals nicht erlaubt hat. Weil wir sicher sein wollen, dass er alles rauslässt, lassen wir ihn laut sagen: „Mama, du hast mir so fest weh getan!"

Hans sträubt sich zuerst gegen den Satz. Er befürchtet einen erneuten Weinkrampf. Wir bestehen darauf, dass er den Satz sagt, und die tiefe Trauer über dieses Missverständnis bricht erneut aus ihm heraus.

Nachdem Hans sich ausgeweint hat, fragen wir: „Gibt es noch etwas, was wir uns anschauen sollten zu dieser Szene, oder können wir die Symptome jetzt loswerden?"

Hans sagt, das ist alles, was wir wissen müssen, und wir sagen zu ihm: „Stell' dir vor, du gehst aus dem dreijährigen Körper heraus, ganz hoch hinauf. Stell dir vor, du schwebst tausend Meter über dem Geschehen, bist eine halbe Stunde vor dem Ereignis mit drei Jahren und blickst in Richtung Gegenwart:

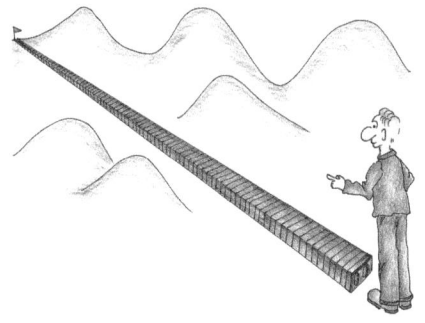

Vor der Sitzung haben wir Hans gesagt, er solle sich vorstellen, dass alles, was er je erlebt hat, auf einer Zeitachse aufgereiht sei.

„Du meinst, wie eine Ansammlung von Video-Filmen, wo alle wichtigen Ereignisse in meinem Leben festgehalten sind?"

„Genau so. Aber jetzt gehst du im Geist tausend Meter über diese Zeitachse, eine halbe Stunde vor dieses schlimme Ereignis und blickst

*in Richtung Gegenwart. Bei der Gegenwart hast du eine Flagge ein-
gesteckt in deiner Lieblingsfarbe."*

*„Also, hoch hinauf," bestätigt Hans, „und in Richtung der roten Flag-
ge blicken?"*

*„Genau. Und jetzt stellst du fest, dass die Symptome in deinem Kör-
per mit jedem tiefen Atemzug mehr und mehr zurück gehen, bis sie in
etwa 40 Sekunden vollständig verschwunden sind."*

„Stimmt," nickt Hans, „es wird viel besser."

„Gut so. Lass' dir ruhig Zeit, bis sämtliche Symptome auf null sind."

*Hans scheint ganz ruhig zu werden. Seine Gesichtshaut hat etwas
mehr Farbe bekommen, und auf seinen Lippen liegt ein Lächeln.
„Jetzt ist gut," sagt er nach einer Weile. Wir fragen nochmals jedes
Symptom ab, und alles ist auf null.*

*„Dann gehen wir testen," schlagen wir vor. „Auf drei bist du noch-
mals in der Situation, wo deine Mutter dich bestraft hat für etwas,
was du gar nicht getan hast. Eins, zwei, drei. Versuche mit allen Mitteln, deinen Körper zum Reagieren zu bringen."*

*Hans lacht: „Ich sehe jetzt, wie meine Mutter mich lobt, weil ich die
Sauerei aufwischen will."*

*„Das ist zwar schön, aber wir wollen ja hier nicht bloß Positivdenke-
rei betreiben. Ich möchte, dass du dir wirklich nochmals die negative
Szene in allen Einzelheiten vorstellst. Tue so, wie ein Mensch, der mir
beweisen möchte, dass meine Techniken nicht funktionieren."*

Nach einer Weile intensiven Bemühens sagt Hans: „Ich stelle es mir vor, aber der Körper bleibt neutral. Ich kann machen, was ich will, er reagiert nicht mehr."

„Wie denkst du denn jetzt über deine Mutter und diese Situation?"

„Na ja, ist halt ziemlich typisch für sie. Sowas ist auch später noch oft passiert."

„Dann möchte ich mal mit deiner Mutter reden. Wie heißt sie mit Vornamen?"

„Martha."

„Gut, spiele bitte mal Martha. Ich sage zu Martha: He Martha, was soll denn das? Der Junge kriegt nicht mal eine Chance, zu erklären, was passiert ist? Was würde Martha sagen, wenn sie reden könnte?"

Kurze Zwischenbemerkung: Hier handelt es sich um eine Technik, die ich später „kathartisches Rollenspiel" nannte, um sie vom „systemischen Rollenspiel" abzugrenzen. Mehr dazu in einem späteren Kapitel.

Hans fällt es offensichtlich leicht, in die Rolle seiner Mutter zu schlüpfen. Er sagt in forschem Ton: „Halt' dich da raus, das geht dich nichts an!"

„Und ob mich das etwas angeht, Martha! Hans liegt hier vor mir als erwachsener Mensch und schleppt immer noch dieses Problem mit sich herum, das du ihm aufgebürdet hast, als er drei Jahre alt war."

„Ach was!" sagt Hans, immer noch seine Mutter spielend. „Eine Ohrfeige am rechten Ort hat noch niemandem geschadet!"

„Am rechten Ort vielleicht schon, Martha. Aber das war der falsche Ort. Hans wollte nur gutmachen, was sein Bruder verbockt hatte."

Hans in unwirschem Ton: „Wie soll ich denn das wissen?"

„Hättest ihn ja fragen können."

„Was verlangt ihr eigentlich alles von mir? Mein Mann ist nie zu Hause, und wenn er's mal ist, schläft er nur, weil er so erschöpft ist. Alles bleibt an mir hängen!"

„Und ist das ein Grund, es dir und deinen Lieben noch schwerer zu machen durch ungerechte Bestrafung?"

Hans beginnt die Tränen seiner Mutter zu weinen: „Ich wollte doch das alles nicht. Es wird mir einfach zu viel. Ich möchte nur noch schlafen und nie wieder aufwachen..."

„Hans," sagen wir, „wenn du deine Mutter so reden hörst, kommst du dir stärker vor oder schwächer als sie?"

„Wenn ich jetzt höre, wie überfordert sie im Grunde ist, dann fühle ich mich wesentlich stärker."

„Und wie ist das auf dieser Welt, hilft da der Schwächere dem Stärkeren oder der Stärkere dem Schwächeren?"

„Natürlich der Stärkere dem Schwächeren."

„Was könnten wir denn tun, um dieser armen schwachen Frau zu helfen?"

„Wir könnten ihr ein wenig Liebe schicken", sagt Hans.

„Ja, und ich zeige dir auch, wie das geht. Stell' dir einfach vor, du könntest deine Mutter mit Licht füllen. Geht das?"

„Ja, sie wird heller."

„Gut, füll' deine Mutter so lange mit Licht, bis sie glänzt und strahlt. Und sage bitte laut zu ihr: Mama, ich achte dein Schicksal. Ich respektiere deinen Weg."

Hans tut, wie ihm geheißen. Wir lassen ihn ein wenig nachspüren, was diese Sätze bei ihm bewirken, dann fragen wir nach: „Wie fühlt sich das an für dich?"

„Gut," sagt Hans mit einem erleichterten Seufzer.

„Gut, dann gehen wir in die Original-Situation und wollen die auch noch testen. Sieh' dich nochmals in deinem Geschäft, und du stellst dir so intensiv wie nur möglich vor, wie der reklamierende Kunde anruft. Versuche mit allen Mitteln, deinen Körper zu einer negativen Reaktion zu bringen."

„Jetzt stelle ich mir vor, wie ich dem Kunden ganz sachlich alles erkläre," sagt Hans.

„Du stellst dir also vor, wie es in Zukunft laufen wird. Das nennt man Future Pace, und das ist okay. Wir aber wollen die negative Situation nochmals testen. Stell' dir vor, wie du stotterst und dich rechtfertigst und versuche, deinen Körper zum Reagieren zu bringen."

Nach einer Weile intensiven Bemühens sagt Hans: „Ich stelle es mir vor, aber der Körper bleibt neutral. Ich kann machen, was ich will, er reagiert nicht mehr."

„Hervorragend, Hans, das hast du sehr gut gemacht. In einem Augenblick werde ich bis zehn zählen, dann werden wir eine kleine Pause einlegen. Du wirst deine Augen öffnen und so weit wach sein, wie es

nötig ist, um eine kleine Pause einzulegen. Sobald du dich wieder hin-
legst mit der Absicht weiterzuarbeiten, wirst du ganz rasch in genau
diesem Zustand sein, der nötig ist, damit du mit dieser Sitzung genau
das erreichst, was du erreichen willst."

„Was wäre denn," fragt Hans in der Pause, „wenn die Symptome beim
Testen wieder gekommen wären?"

„Gute Frage. Dann hätten wir weiter zurückgehen müssen."

„Aber," bohrt Hans nach, „irgendwo ist doch Schluss. Ich kann mich
doch nicht erinnern an Ereignisse, die in meinem ersten Lebensjahr
stattgefunden haben."

„Doch Hans, in dieser leichten Trance kannst du dich erinnern. Und
du wirst erstaunt sein, dass auch Bilder, Gefühle und Gedanken auf-
tauchen, die aus der Zeit stammen, wo du noch im Mutterleib warst.
Sogar Geschichten aus früheren Generationen und früheren Leben
wirst du mir erzählen."

„Heißt das, ich habe tatsächlich früher schon mal gelebt?" will Hans
wissen.

„Das weiß keiner, Hans. Und mir ist es eigentlich egal, ob die Ge-
schichten stimmen, die du mir erzählst. Für mich stimmen sie, weil sie
deiner inneren Wirklichkeit entsprechen und Bestandteil deines See-
lenlebens sind. Ich nehme all deine Geschichten ernst und arbeite mit
ihnen so, dass du in deinem Seelenleben mehr Frieden findest. Bist du
mit dieser Arbeitsweise einverstanden?"

Hans nickt, und wir zeigen ihm, wie er sich das vorstellen soll:

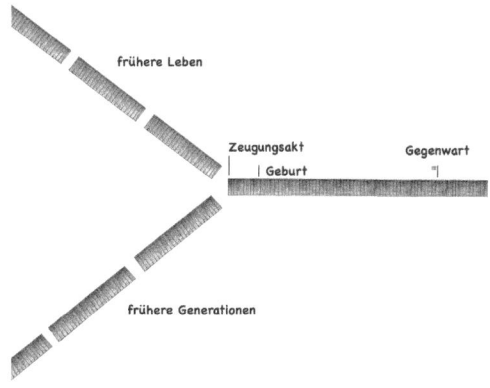

„Dann würde ich also, wenn ich tausend Meter über der Zeitachse schwebe und drei Leben zurück bin, insgesamt vier Zeitachsen vor mir sehen?" fragt Hans.

„Genau so ist es. Du blickst über drei Lebensachsen hinweg auf die vierte Achse, die von deinem heutigen Leben."

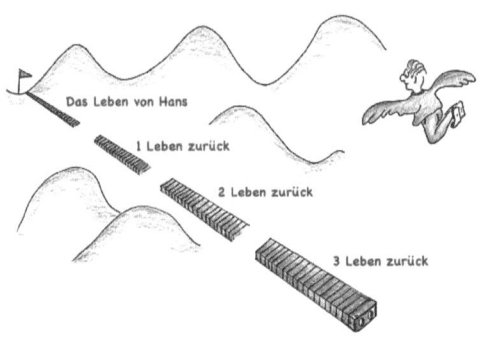

„Ja," sagt Hans, „das kann ich mir vorstellen."

Hans ist jetzt bereit, sein nächstes Problem zu bearbeiten. Er hat das Gefühl, finanziell auf keinen grünen Zweig zu kommen, obwohl er sehr gut ist in seinem Beruf und einen unermüdlichen Einsatz zeigt. „Ich habe das Gefühl," sagt er, „etwas in mir drin sabotiert den Erfolg."

„Gut, Hans, dann denke bitte mal an dieses Problem. Wälze mal einfach ein wenig deine finanziellen Probleme und beobachte, wie dein Körper reagiert. Wo spürst du das in deinem Körper?"

Hans zählt die Art und Stärke der Symptome auf, wie er es bereits gewohnt ist.

„Nun geh' über deine Zeitachse und picke das Video mit dem allerersten Ereignis heraus, das mit diesen Symptomen zu tun hat."

Hans hat das Gefühl, dieses Ereignis liege in seinem fünften Lebens-
jahr, und er erzählt uns, dass sein Vater immer über die „reichen
Schweine" geflucht habe.
„Und wie hast du das empfunden?" wollen wir wissen.

„Papa tat mir leid," sagt Hans. „Schuld daran waren die Reichen, die
den Armen immer alle Arbeit wegnahmen."
„Und hast du da beschlossen, dass du nie so ein reiches Schwein sein
willst?"
„So siehts aus, ja."
„Nun, dass du kein Schwein sein willst, finde ich gut. Wie siehts aber
aus mit dem Reichsein? Fehlt dir nicht ein wenig Geld, um all die
wunderbaren Dinge anzupacken, die du gerne anpacken möchtest?"
„Ja, ich würde so gerne meiner Familie etwas mehr Luxus bieten
können," gibt Hans zu.
„Aber du befürchtest, dass du ein Schwein wirst, sobald du wohlha-
bend bist?"
„Ja, so ist es."
„Ist denn die Befürchtung berechtigt? Glaubst du, dass du ein
Schwein wirst, wenn du reich bist? Sind alle reichen Menschen
Schweine?"
„Die meisten, die ich kenne, ja."
„Du sagst, die meisten. Das heißt also nicht alle?"
„Nein, es gibt ein paar wenige, die sehr verantwortungsvoll umgehen

mit dem Geld, und die wunderbare Dinge bewirken damit.“
*„Wenn du so auf dein Leben zurück blickst, was ist wohl wahrschein-
licher, dass du ein Schwein wirst oder ein verantwortungsbewusster
Reicher?“*
„Das Zweite.“
*„Gut, dann können wir jetzt über die Zeitachse gehen und die Sym-
ptome abhängen.“*

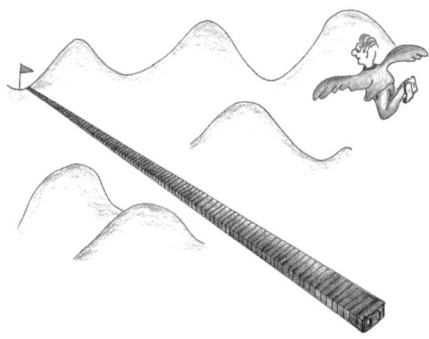

*Nach etwa einer Minute sagt Hans: „Die Symptome sind etwas zu-
rück gegangen, aber nicht ganz weg.“*
*„Dann muss es ein Ereignis geben, das weiter zurück liegt. Finden wir
das vor, während oder nach deiner Geburt. Was war der erste Ge-
danke?“*
„Der erste Gedanke war vor der Geburt.“
„Schwangerschaft oder weiter zurück? Erster Gedanke?“
„Weiter zurück.“
„Früheres Leben oder frühere Generation? Erster Gedanke?“
„Frühere Generation.“
„Wie viele Generationen zurück? Die erste Zahl, die dir einfällt?“
„Drei.“
„Ist das ein Mann oder eine Frau?“
*„Mann,“ sagt Hans und ist erstaunt, wie die Antworten nur so aus
ihm heraussprudeln. Nach der Sitzung wird diese Spontaneität, die
der Hypnotherapeut Hypermnesie nennt, für ihn der einzige Hinweis
darauf sein, dass er in einer hypnotischen Trance war.*
„Mütterlicher- oder väterlicherseits?“ wollen wir wissen.
„Väterlicherseits.“

„Gut, du bekommst auf drei ein Bild aus dem Leben eines deiner Urgroßväter väterlicherseits. Eins, zwei, drei. Ein Bild, ein Gefühl, ein Gedanke aus dem Leben deines Urgroßvaters väterlicherseits. Wie alt ist dein Urgroßvater in dieser Szene?"

„Er ist etwa sieben Jahre alt und sitzt in der Schule." Hans wird mir später erzählen, wie sehr er sich gewundert hat, dass ihm so eine Geschichte einfällt. „Es ist," wird er sagen, „als ob du nicht anders kannst, als diese Geschichten zu erzählen, und gleichzeitig beobachtest du dich selbst und schüttelst den Kopf über das, was du da gerade zu erfinden scheinst."

„Wie fühlt sich dein Urgroßvater in dieser Szene?" wollen wir wissen.
„Schlecht."
„Wieso schlecht? Woran liegt das?"
„Weiß nicht."
„Auf drei weißt du's. Eins, zwei, drei. Warum fühlt er sich schlecht?"
„Der Lehrer schimpft über ihn."
„Müssen wir wissen, worum es geht?"
„Ja, er sagt ‚Ihr Reichen habt immer das Gefühl, etwas Besseres zu sein'."
„Heißt das, dein Urgroßvater ist reich?"
„Scheint so. Die haben ein großes Bauerngut. Sein Vater ist mächtig

und angesehen."

„Und der Lehrer kritisiert das?"

„Er hackt die ganze Zeit auf meinem Urgroßvater herum, gibt ihm sogar schlechtere Noten als er verdient hätte."

„Müssen wir, um weitere wichtige Ereignisse aus dem Leben deines Urgroßvaters zu erfahren, von dort aus in die Zukunft spulen oder in die Vergangenheit? Was war der erste Gedanke?"

„Vergangenheit."

„Okay, wir spulen in die Vergangenheit. Eins, zwei, drei. Wie alt ist dein Urgroßvater jetzt?"

„Noch gar nicht geboren."

„Heißt das, er liegt noch im Mutterleib?"

„Ja."

„Und wie fühlt er sich?"

„Er hat Angst."

„Ist das die Angst seiner Mutter oder seine eigene?"

„Die seiner Mutter."

„Wovor hat sie denn Angst?"

„Dass sie es nicht schaffen."

„Dass sie was nicht schaffen?"

„Ihn durchzufüttern."

„Heißt das, die sind da noch gar nicht reich?"

„Scheint so. Die machen sich auf jeden Fall große Sorgen. Er ist das achte Kind, und die Zeiten sind schlecht."

„Kann es sein, dass das der Moment ist, wo dein Urgroßvater diesen negativen Glaubenssatz, dass Geld etwas Schlechtes sein soll, in eure Familie gebracht hat?"

„Ja, das kann sein."

„Kannst du erkennen, dass es nicht das Geld ist, was schlecht ist, sondern der Mangel an Geld?"

„Immer wenn's ums Geld geht, gibt's Probleme!"

„Nochmals: Kannst du erkennen, dass es nicht das Geld ist, was schlecht ist, sondern der Mangel an Geld?"

„Aber später haben die ja Geld. Und dann wird man nur gefoppt."

„Ah, ich muss offenbar noch mit dem Lehrer deines Urgroßvaters reden. Spiele bitte mal den Lehrer für mich. Wie wollen wir den Lehrer nennen?"

„Herr Schmidhauser."

„Und wie soll er mit Vornamen heißen?"

„Fritz."

„Also Fritz, dann möchte ich dich mal fragen, ob dich eigentlich ein Bus gestreift hat, als du diesen Jungen wegen seines Reichtums dermaßen fertig gemacht hast. Was würde Fritz Schmidhauser sagen, wenn er reden könnte?"

„Du hast mich nicht zu duzen!" Hans scheint sich wieder hervorragend in diese fremde Rolle einfühlen zu können.

„Fritz, weiche mir nicht aus. Ich duze dich, wann es mir passt. Und ich frage dich nochmals: Was bist du für ein hirnverbrannter Lehrer, der einen Jungen foppt, nur weil seine Eltern wohlhabend sind?"

„Die meinen immer, sie seien etwas Besseres!"

„Wer die?"

„Die Reichen."

„Woran hast du bei diesem Jungen konkret gemerkt, dass er sich für etwas Besseres hält?"

„Er kommt immer so geschniegelt daher."

„Du meinst, gut angezogen?"

„Ja."

„Würdest du es denn begrüßen, wenn er in Lumpen daherkäme?"

„Nein natürlich nicht. Aber auch nicht so geschniegelt."

„Was heißt denn für dich geschniegelt?"

„Na, halt immer neue Sachen."

„Und das ist ein Verbrechen?"

„Ein Verbrechen nicht, aber..."

„Aber?"

Hans in der Rolle des Lehrers scheint ein Argument zu suchen.

„Aber?" fragen wir eindringlicher nach.

„Nichts."

„Das ist also das einzige, was du diesem Jungen vorwirfst? Dass er immer neue Kleider anhat? Dass seine Mutter die alten Kleider an die Armen verteilen und damit ein gutes Werk vollbringen könnte, dieser Gedanke ist dir nie gekommen?"

„Nein."

„Fritz, hast du eigentlich auch Kinder?"

„Ja."

„Und würdest du denen auch neue Kleider kaufen, wenn du etwas mehr Geld hättest?"

Hans beginnt zu weinen. Es scheint ihm leicht zu fallen, weil er sich hinter der Rolle von Fritz verstecken kann. Er weint ja nicht selbst, sondern spielt „nur" einen weinenden Fritz.
„Wünschst du dir auch, etwas mehr Geld zu haben, um deiner Familie mehr Luxus zu gönnen?"
„Ja."
„Und glaubst du, du kannst das jemals erreichen, wenn du die Reichen so ungerecht behandelst?"
Hans weint immer noch bitterlich.
„Fritz, kannst du einsehen, dass das falsch war?"
„Ja."
„Und kannst du dich bei dem Jungen entschuldigen?"
„Es tut mir leid. Ich habe dich nur beneidet. Ich wäre auch gerne etwas wohlhabender gewesen."
„Kann der Urgroßvater diese Entschuldigung annehmen?"
„Ja."
„Sind der Urgroßvater und sein Lehrer bereits gefüllt mit Licht oder müssen wir sie noch füllen?"
„Wir müssen sie noch füllen."
„Gut, fülle sie mit Licht. Können sie sich in die Arme nehmen und sagen, es ist alles gut, so wie es ist?"
Hans nickt erleichtert.

„Gut, dann stell' dir vor, Hans, du bist im Fötus deines Urgroßvaters kurz vor der Geburt, zu dem Zeitpunkt, wo zum ersten Mal in eurer Familie das Geld zum Problem wurde. Geh' raus aus dem Körper, hoch über die Zeitachse, und blicke über drei Generationen-Achsen auf deine eigene Zeit-

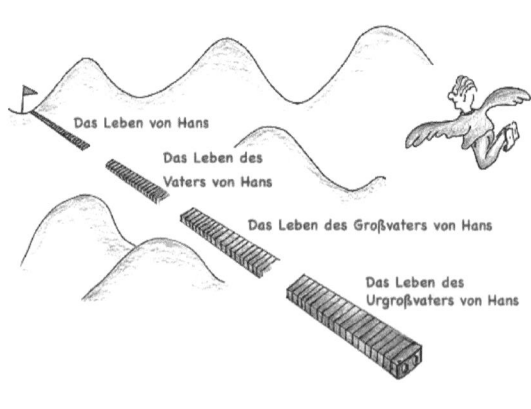

Das Leben von Hans

Das Leben des Vaters von Hans

Das Leben des Großvaters von Hans

Das Leben des Urgroßvaters von Hans

achse, bis die restlichen Symptome in deinem Körper vollständig ver-
schwunden sind."

Nachdem Hans bestätigt, dass sich sein Körper vollständig gut und
entspannt anfühlt, wollen wir wieder testen gehen. Wir gehen in ver-
schiedene negative Situationen im Leben seines Urgroßvaters, die mit
Geld zusammenhängen. Zum Schluss wollen wir wissen, wie Hans
jetzt über sein Geld-Problem denkt.
„Ich habe keines mehr," sagt er. „Es ist nur eine Frage der Zeit, bis ich
wohlhabend bin."

Wir wollen auf Nummer Sicher gehen und lassen Hans den folgenden
Satz sagen: „Ich habe es verdient, wohlhabend und glücklich zu sein."
Wenn sein Unterbewusstsein diesen Satz nicht glauben kann, wird der
Körper rebellieren. Der Körper von Hans bleibt jedoch völlig neutral,
und Hans beteuert, dass der Satz für ihn stimmt. Ein weiteres Pro-
blem scheint gelöst zu sein, und wir werden schon bald die Bestäti-
gung von Hans bekommen, dass es beruflich bergauf geht und er gute
zwanzig Prozent mehr verdient als früher.

Die Zukunftsachse

Nachdem wir mit Hans systematisch seine ganze Vergangenheit nach
diesem Verfahren abgearbeitet haben, beschäftigen wir uns noch ein
wenig mit seiner Zukunft.

„Stell' dir vor," sagen wir, „du gehst in die andere Richtung deiner
Zeitachse, nämlich in Richtung Zukunft. Gibt es Dinge in der Zu-
kunft, die dir Sorgen machen?"
„Ja," sagt Hans, „da gibt es einiges."
„Siehst du," erklären wir ihm, „Sorgen können nur entstehen, wenn
du Ereignisse in deine Zukunftsachse legst, die dort nichts verloren
haben. Wollen wir die mal aus der Zukunftsachse rauswerfen?"
„Wenn das ginge, das wäre schön."

„Gut. Stell' dir vor, ich zähle bis drei, und auf drei fallen alle negati-
ven Ereignisse aus der Zukunftsachse heraus. Sie lösen sich einfach
auf im Universum, oder sie fallen in einen Fluss, der sie weg-
schwemmt."
„Das mit dem Fluss gefällt mir besser," sagt Hans.

„Gut. Eins, zwei, drei. Sämtliche Ereignisse, die nicht in deine Zu-
kunftsachse gehören, sind herausgefallen und haben sich aufgelöst.“
„Gibt es Dinge, die du gerne in deiner Zukunftsachse hättest, aber
noch nicht so klar erkennen kannst?“
„Ja, da gibt es einiges.“
„Gut, fange mit dem wichtigsten Ereignis an. Mache dir ein schönes
Bild davon, packe alles mit rein, was dazugehört. Gehe dann zu dem
Punkt über deiner Zukunftsachse, wo das Ereignis hingehört, und
lege es hinein.“

„Lade dieses Ereignis auf mit Energie, indem du dir vorstellst, dass
das Licht der Sonne durch dich hindurch auf das Video mit diesem
positiven Zukunfts-Ereignis fließt. Lade es so lange auf mit Energie,

bis es richtig glänzt und strahlt und du hundertprozentig überzeugt bist, dass dieses Ereignis oder etwas noch Besseres in deiner Zukunft eingetroffen ist."

Hans scheint die Übung sichtlich zu gefallen.
„Und auf die gleiche Weise kannst du jetzt deine gesamte Zukunfts-achse einrichten. Ich lasse dir ein wenig Zeit dazu."

Ja, und Ihnen, liebe Leserin und lieber Leser, lasse ich jetzt ein wenig Zeit, das Gelesene zu verdauen. Probieren Sie doch einmal aus, was Sie mit Hilfe dieser Techniken selbst erreichen können. Sollten Sie etwas nicht selbst bearbeiten können, übernehmen die Coaches auf dieser Liste (soulrafting.org) gerne die Reiseleitung durch Ihre Seelen-landschaft. Und sie kennen mindestens zehn zusätzliche Techniken, um auch hartnäckigere Fälle zu lösen.

So weit meine altbewährte Anleitung zum Thema Timeline-Thera-pie. Auf *hpz-insider-club.org* gibt es dazu ein anschauliches Video.
Sie haben jetzt auch schon das katharische Rollenspiel in der Pra-xis erlebt. Zu diesem sensationellen Tool erfahren Sie gleich noch mehr...

Dem Klienten die Leviten lesen

Das ist natürlich ein Witz. Nicht dem Klienten lesen wir ab und zu die Leviten, sondern einer bestimmten Figur in dessen Leben, die ihn verletzt oder enttäuscht hat. Beispiel gefällig? Kommt sofort. Lassen Sie mich vorher noch ein paar wichtige Informationen loswerden.

Der Begriff „kathartisches Rollenspiel" ist meine eigene Wortkreation. Der Einzige außer mir, der dieses Wort auch verwendet hat, aber nur ein einziges Mal, ist der amerikanische Krimiautor Jonathan Kellermann. Keine Ahnung, woher er den Ausdruck hat. Ich wollte Ihnen das nur gesagt haben, nicht dass Sie denken, dass das eine offizielle Bezeichnung sei. Vermutlich muss ich zuerst sterben, und dann erst werde ich als der Erfinder des kathartischen Rollenspiels in die Geschichte eingehen dürfen.

Das kathartische Rollenspiel ist überall da nötig, wo es um das Verzeihen geht. In der Regel wird das Ereignis zuerst mittels Timeline-Therapie abgekoppelt und das Rollenspiel im Anschluss durchgeführt. Es gibt jedoch auch Fälle, wo Timeline nicht funktioniert, bevor nicht ein Rollenspiel stattgefunden hat. Der Therapeut muss sich hier von seiner Intuition leiten lassen.

Das kathartische Rollenspiel hat zwei sensationelle Effekte:

1. Dadurch, dass dem „Missetäter" die Leviten gelesen werden, wird Rapport geschaffen, im Sinne von „endlich sagt's dem Dreckspatz mal einer!"

2. Dadurch, dass der Klient in die Rolle des Missetäters schlüpfen und sich verteidigen muss, werden all seine Ressourcen geweckt, die ihm später das Verzeihen ermöglichen.

Kein anderes Therapie-Instrument zeigt so sensationelle Erfolge, gerade auch bei Missbrauch und anderen kriminellen Handlungen.

Hier folgt das Transkript einer Sitzung, die sich genau so zugetragen hat, und über deren Resultat ich selbst immer noch staune.

Die Klientin, nennen wir sie Karla, wollte einem fremden Mann nicht verzeihen, der sie mit vier Jahren belästigt hatte. Wir fanden ein Ereignis in einem früheren Leben, erkundeten es, soweit die Klientin es wollte, und spulten dann zum Tod vor und gingen hinauf ins Licht (eine Alternative zur klassischen Arbeit mit der Zeitachse).

Therapeut: Gut, und während du dich mit Licht füllen lässt, erscheint dir auf drei dieser Mann, der dich im jetzigen Leben belästigt hat. Eins. zwei... drei... dieser Mann steht da. Ist er schon gefüllt mit Licht oder müssen wir ihn noch füllen?

Klientin: Wir müssen ihn noch füllen.

T: Gut, kannst du ihn bitte füllen mit Licht?

K: (Scheint es zu versuchen) Ich kann den nicht füllen!

T: Richtig, ich muss mit ihm noch ein Hühnchen rupfen. Stell' dir vor, ich könnte ihn etwas fragen, und er würde mir durch dich antworten. Wie wollen wir ihn übrigens nennen?

K: Otto.

T: Gut. (Vorwurfsvoll) Otto, bist du eigentlich noch bei Trost? Ein vierjähriges Mädchen! Spinnst denn du oder was? Was würde Otto mir antworten?

K: Es ist wegen meiner Alten.

T: Was ist mit deiner Alten?

K: Sie will nicht mehr.

T: Was will sie nicht mehr?

K: Sie will keinen Sex mehr.

T: (laut und verächtlich) Und das ist für dich Grund genug, dich an einem vierjährigen Mädchen zu vergreifen?

(Hier gibt es zwei verschiedene Fälle: 1. Der Typ ist sofort einsichtig und entschuldigt sich. 2. Der Typ ist uneinsichtig und stur)

Fall 1 (einsichtiger Täter)

K: (schweigt. Der Körper zeigt jedoch, dass sich etwas verändert)

T: Siehst du ein, wie falsch das war?

K: (weint und nickt)

T: Kannst du Karla sagen, dass es dir leid tut?

K: Ja. Es tut mir leid.

T: Und, Karla, kannst du seine Entschuldigung annehmen?

K: Ja.

T: Ist es dir jetzt möglich, Otto mit Licht zu füllen?

K: Ja.

T: Gut, füll ihn mit Licht und nehmt euch dann in die Arme (etc.)

Fall 2 (uneinsichtiger Täter)

K: Ich habe ein Recht auf Sex.

T: Aber sicher nicht mit einem vierjährigen Mädchen!

K: Die sollen sich nicht so anstellen. Die haben alles, was es braucht dazu.

T: Weißt du was, Otto, du bist ein krankes Schwein. Leute wie du widern mich an. Ich mag mich nicht mehr mit dir abgeben. Karla, was hältst du von so einem Menschen?

K: Ein armes Schwein.

T: Kommst du dir schwächer oder stärker vor als er?

K: Jetzt stärker.

T: Und wie ist das auf dieser Welt: Hilft der Schwächere dem Stärkeren oder der Stärkere dem Schwächeren?

K: Der Stärkere dem Schwächeren.

T: Was könntest du also tun, um diesem armen schwachen Menschen zu helfen?

K: Ich könnte ihm etwas Licht schicken. (etc.)

Ich bin mir ziemlich sicher, dass Sie ungläubig den Kopf schütteln und sagen: „So einfach kann das doch nicht sein!" Das verstehe ich. Ich versichere Ihnen jedoch, dass es so einfach ist.

Baldwin und die Seelenbefreiung

Ab 1996 besuchte ich jedes Jahr die Tagung des „American Board of Hypnotherapy" in Irvine/Kalifornien, und obschon einige Seminare dort von der esoterisch-allesgläubigen Sorte waren und man sich in der angegliederten Ausstellung leicht eine Räucherstäbchen-Vergiftung holen konnte, war doch immer etwas Solides dabei, was meine Werkzeugkiste um ein wertvolles Tool erweiterte.

Im Februar 1997 hatte ich bereits Dutzende Erfolge als Therapeut hinter mir, aber auch ein paar totale Misserfolge. Da gab es Klienten, bei denen die Timeline-Therapie nicht so funktionierte, wie sie sollte. Die Symptome wurden über der Zeitachse nicht schwächer, sondern stärker. Sie verlagerten sich ständig, das heißt, ein Symptom ging weg, dafür tauchte ein neues auf, das vorher nicht da gewesen war. Kurz und gut: Es ging bei etwa jedem zehnten Klienten nicht so zu wie bei anderen Pfarrerstöchtern, und mir blieb nichts anderes übrig, als diese armen Menschen unverrichteter Dinge nach Hause zu schicken.

Das ließ mir natürlich keine Ruhe, und ich war fest entschlossen, für diese resistenten Fälle ein alternatives therapeutisches Werkzeug zu finden. Ich fand es in Form der „Spirit Releasement Therapy" bei Bill Baldwin.

Baldwin war jahrelang Zahnarzt gewesen und hatte die Hypnose angewandt, um bei seinen Patienten Anästhesie ohne Chemikalien zu produzieren. Aber öfter, als ihm lieb war, rutschten seine Patienten in eine spontane Regression und begannen, von traumatischen Ereignissen in ihrer Vergangenheit zu erzählen. Baldwin versuchte dann, die derart retraumatisierten Patienten mit klassischen Suggestionen zu beruhigen, bis er sie aus der Praxis entlassen konnte. Aber es war ihm sehr unwohl dabei, und so begann er, sich in Tiefenpsychologie weiterzubilden. Als ich ihn 1997 kennenlernte, hatte er außer seinem D.D.S. (Doctor of Dental Surgery), einem Grad, den man in Amerika nach Abschluss des Zahnmedizin-Studiums geschenkt bekommt, auch noch einen Ph.D. in Psychologie erworben und war schon seit mehreren Jahren erfolgreich als Hypnotherapeut und Trainer unterwegs.

Es folgen zwei Sitzungs-Transkripte, die Ihnen die beiden möglichen Formen der Seelenbefreiungs-Therapie näherbringen sollen: Die fremde Seele und die dunkle Energie.
Vorher muss ich jedoch dringend auf etwas Wichtiges hinweisen:

Gewisse aufdeckende Techniken aus meinem Werkzeugkasten, und dazu gehört vor allem auch die folgende Technik, mögen dem Studenten der Hypnotherapie auf den ersten Blick sehr irrational vorkommen. Doch sollten wir bedenken, dass ja auch die Probleme unserer Klienten irrational sind. Wie sinnvoll ist dann die Forderung nach rationalen Therapie-Methoden?
Ich bitte, diese Techniken nicht als „Esoterik-Spinnerei" abzutun, sondern als Teil der Verpflichtung zu sehen, mit dem subjektiven Erleben des Klienten zu arbeiten und ihn damit zu heilen.

Und noch etwas, falls Sie den Film „Der Exorzist" oder Ihre Vergangenheit als katholischer Messdiener noch immer nicht verarbeitet haben sollten: Die Seelenbefreiungs-Therapie erinnert den einen oder anderen möglicherweise an katholische Exorzismus-Riten. Sie unterscheidet sich jedoch in mehreren Teilen wesentlich davon. Im katholischen Exorzismus wird unter Anrufung aller möglichen Heiligen und Scheinheiligen die „dunkle Energie" mit Gewalt vertrieben. Der Hass auf die dunkle Energie bleibt bestehen, und sie kann auch weiterhin ihr Unwesen treiben. Der gläubige Klient hat daher auch weiterhin berechtigte Angst vor solchen zerstörerischen Energien.
Ich möchte aber zu bedenken geben, dass die archetypische Gestalt des Lucifer (lateinisch: Lichtträger) in der Bibel als gefallener Engel beschrieben wird. In einem wohlwollenden Universum mit einem liebenden Gott gibt es keinen Grund anzunehmen, dass Lucifer nicht erkennen sollte, wo er her kommt, und zurück ins Licht geht.
Die Natur macht es uns vor: Wir sitzen in einem dunklen Zimmer, draußen ist es hell, wir ziehen die Vorhänge auf: Geht die Dunkel-

heit hinaus? Nein, das Licht kommt herein und löst die Dunkelheit auf. Ist es drinnen hell und draußen dunkel, frisst die Dunkelheit von draußen das Licht im Inneren des Zimmers nicht auf. Im Gegenteil: Das Licht erhellt das Dunkel draußen. Mit anderen Worten: Licht ist immer stärker als Dunkelheit. Dunkelheit ist nur Abwesenheit von Licht.

Zur Frage, ob man sich vor fremden Energien schützen muss, sage ich: Nein, es gibt nichts, wovor wir uns schützen müssten. Es sei denn, wir selbst sind dunkel und fürchten das Licht. Aber dann sollten wir uns gefälligst nicht Hypnotherapeuten nennen!

Ob es sich bei diesen „Seelen" oder „Energien" um objektive oder subjektive Realität handelt, muss einem seriösen Therapeuten letztendlich egal sein, denn wenn der Klient eine objektive Realitätswahrnehmung hätte, bräuchte er die Hilfe des Therapeuten nicht.

Beispiel 1 „fremde Seele"

(Nachdem die Arbeit mit TimeLine sich als sehr schwierig heraus gestellt hat. Die Symptome gehen nicht weg, werden manchmal stärker, verlagern sich ständig etc.)

Therapeut: Gibt es einen Teil in dir drin, der nicht will, dass es dir gut geht? Was war der erste Gedanke, grad als ich das gefragt habe?

Klientin: (verwundert) Der erste Gedanke war „ja".

T: Und wenn dieser Teil irgendwo in deinem Körper säße, wo wäre das?

K: Im Bauch.

T: Angenommen, dieser Teil hätte eine Form und eine Farbe, welche Form und welche Farbe hätte er?

K: Rund.

T: Etwas Rundes. Und die Farbe?

K: Dunkelgrün.

T: Etwas Rundes, Dunkelgrünes. Gut. Was ich jetzt frage, mag etwas seltsam klingen. Schau' einfach, was kommt.
(An den Bauch der Klientin gerichtet)
Ich frage dieses Runde, Dunkelgrüne in Marias (Name der Klientin) Bauch: Hast du mal einen eigenen Körper gehabt?

K: (verwundert) Ja.

T: Wie sollen wir dich nennen? Wie hast du geheißen, als du noch einen eigenen Körper hattest?

K: Ich weiß nicht.

T: Nenn' mir einfach einen Namen.

K: Ich hatte noch keinen.

T: Heißt das, du warst noch gar nicht geboren?

K: Ich bin bei der Geburt gestorben.

T: Wie hättest du denn heißen sollen, wenn du gelebt hättest?

K: Stefan.

T: Stefan, du weißt aber, dass du hier nicht bleiben kannst, oder? Du machst Maria das Leben sehr schwer.

K: Das wusste ich nicht. Mir geht's gut hier.

T: Aber ich nehme an, du möchtest wieder mal einen eigenen Körper haben. Ist das richtig?

K: Ja.

T: Darf ich dir zeigen, wo es eigene Körper gibt? Schau mal nach oben. Kannst du das Licht sehen?

K: Ja.

T: Gut. Dort gibt's eigene Körper. Geh' bitte nach oben ins Licht. Immer weiter nach oben. Lass' dich dort empfangen und umarmen und füllen mit Licht.
(Sobald deutliche Erleichterung sichtbar ist)
Und bevor du dich ganz von Maria verabschiedest, möchte ich, dass du – als kleine Wiedergutmachung – nochmals zurück blickst auf Marias Körper und mir sagst, ob es da noch andere dunkle oder fremde Stellen gibt, die nicht zu ihr gehören.

Beispiel 2 „dunkle Energie"

(Nachdem die Arbeit mit TimeLine sich als sehr schwierig heraus gestellt hat. Die Symptome gehen nicht weg, werden manchmal stärker, verlagern sich ständig etc.)

T: Gibt es einen Teil in dir drin, der nicht will, dass es dir gut geht? Was war der erste Gedanke, grad als ich das gefragt habe?

K: (verwundert) Der erste Gedanke war „ja".

T: Und wenn dieser Teil irgendwo in deinem Körper säße, wo wäre das?

K: Im Bauch.

T: Angenommen, dieser Teil hätte eine Form und eine Farbe, welche Form und welche Farbe hätte er?

K: Rund.

T: Etwas Rundes. Und die Farbe?

K: Schwarz.

T: Etwas Rundes, Schwarzes. Gut. Was ich jetzt frage, mag etwas seltsam klingen. Schau' einfach, was kommt.
(An den Bauch der Klientin gerichtet)
Ich frage dieses Runde, Schwarze in Marias (Name der Klientin) Bauch: Hast du mal einen eigenen Körper gehabt?

K: Nein.

T: Und was ist deine Aufgabe in Marias Körper?

K: Bremsen.

T: Du sollst sie bremsen. Wer hat dir diesen Auftrag erteilt?

(Hier können verschiedene Antworten kommen. Manchmal wird klar eine dunkle Energie angegeben, manchmal aber auch „ich selbst" oder sogar „Gott". Hier ist es wichtig, dass für den Therapeuten klar ist, es handelt sich um eine dunkle Energie, und die muss dazu gebracht werden, dass sie freiwillig ins Licht geht)

K: Der liebe Gott.

T: (bestimmt) Das ist nicht möglich. Gott hat noch nie den Auftrag erteilt zu bremsen. Wer hat dir den Auftrag erteilt?
(ohne die Antwort abzuwarten)
Du brauchst es mir nicht zu sagen. Ich weiß genau, wer es war.
Andere Frage: Leistest du gute Arbeit?

K: Ja.

T: Und hat man dir nicht versprochen, dass man dich belohnt, wenn du gute Arbeit leistest?

K: Ja.

T: Ist aber nicht passiert. Sieht mir nach einem lausigen Job aus, was du da hast, und nach einem lausigen Chef. Soll ich dir zeigen, wo's die besseren Jobs gibt?
(ohne die Antwort abzuwarten, da sonst nur unnötige Diskussionen entstehen)
Schau' mal nach oben. Kannst du das Licht sehen?
(Nun die dunkle Energie wie gehabt ins Licht führen. Manchmal äußert die Energie Zweifel, ob das richtig ist. Dann bietet man an, dass sie „probehalber" ins Licht gehen könne.
Manchmal gibt es Macht-Diskussionen. Dann wird ein Reframe durchgeführt, indem man erklärt, dass Licht immer stärker ist als Dunkelheit.)

Ein Jahr später war ich erneut bei Baldwin an einem Seminar, und ich dachte nach zehn Minuten: „Jetzt ist er völlig durchgeknallt." Baldwin erzählte etwas von „Besetzung durch Außerirdische" und brachte uns bei, wie man damit als Therapeut umgehen soll. Warum ich nicht davongelaufen bin, weiß ich nicht. Vermutlich habe ich unbewusst gespürt, dass es Klienten geben wird, für die auch so etwas subjektive Realität ist. Zwei Wochen später spielte sich in meiner Praxis Folgendes ab:

Beispiel 3 „Außerirdische"

(Der Klient, der seit der Kindheit unter Migräne leidet, gibt an, das erste Ereignis liege im Alter von drei Jahren.)

T: Auf drei bekommst du ein Bild, ein Gefühl, einen Gedanken mit drei Jahren. Eins, zwei, drei. Was siehst du?

K: Ich liege im Bett.

T: Du liegst im Bett. Ist jemand bei dir?

K: Ich weiß nicht genau.

T: Schau dich um. Ist sonst noch jemand da?

K: Es ist dunkel.

T: Auf drei machen wir es hell. Eins, zwei, drei. Es ist hell. Was siehst du?

K: Sehen tue ich nichts, aber ich spüre, dass jemand da ist.

T: Wer ist es? Was ist der erste Gedanke?

K: (lacht, weil er sich schämt, es zu sagen) Kleine Männchen.

T: Außerirdische? Du kannst es ruhig sagen, denn das kommt durchaus vor. Sind es Außerirdische?

K: (Erleichtert, weil man ihn ernst nimmt) Es scheint so.

T: Hast du dich irgendwann intensiv mit Außerirdischen befasst?

K: Überhaupt nicht. Ich habe das immer als Spinnerei abgetan. Ich bin selber überrascht, was ich da erzähle.

T: Das ist schon okay. Gibt es bei diesen Außerirdischen einen Chef, einen Anführer?

K: Ja.

T: Wie heißt er? Nenn' mir bitte einen Namen, damit ich ihn ansprechen kann.

K: Zernor.

T: Gut, darf ich bitte mal mit Zernor sprechen?

K: Ja.

T: Zernor, gehe ich richtig in der Annahme, dass ihr Daten über uns Menschen sammelt?

K: Ja, das ist richtig.

T: Und habt Ihr meinem Klienten irgendwelche Sonden angelegt oder eingepflanzt zu diesem Zweck?

K: Ich weiß nicht, ob ich darüber reden darf.

T: Ach so, du bist nicht der oberste Boss? Darf ich bitte mal mit deinem Chef sprechen? Wie heißt er?

K: Armok.

T: Okay, ich spreche mit Armok. Zernor hat von dir den Auftrag gefasst, Daten über uns Menschen zu sammeln. Wusstest du, dass diese Daten wertlos sind?

K: Wertlos? Wieso denn das?

T: Mein Klient hat Migräne bekommen von euren Sonden. Das heißt, ihr sammelt Daten von einem untypischen, einem kranken Menschen. Das ist wissenschaftlicher Schrott. Diese Daten könnt ihr wegschmeißen.

K: Das wusste ich nicht.

T: Jetzt weißt du's. Darf ich dich bitten, Zernor den Auftrag zu geben, dass er diese Sonden entfernt? Könnt ihr bitte alles entfernen und den Auftrag abbrechen?

K: Wie sollen wir denn jetzt zu unseren Daten kommen?

T: Das weiß ich auch nicht. Ihr seid sicher technisch weiter als wir und werdet einen Weg finden. Ich kann mal schauen, ob mein Klient bereit wäre, euch Daten zu liefern. Aber nur unter der Bedingung, dass ihr ihm helft, gesund zu bleiben. Einverstanden?
Klient, wärst du bereit, mit Zernor und seiner Crew zusammen zu arbeiten, sofern sie dir helfen, gesund zu bleiben?

K: Ja, klar. Mich würde sowieso interessieren, warum die gerade mich ausgewählt haben.

T: Ich gehe davon aus, dass du ein besonders intelligentes Exemplar bist. Oder Zernor, sehe ich das richtig?

K: Da musst du Armok fragen.

T: Armok? Sehe ich das richtig?

K: Es ist nicht nur die Intelligenz.

T: *(nutzt die Chance, den Klienten, der unter mangelnder Selbstsicherheit leidet, zu stärken)*
Ja, ist mir schon klar. Ihr habt auf jeden Fall eine gute Wahl getroffen. Das ist ein ganz besonderes Exemplar unserer Spezies.
Sagt ihr mir bitte, wenn ihr so weit seid und alle Sonden entfernt habt?

K: *(nach einer Weile, erleichtert) Jetzt ist alles weg.*

T: *Hervorragend. Ich danke Armok und Zernor und ihrem Team für die Mitarbeit.*

Zu dieser Episode gibt es zwei wichtige Dinge zu sagen:

1. Ich habe so etwas in zwanzig Jahren nur ein einziges Mal erlebt, was mit meiner Einstellung zu diesem Thema zu tun haben mag. Ich glaube, dass jeder Therapeut diejenigen Kunden anzieht, die am besten zu ihm passen und die ihm auch unbewusst sein Weltbild bestätigen. Bedeutet das jetzt, dass Außerirdische nicht zu meinem Weltbild passen?
   Die Antwort lautet „nein". Ich halte es da mit Jodie Foster im Film „Contact": „Wenn wir die Einzigen sind in diesem riesigen Universum mit Abermilliarden von Sternen, was für eine Platzverschwendung!" Aber bis jetzt habe ich selber keinen Kontakt zu Außerirdischen gehabt, und diejenigen, die behaupten, sie hätten welchen gehabt, waren entweder leichtgläubige Esoterik-Freaks oder standen zur Zeit der Sichtung unter Drogen. Wer LSD oder Meskalin konsumiert, der wird auch behaupten, es gebe in seiner Stadt kilometerlange Straßenbahnen, und wer im peruanischen Dschungel an einem schamanischen Ayahuasca-Ritual teilnimmt, der sieht Indianerstämme aus früheren Jahrhunderten und meinetwegen auch Außerirdische aus Parallelwelten.
   Interessanterweise glauben gerade solche Menschen oft an die Verschwörungstheorie, die besagt, die Amerikaner seien nicht auf dem Mond gewesen. Aber ihre Außerirdischen, die sind schon total bewandert in Sachen Zeitreisen, denn anders

als mit einer Überlistung der Zeit wäre es nach meinem Wissensstand gar nicht möglich, die intergalaktischen Distanzen zu überwinden.

2. Ein traditioneller Psychotherapeut mag mir entgegenhalten, obiger Klient hätte hypomanische Züge gehabt, und das will ich nicht einmal abstreiten. Aber die Frage muss erlaubt sein: Welcher Therapeut ist wohl der Bessere? Derjenige, der gelernt hat, ja nicht auf das „Wahngeschehen" seines Patienten zu reagieren und ihm dadurch zu zeigen, dass er „verrückt" ist? Oder derjenige, der mit dem subjektiven Erleben des Patienten arbeitet und es so zu verändern vermag, dass wieder ein weitgehend normales Leben möglich ist?
Außerdem, und das vergessen wir leider oft in unserer christlich abgebrühten Welt, kommuniziert mindestens die Hälfte der westlichen, sogenannt „zivilisierten" Welt mit Wesen, die noch nie jemand gesehen hat. Was ist also so schlimm an dem Gedanken, dass „Außerirdische" meinem Klienten helfen, gesund zu bleiben?

Mein Tipp, falls Sie Therapeut sind: Behalten Sie diese Technik im Hinterkopf; wer weiß, wann sie Ihnen einmal gelegen kommt.

Die beiden anderen Techniken, „fremde Seele" und „dunkle Energie" haben mir schon oft gute Dienste geleistet und mir erlaubt, Klienten zu helfen, die von anderen Therapeuten aufgegeben worden waren.

Einsichten in Berlin

Im Jahr 1999, meine Frau und ich waren gerade von unserem ersten längeren Kalifornien-Aufenthalt zurückgekehrt und hatten im schweizerischen Städtchen Zug Fuß gefasst, stieß ich auf der Suche nach einer Lösung meiner Quecksilber-Symptome auf den deutschen Arzt Dietrich Klinghardt, der zwischen Seattle/Washington und Stuttgart pendelte und sich mit einer Sonderform der Kinesiologie einen Namen gemacht hatte.

Mit Klinghardt als Mensch ging es mir ein bisschen ähnlich wie mit Tad James und später Bert Hellinger: Ich hatte große Mühe mit der Art und Weise, wie er mit seinen Seminarteilnehmern umging. Bei einem zweitägigen Seminar auf Schloss Elmau war das Erste, was Klinghardt verkündete, der Wunsch, man möge ihn in der Pause in Ruhe lassen. Und als am ersten Abend die ach so freizügigen Klinghardt-Jünger aus der Sauna kamen und nackt in den Hotelpool sprangen, da wusste ich, dass ich es in diesem Verein nicht lange aushalten würde.

Dennoch sagte mir meine innere Stimme, dass an der Klinghardt-Technik etwas dran sei, und ich wollte so rasch wie möglich bei einem seiner vernünftigeren Studenten die Schulbank drücken. Bei einer Ärztin in Berlin-Marzahn wurde ich fündig. Sie organisierte Seminare mit einem Heilpraktiker aus Norddeutschland, der einen guten Ruf hatte, und bei dem ich mich auch sofort wohlfühlte. Das Seminar konnte ich außerdem gut verbinden mit einem Praktikum bei einer Psychiaterin in Berlin-Lichtenberg, die bei mir ihre Hypnose-Ausbildung absolviert hatte.

So lernte ich also im Jahr 1999 die erste Stufe, damals Neural-Kinesiologie genannt, und ein Jahr später folgte ein zweites psychiatrisches Praktikum, das ich mit einem Kurs in Psycho-Kinesiologie verbinden konnte. Von diesen Techniken ist in meinem Werkzeugkasten nicht viel hängengeblieben, mit einer wichtigen Ausnahme. Die Farbbrillen, kombiniert mit den Augenbewegungen aus dem

EMDR (Eye Movement Desensitization and Reprocessing), die Klinghardt damals als Monotherapie betrieb, sind bei mir immer noch wichtige „Knacker" von Therapie-Resistenz. Wenn also die Timeline-Therapie bei einem Klienten nicht funktioniert, und wenn keine Indikation für Seelenbefreiungs-Therapie gegeben ist, dann frage ich mein Pendel, ob Farbbrillen benötigt werden. Ich habe zu diesem Zweck immer ein neunteiliges Therapiebrillen-Set dabei, wie man es im Internet von mehreren Quellen beziehen kann.

Die Frage, warum die Therapie mit Farbbrillen funktioniert, ist neurologisch nicht geklärt. Die seit Jahrtausenden bekannte Wirkung der Farben auf das Endokrinum und die Psyche, sowie die „Eye Access Cues" im NLP lassen lediglich darüber spekulieren, dass durch bestimmte Augenbewegungen und Farben dem Gehirn ein Zugang zu „verschütteten" Inhalten ermöglicht wird.

Und so setze ich diese Brillen ein:

1. Mittels eines Testverfahrens (Kinesiologie, Ideomotorik, RAC, Pendel, Tensor) ermittle ich, ob eine Therapiebrille benötigt wird.

2. Auf die gleiche Art wird ermittelt, welche Farbe gebraucht wird.

3. Als nächstes folgt die Ermittlung der Bewegungsachse. (siehe Skizze)

4. Der Klient wird gebeten, die Augen in dieser Richtung zu bewegen, bis man ihm neue Anweisungen gibt. Die Frequenz liegt bei ca. 0,5 bis 1 Hin-und-Zurück-Bewegungen pro Sekunde, kann aber auch mittels Testverfahren ermittelt werden.

5. Der Klient wird angewiesen, frei zu assoziieren. Wenn er länger nichts sagt, kann der Therapeut mittels Testverfahren Informationen aus dem Gefühlsmandala weitergeben, das zum „Lehrbuch der Psycho-Kinesiologie" von Klinghardt mitgeliefert wird, und das man notfalls in leicht abgewandelter Form gratis im Internet beziehen kann.

6. Mittels Testverfahren wird ständig kontrolliert, ob die Farbe und die Bewegungsachse noch richtig sind, respektive ob die Brillen-Therapie abgeschlossen ist.

Ich merke gerade, dass es nicht so einfach ist, diese Resistenz-Technik so zu vermitteln, dass man sie korrekt anwenden kann. Wahrscheinlich werde ich nicht darum herumkommen, ein Video mit einem praktischen Beispiel zu produzieren. Und wenn Sie nicht darauf warten wollen, dann absolvieren Sie eben bei mir eine Hypnose-Ausbildung; ich garantiere Ihnen, dass Sie noch vieles lernen werden, über das wir hier in diesem Buch nicht gesprochen haben. Sie würden sich ja sicher auch nicht von einem Chirurgen operieren lassen, der sein Wissen nur aus Büchern bezogen hat, oder?

Meine Aufenthalte in Berlin haben auch dafür gesorgt, dass ich unter psychiatrischer Supervision mit etlichen schweren Psychotikern arbeiten und so die Grenzen der Hypnosetherapie ausloten konnte. Außerdem wurde dadurch der Grundstein für mein bewährtes Online-Studium „Psycho-Pathologie" gelegt, das selbst unter Fachkräften einen hervorragenden Ruf genießt und dafür bekannt ist, dass es, im Vergleich zu den meisten Ausbildungen zum Heilpraktiker Psychotherapie, an Anschaulichkeit und Praxisbezogenheit kaum zu überbieten ist.

Doch bei meinem zweiten Aufenthalt im Jahr 2000 hatte Berlin eine weitere Offenbarung für mich auf Lager: Die Ärztin aus Marzahn hatte am Vorabend des Kinesiologie-Seminars zu einem Schnupperabend in Familienstellen geladen. Ein weiterer Meilenstein auf meinem Lebensweg war gepflanzt...

Die systemische Offenbarung

An die Details des systemischen Schnupperabends kann ich mich nicht mehr erinnern, nur an mein Staunen darüber, dass wildfremde Menschen als Stellvertreter aufgestellt werden konnten und diese anscheinend in kürzester Zeit in eine Art „Informations-Feld" rutschten, das ihnen erlaubte, tiefe Einblicke in die Familienverhältnisse des aufstellenden Teilnehmers zu erhalten. Über die Theorie der morphogenetischen Felder des britischen Zellbiologen Rupert Sheldrake hatte ich schon gelesen; hier hatte ich den lebendigen Beweis dafür, dass es so etwas geben *muss*.

Die Methode, so verriet man uns, sei vom Ex-Missionar Bert Hellinger entwickelt worden, und der sei weltweit vor Tausenden Therapeuten als Lehrer unterwegs. Ein Guru also, dachte ich, und ließ mein Skeptiker-Hirn eingeschaltet. Als ich alle Hellinger-Bücher eingehend studiert hatte, wollte ich sehen, wie dieser Mann praktisch arbeitet. Ich ließ mir all seine Lehrvideos schicken und war in einigen Fällen schockiert über die Art und Weise, wie Hellinger mit seinen Klienten umging. Auch wie er seine Guru-Position kräftigte, indem er oft keine Fragen zuließ mit der Begründung, das „Lösungsbild" würde dadurch nur zerstört, irritierte mich. Als ich ihm dann auch noch persönlich begegnete, an einem Klinghardt-Kongress in Stuttgart, da stieß mich seine Energie total ab. Ich bin sonst ein umgänglicher und offener Mensch, aber dieser Typ war mir zutiefst zuwider, und ich wollte nur noch weg. Später erfuhr ich, dass es vielen anderen auch so erging. Für die Hellinger-Jünger ist man mit dieser Haltung natürlich untendurch und lediglich ein „Abtrünniger", der einfach zu dumm ist, um die Genialität des Meisters zu erkennen. Solches Verhalten riecht für mich sehr nach einem Kult, und ich habe auf meiner Homepage einen gut recherchierten, kritischen Artikel zu Hellinger veröffentlicht.

Gleichzeitig wusste ich jedoch, dass Hellinger ein paar grundlegende Erkenntnisse populär gemacht hatte, die man als lernwilliger

Therapeut nicht einfach übersehen durfte. Einige dieser Erkenntnisse kamen mir am Anfang sehr patriarchalisch vor, zum Beispiel die Behauptung, dass die Wurzeln eines Menschen in der männlichen Linie zu suchen seien, aber heute sage ich zu meinen Klienten: „Ihr müsst mir nichts glauben. Probiert es aus, und wenn es Euch Kraft gibt, ist offenbar etwas dran."

Nur mit Aussagen Hellingers wie „der Junge muss zum Vater, sonst wird er homosexuell" kann ich immer noch nichts anfangen.

Anders verhält es sich mit Hellingers Begriff der „Anmaßung". Von Anmaßung sprechen wir dann, wenn ein erwachsenes Kind sich sozusagen über die Eltern stellt, sich stärker sieht als die Eltern und deren Lasten tragen will, weil es denkt, dass die Eltern das nicht können. Das habe ich lange nicht begriffen, wohl vor allem deshalb, weil ich selbst jahrelang in der Anmaßung lebte. Ich hatte im Jahr 1995 den Kontakt zu meinen Eltern abgebrochen. Mir war einfach klar, dass es da gegenseitig seltsame Erwartungshaltungen gab, und dass irgend etwas mir nicht gut tat. Ich bat meine Eltern, meinen Wunsch nach Distanz ohne Groll zu akzeptieren; ich brauchte einfach ein wenig Zeit, um ein paar Dinge innerlich in Ordnung zu bringen. Aus diesem „bisschen Zeit" wurden zwölf Jahre, in denen ich mich rückwirkend gesehen emanzipierte und richtig erwachsen wurde. Materiell gesehen wurden es die erfolgreichsten Jahre meines Lebens. Als ich mich später mit Astrologie zu befassen begann, erfuhr ich, dass ich mit meiner Wassermann-Sonne der geborene Sippen-Flüchtling bin. Und seither sind mir immer wieder Wassermann-Geborene oder Menschen, die sonst viel Wassermann-Energie haben, begegnet, die sich ihr halbes Leben lang gewundert hatten, warum sie in ihrer Herkunftsfamilie von Anfang die Außenseiterrolle einnehmen mussten. Ein berühmter amerikanischer Astrologe sagte einmal zu mir: „Wenn du dich so aufgeführt hättest, wie man das von einem braven Jungen in Ostermundigen erwartet, hätte dich das umgebracht. Nicht unbedingt physisch, aber auf jeden Fall psychisch." Dieser Satz, auch wenn er etwas krass formuliert war, hat mir unglaublich gut getan.

Neben der Wassermann-Energie besitze ich auch große Portionen Schütze-, Steinbock- und Widder-Kräfte. Die Schütze-Energie macht mich einerseits zum Weltbürger, der sich für fremde Kulturen interessiert und ständig seinen Horizont erweitern muss. Außerdem sagt man dem Schützen nach, er sei direkt, optimistisch, setze sich hohe Ziele, sei ein phantastischer Lehrer und interessiere sich für Philosophie, ja, er sei förmlich eine Sinnsuch-Maschine. Das kann ich alles bestätigen, aber leider haben mich ab und zu in meinem Leben auch die Schattenseiten dieses Sternzeichens gestreift: Ein leichter Hang zum (gerade noch legalen) Hochstapeln und zur Selbstüberschätzung, die der Psychologe wohl fachmännisch mit Hypomanie bezeichnen würde. Ich kann Sie beruhigen: Ich denke, mittlerweile hat die starke Steinbock-Saturn-Energie für etwas mehr Ruhe, Struktur und Disziplin gesorgt.

Damals, im Jahr 2000, dachte ich, was Hellinger kann, das kann ich auch. Ich lud die Marzahner Ärztin, die selbst auch noch keine Ahnung von systemischer Arbeit hatte, sondern bis dahin lediglich Beobachterin gewesen war, zu einem Erfahrungsaustausch mit meinen Therapeuten ein und ermunterte sie dazu, ein paar Familienaufstellungen zu moderieren. Es folgte ein weiteres Seminar, in dem die Ärztin wiederum mich bat, eine oder zwei Aufstellungen selbst zu leiten. Alle fanden das toll und waren der Meinung, dieses Instrument müsste dringend in unseren therapeutischen Werkzeugkasten aufgenommen werden.

Heute schäme ich mich für unser damaliges Tun, das man glaube ich nur mit „Gewurstel" bezeichnen kann. Jeder durfte ein bisschen moderieren, jeder durfte dreinreden, und wenn der Moderator nicht mehr weiterwusste, sagte er: „Zieht's eventuell jemanden ins System?" Dann begaben sich ein oder zwei Teilnehmer ins System und befriedigten dort ihre schauspielerischen Bedürfnisse. Grauenhaft. Würde ich heute in so ein Seminar geraten, dann würde ich am ersten Tag schon davonlaufen. Manchmal, wenn ich jemanden treffe, der damals dabei war, entschuldige ich mich dafür, höre dann aber erstaunlicherweise oft, dass die Aufstellung sehr hilfreich gewesen sei. Mag sein, dass ich etwas zu streng mit mir ins Gericht gehe (ich habe eben den strengen Saturn direkt auf meinem Aszendenten), und dass ich auch als blindes Huhn öfter mal ein Korn gefunden habe, aber ich wusste eben damals überhaupt nicht, was ich da genau tat und warum. Das änderte sich im Jahr 2006, als mir das Universum mit Hilfe eines Holzhammers Gelegenheit gab, mein systemisches Wissen auf solide Beine zu stellen.

Irgendwann im Jahr 2010 fiel mir auf, dass ich, wenn ich für einen Klienten nur zwei Stunden Zeit zur Verfügung hatte, immer wieder die gleichen systemischen Therapieschritte unternahm, und dass diese Schritte den Klienten unglaublich stark machten. Ich war bei meiner effizientesten Therapieform angelangt. Dann begann ich die Schritte zu analysieren, und erkannte, dass ich diese Abfolge so noch nirgendwo gelesen hatte: Die „sechs systemischen Checks für Hypnotherapeuten" waren geboren, und damit mein zweites therapeutisches Buch mit dem Titel „Ich achte dein Schicksal", das bei Amazon hervorragende Kritiken bekommen hat und mittlerweile auch ins Englische übersetzt worden ist. „How To Heal Your Inner Family" lautet der englische Titel.

Während die meisten systemischen Therapeuten von einem konkreten Konflikt ausgehen, um ihn mit Hilfe systemischer Techniken zu lösen, sind meine „sechs systemischen Checks" eine Art psychischer Frühjahrsputz, den man an jedem Klienten durchführen sollte. Ich führe diese Checks bei jedem Teilnehmer meines Grundlagen-Seminars durch und benötige dazu etwa neunzig Minuten, bei größeren Familien und schwereren Schicksalen etwas länger. Ich hoffe, Sie verzeihen mir, dass ich hier nicht das ganze Buch zitiere, sondern Ihnen lediglich eine kurze Zusammenfassung dieses wichtigen Tools liefere. Sie können auf meiner Homepage ein zweistündiges Gratis-Webinar buchen, das ich regelmäßig durchführe, und das Ihnen eine eingängige Zusammenfassung frei Haus liefert.

- Systemischer Check Nr. 1: Wie hat sich die Herkunftsfamilie entwickelt?
  Hier wird nichts therapiert, sondern lediglich der Ist-Zustand erfasst. Aber selbst dieser Schritt hat oft schon eine therapeutische Wirkung, weil der Klient zum Beispiel fühlen kann, wie die Eltern zueinander standen, wie sie mit einer Situation völlig überfordert waren, oder wie sie blind waren vor Trauer um ein totgeborenes Kind.

- Systemischer Check Nr. 2a: Die direkte männliche Vorfahren-Linie wird aufgestellt bis zum Urururgroßvater, und anschließend in Ordnung gebracht.
  Der Check ist dann erledigt, wenn die Energie von hinten nach vorne zum Klienten fließt, und wenn jeder nur sein eigenes Schicksal trägt. Das ist unglaublich stärkend, und diese männliche Energie hat schon oft bewirkt, dass die Klienten selbstsicherer wurden, mehr Orientierung spürten, Verantwortung für ihr Leben übernehmen und sich im Berufsleben besser durchsetzen konnten. Und natürlich bewirkt dieser Schritt bei Männern, dass sie „richtige" Männer werden und ihre Lebenspartnerin nicht mit ihrer Mutter verwechseln. Sie lachen, aber ich würde behaupten, dass das über den Daumen gepeilt etwa in der Hälfte der Partnerschaften der Fall ist.

- Systemischer Check Nr. 2b: Die direkte weibliche Linie wird aufgestellt und in gleicher Weise geordnet.
  Weibliche Energie hat sehr viel mit Hingabe an das Leben zu tun, mit „einfach sein dürfen", „das Leben feiern", „sich geborgen fühlen im Schoß der Mutter Erde", „Geschenke des Lebens annehmen dürfen". Und bei Frauen hat es natürlich viel damit zu tun, dass sie sich erlauben, ganz Frau zu sein.
  Für Männer und Frauen gilt: Man muss sich nicht für eine der Energieformen entscheiden. Beide, sowohl die männliche wie auch die weibliche, stehen im Überfluss zur Verfügung.

- Systemischer Check Nr. 3: Die Herkunftsfamilie wird in Ordnung gebracht.

Die Eltern regeln ihre Beziehung untereinander, eventuelle Oedipus- oder Elektra-Themen werden geklärt, allfällige Geschwister-Rivalitäten beseitigt. Jeder findet seinen Platz in der virtuellen Herkunftsfamilie, und das hat eine spürbare Auswirkung auf das Gefühl, seinen Platz in der Welt gefunden zu haben.

- Systemischer Check Nr. 4: Loslösung von der Herkunftsfamilie, Gehen des eigenen Weges, allfällige Gründung einer Wahlfamilie oder sogar mehrerer Wahlfamilien.
  Die Eltern müssen einsehen, dass sie für das erwachsene Kind nicht mehr verantwortlich sind. Das erwachsene Kind steht zu allem, was es bisher als Erwachsener getan hat, zu allen Beziehungen, Kindern, Abtreibungen, und übernimmt die volle Verantwortung dafür. Den Eltern wird gesagt, dass sie immer die Eltern bleiben werden und somit nichts zu befürchten haben („meine Partner nehmen euch nichts weg").

- Systemischer Check Nr. 5: Wie Check Nr. 1, nur diesmal mit der Wahlfamilie, falls vorhanden. Und bei überzeugten Singles lautet der Loslösungssatz ganz einfach: „Bitte schaut freundlich auf mich, wenn ich jetzt meinen eigenen Weg gehe!"

- Systemischer Check Nr. 6: Ordnung in der Wahlfamilie schaffen oder in den Wahlfamilien, falls mehrere gegründet wurden. Bei Patchwork-Familien wird zusätzlich die Lebensgemeinschaft geordnet. Sämtliche früheren Beziehungen werden so bearbeitet, dass man freundlich aufeinander schauen kann. Falls der Klient eigene Kinder hat, werden diese von fremden Lasten befreit. Scheidungskinder erfahren, dass ihre Mutter ihre Mutter und ihr Vater ihr Vater bleibt.

Ich muss sagen, ich bin sehr stolz auf die Entwicklung dieser Checks und bin sicher, dass ich dadurch mein früheres Gewurstel wiedergutgemacht habe. Wenn Sie mehr wissen wollen, lesen Sie bitte mein Buch „Ich achte dein Schicksal".

Was nur das Leben heilen kann

Ich habe es schon mehrfach angedeutet: Es gab in meinem Leben ein dunkles Kapitel, von dem ich glaube, dass es gleichzeitig eines der heilsamsten war. Es gibt Wunden, davon bin ich heute überzeugt, die kann keine Therapie der Welt heilen, sondern nur das Leben selbst.

Kurt Tepperwein, über den ich schon in einem früheren Kapitel berichtet habe, wurde im Jahr 2005 vom Amtsgericht Memmingen wegen Titelmissbrauchs zu einer Geldstrafe von 6000 Euro verurteilt. Bei Wikipedia steht:

> *Tepperwein wurde als Dozent der Clayton Universität, St. Louis, USA, und als Dozent der Berliner Friedensuniversität, Berlin, Deutschland, ausgewiesen. Die Clayton Universität ist jedoch als „Titelmühle" bekannt, die akademisch klingende Titel zum käuflichen Erwerb anbietet. Bei der Berliner Friedensuniversität handelte es sich um einen sporadisch veranstalteten Workshop der spirituellen und esoterischen Szene. Die Bezeichnung „Universität" wurde dabei missbräuchlich verwandt.*
>
> *Wegen Missbrauchs von Titeln, Berufsbezeichnungen und Abzeichen, strafbar nach § 132a StGB, wurde Tepperwein am 16. August 2005 vom Amtsgericht Memmingen zu einer Geldstrafe von 60 Tagessätzen zu je 100 Euro verurteilt (Strafbefehl über insgesamt 6000 Euro; Az: 2 Cs 23 Js 17488/04), weil er sich in Werbematerialien für ein Seminar mit „Prof. Dr. phil." bezeichnen ließ. Das Urteil ist seit dem 6. September 2005 rechtskräftig.*

Eigentlich hätte mich das hellhörig machen sollen, und eine erneute Prüfung meines „Doktorgrads" mit Hilfe eines auf dieses Thema spezialisierten Juristen wäre fällig gewesen. Aber folgende Faktoren brachten mich dazu anzunehmen, dass bei mir der Fall anders lag (was er übrigens auch tat):

1. Tepperwein war nicht etwa wegen der grundsätzlichen Verwendung des „Dr." verurteilt worden, sondern weil er aus einem amerikanischen „Ph.D." einen „Dr. phil." gezaubert hat-

te, was verboten ist, auch wenn es dasselbe bedeutet. Tepperwein und auch viele andere mit gekauften Titeln hatten immer wohlweislich verheimlicht, wo sie ihren Titel erworben hatten. Ich hatte von Anfang an offengelegt, dass ich einen D.C.H. vom „American Institute of Hypnotherapy" besitze. Man fand über dieses Institut noch immer nichts Negatives im Internet, und die Erziehungsdirektion des Staates Kalifornien führte es auch nach der Aufgabe der operativen Tätigkeit immer noch in der Liste der approbierten Bildungsstätten.

2. Es war juristisch gesehen in Ordnung, dass ich den Titel in der Firmenbezeichnung weiter führte. Und auch moralisch fühlte ich mich dazu berechtigt, denn immerhin hatte ich über 1000 Seiten mit wissenschaftlichen Arbeiten abgeliefert. Ich wusste allerdings auch, dass es mittlerweile Institute gab, die von Offshore-Staaten aus operierten und den Grad des D.C.H. für ein Butterbrot und ein paar lächerliche Alibi-Papers verschenkten. Hätte ich meine Papers veröffentlicht, dann hätte irgend ein Betrüger sie einfach kopieren können, und die betrügerischen Institute würden wohl den Teufel tun und solche Plagiate ahnden. Das waren meine Gedanken.

Neben der juristischen und der moralischen Seite gab es jedoch auch eine philosophische, und diesbezüglich verdiene ich gehörige Schelte: Wie konnte ich mit meiner wassermännischen Freiheitsliebe und angeborenen Rebellion gegen künstliche Autoritäten und verkrustete Relikte aus dem Mittelalter jemals auf die Idee kommen, mich einem akademischen System unterzuordnen? Wie kam ich dazu, unsere Zweiklassengesellschaft zu unterstützen, die „Gelehrte" von „Ungelehrten" unterscheidet? Wieso hatte ich es jemals nötig, mich mit einem „Dr." vom „gewöhnlichen Volk" unterscheiden zu wollen? Und sei es auch mit dem mir eigenen Understatement, denn ich hatte mich nie mit „Dr." vorgestellt oder mit „Dr. Zimmermann" unterschrieben. Man sah halt bloß auf meiner Visitenkarte den Firmennamen „Dr. Zimmermann & Partner" und konnte daraus seine Schlüsse ziehen.

All dies wischte ich im Jahr 2005 noch unter den Teppich, und ich übersah großzügig die allgemeine Tendenz in Deutschland, Titel genauer unter die Lupe zu nehmen... bis mich im Dezember 2007 fast der Schlag traf.

Ein Kunde leitete mir einen Forums-Eintrag weiter, in dem ich von einem anonymen Menschen aufs Schlimmste beschimpft wurde. Nicht nur mein Titel wurde angeprangert, sondern alle möglichen Behauptungen in die Welt gesetzt, die mich als Kriminellen darstellten. Aus dem Text war klar zu ersehen, dass dieser Mensch mich nicht persönlich kannte und wohl vor allem ein eigenes Problem auf mich projizierte. Möglicherweise steckte auch jemand dahinter, der mich als Konkurrenz empfand und neidisch war auf meinen materiellen Erfolg. An sich hätte ich das ignorieren müssen; in der Vergangenheit hatten schon zwei oder drei Foren-Beiträge über mich existiert, die ich als normal empfand für einen Menschen mit meinem Bekanntheitsgrad. Ein Anwalt, der mehrere Seminare bei mir besuchte, meinte sogar: „Wenn ich nichts Negatives über so einen profilierten Menschen wie dich gefunden hätte, hätte mich das stutzig gemacht. Was glaubst du, was die Bundeskanzlerin sich alles anhören müsste, wenn sie Ohren dafür hätte?"

Obwohl ich diesem Mann Recht geben muss, traf mich diese öffentliche Beschimpfung mehr als alles andere. Der Moderator des Forums blieb, das muss ich ihm zugestehen, obschon auch er durch Anonymität glänzte, recht anständig. Er löschte, nachdem der „Whistleblower" keine Belege für seine schlimmen Behauptungen geliefert hatte, alle erfundenen Schauermärchen, meinte aber, beim „American Institute of Hypnotherapy" handle es sich eindeutig um eine illegale Titelmühle. Woher er diese Information hatte, wollte er nicht sagen, und auch nicht, durch welche Qualifikation er sich zu diesem Urteil berechtigt fühlte, denn im Internet war nach wie vor nichts Anstößiges zu meiner „Alma Mater" zu finden, und all meine Kollegen von damals tragen noch heute in vielen Teilen der Welt ihre Titel. Hätte der Forums-Moderator mir zum Beispiel mitgeteilt, er sei international tätiger Anwalt mit Spezialgebiet

„akademische Grade", und hätte er mir die Belege für seine Behauptung geliefert, dass das AIH illegal operiert habe, dann hätte ich meinen Titel auf der Stelle niedergelegt. Stattdessen bat ich in einem Forumsbeitrag darum, dass man mich verklagen möge, damit diese Sache ein- für allemal gerichtlich geklärt würde. Die Forums-Mitglieder zogen es vor, weiter anonym zu bleiben, und ich hatte mit meiner ehrlichen Antwort unter meinem vollen Namen bewirkt, dass der Eintrag bei Google ganz weit vorne gelistet wurde, wenn man nach meinem Namen suchte. Das könnte man als Blödheit bezeichnen; ich glaube jedoch, es war mein Höheres Selbst, das mir diese Lektion richtig dick aufs Brot schmieren wollte. Doch davon später.

Für meine Kunden war das all die Jahre, in denen dieser Forumsbeitrag an prominenter Stelle zu sehen war, nie ein Problem, weil sie wussten, was sie an mir hatten. Aber mich traf vor allem meine Reaktion auf diese Episode wie ein Schlag. Mein Herz sagte mir, dass es hier um mehr ging als eine bloße Internet-Mobberei. Das hatte etwas mit Karma zu tun. Interessanterweise geschah es genau zu dem Zeitpunkt, wo der Pluto nach ungefähr dreizehn Jahren Aufenthalt im „wachstumsgläubigen" Zeichen Schütze in den strengen und geradlinigen Steinbock wechselte. Dann war Pluto eine Zeitlang rückläufig, ging also zurück in den Schützen, um Ende 2008 definitiv in den Steinbock zu wechseln, wo er bis 2023 bleiben wird.

Und Ende 2008 war auch die Zeit reif für den zweiten Reality-Check. Nachdem im Juli 2008 unser Yorkie gestorben war, der uns dreizehn Jahre lang durchs Leben begleitet hatte, lieferte das Schicksal mir Ende Jahr einen weiteren Grund, Tränen zu vergießen. Und das war so:

Der Dozent einer österreichischen Hochschule, der bei mir einige Seminare besucht hatte und auch mein Online-Seminar zum Thema „Internet-Marketing" absolviert hatte, war von Letzterem so begeistert, dass er mir folgenden Vorschlag unterbreitete: Er wollte seinen Studenten die Unterlagen und dieses Konzept zur Verfügung stellen als Musterbeispiel für modernes Online-Lernen, und als Ge-

genleistung würde sein Institut mein Seminar zertifizieren. Ich würde also meinen Studenten nach erfolgter Prüfung ein Zertifikat dieser Hochschule ausstellen dürfen. Mich wunderte natürlich schon ein wenig, dass ich da nicht vor einer Kommission antanzen musste zwecks offizieller Absegnung unseres Vertrags; andererseits wusste ich, dass dieser Dozent einige Narrenfreiheit besaß. So führte ich also zwei Studiengänge durch, bei denen ich mit dem Prädikat „zertifiziert durch die Hochschule XY" prahlen durfte. Ich war einmal mehr von der Akademiker-Sonne geblendet und sah mich schon in ferner Zukunft als Professor Emeritus mit stolzen neunzig Jahren das Zeitliche segnen.

Das Universum hatte etwas anderes vor, zum Glück!

Ende 2008 erschien im oben erwähnten Forum ein Beitrag, der diese Hochschule dafür kritisierte, dass sie mit „einem falschen Doktor" kooperiere. Der Dozent wurde vor die Hochschulleitung zitiert und bekam den Auftrag, den Vertrag sofort aufzulösen. Ich hielt dagegen, dass man doch ein anonymes Forum, das in Hongkong seinen Rechtssitz hatte, und dessen Domain irgendwo in der Karibik registriert war, nicht ernst nehmen müsse, und der Dozent sprach dem Whistleblower auch eine Einladung zu einem persönlichen Gespräch aus, die dieser aus naheliegenden Gründen nicht annahm. Mir wurde klar, dass es der Hochschule egal war, ob mein Titel rechtens sei oder nicht; ihr Dozent hatte einfach seine Kompetenzen überschritten, und wir beide mussten jetzt die Konsequenzen ziehen.

An dem Tag, als besagter Dozent fast panikartig zu mir in die Schweiz flog, um den Vertrag aufzulösen, sagte ich zu meiner Frau: „Jetzt reicht's. Dieser Titel hat mir mehr geschadet als genützt; ich lege ihn ab." Wir diskutierten noch kurz darüber, ob das nicht einem Schuld-Eingeständnis gleichkäme, doch mir war das mittlerweile egal; ich hatte meine Lektion gelernt, und gerade die Episode mit dieser Hochschule zeigte mir, wie unsinnig unser akademisches System ist. Wenn jemand von einem Staatsbeamten den richtigen Stempel unter seine Papiere bekommen hat, darf er sich fast alles erlauben, selbst dann, wenn er später im Leben völlig vertrottelt und verblödet. Das ist nun mal nicht meine Welt, und ich kam mir plötzlich vor wie eine billige Hure, die die Männer verflucht, obschon sie sich deren Welt unterwirft. Und wenn ein paar meiner Kunden ihre Seminarteilnahme deswegen stornierten, weil sie nicht mehr bei einem „Dr." lernen durften, sondern lediglich bei Hans-Peter Zimmermann, mir sollte es recht sein; für solche Menschen wollte ich ohnehin nicht da sein.

Interessanterweise war es ein einziges Ehepaar, das eine gebuchte Seminar-Serie sofort annullierte, und es kam zufälligerweise aus dem wohl immer noch titelgläubigen Österreich; alle anderen fanden es toll, dass ich nicht mehr das Gefühl hatte, mit einem Titel brillieren zu müssen. Da merkte ich: Die meisten Menschen waren *meinetwegen* zu meinen Seminaren gekommen, übrigens oftmals von sehr weit her, und nicht wegen eines Titels. Ja, später hörte ich oft von sehr angenehmen Teilnehmern, sie hätten sich schon früher anmelden wollen, aber der Titel hätte sie stutzig gemacht. Die Astrologen sagen, wer die Sonne im zweiten Haus hat, so wie das bei mir der Fall ist, der muss an echter Selbstsicherheit arbeiten und sich nicht immer nur durch materiellen Erfolg oder irgendwelche anderen Äußerlichkeiten definieren. Die Ami-Seele in mir drin rief aus: „Boy, have you learned your lesson!"

Irgendwann in der Zeit zwischen Ende 2007 und Ende 2008 besann ich mich auch auf etwas, was ich meinen Seminar-Teilnehmern immer wieder eintrichtere: Wenn etwas „da draußen" passiert, schau' nicht hinaus, sondern hinein. Ich stellte mir also die Frage: „Wenn mein eigenes Höheres Selbst diese Schicksalsschläge ausgelöst hat, weil es meine Entwicklung vorantreiben will, was will es mir damit sagen?" Ja, ich ging sogar einen Schritt weiter und stellte mir vor, dass es so etwas geben könnte wie eine geistige Welt, die mich als handelndes Instrument braucht und mir im Gegenzug dazu hilft, meinen Lebensplan zu erfüllen. Mit dieser geistigen Welt nahm ich mittels automatischem Schreiben Kontakt auf und erfuhr, dass ich als erste Maßnahme meine Papers von mehr als eintausend Seiten veröffentlichen sollte, damit die Menschen sehen würden, dass ich nicht geschummelt hatte. Und siehe da: All die Hypnose-Ausbilder, die vorher hinter vorgehaltener Hand über mich gehechelt hatten in der Hoffnung, auf meine Kosten ein paar Teilnehmer zu gewinnen, verstummten auf der Stelle. Die Beschäftigung mit meinen Arbeiten, die zehn Jahre lang in der Schublade, oder besser gesagt, auf einer Diskette geruht hatten, gab mir sehr viel Kraft und Zuversicht zurück. „Tausend Seiten zu verschiedensten Gebieten der Hypnose, und erst noch in bestem Englisch, das muss dir erst mal einer nachmachen!" sagte ich zu mir selbst, während ich meine Wunden leckte. Und als mir meine alte Pressemappe in die Finger kam mit all den Zeitungsartikeln, in denen ich mehrfach als Bestseller-Autor gefeiert worden war, besann ich mich darauf, dass ich ja nun wirklich keinen Titel benötigte, um „jemand" zu sein. Heute kommt es mir vor, als hätte ich zehn Jahre lang in einem akademiegläubigen Dornröschenschlaf gelegen, bis mich die Whistleblower aufgeweckt haben. Wenn ich die vor mir hätte, würde ich sie reich beschenken dafür, dass sie diese nicht ganz leichte Rolle für mich gespielt haben.

Heute gehe ich sogar so weit zu sagen: Misstrauen Sie jedem, der seinen Titel vor sich herträgt wie einen Ausweis. Sie können zwar von ihm durchaus einiges lernen, aber ganz bestimmt nicht, was echte innere Selbstsicherheit ist. Und wenn einer sich auch noch als spiritueller Mensch ausgibt, dann müsste er als erste Maßnahme seinen „Dr." ablegen, denn das Verteidigen einer Zweiklassen-Gesellschaft ist ja wohl das Unspirituellste, was es gibt.

Vielleicht denken Sie jetzt: „Schön und gut, aber in diesem Kapitel haben wir nichts über Hypnose gelernt." Doch, das haben Sie! Sie haben gelernt, wo die Grenzen der Therapie liegen. Mich hat schon sehr früh die Frage beschäftigt, warum wir Therapeuten eigentlich therapieren. Wollen wir Gott ins Handwerk pfuschen? Hat der etwas kaputt gemacht, was nur wir Therapeuten flicken können? Wollen wir unseren Klienten sämtliche Hindernisse aus dem Weg räumen, damit sie keine schmerzhaften Lektionen lernen müssen?

Ich finde, ein spirituell eingestellter Therapeut oder Coach muss sich diese Fragen stellen, sonst ist er ein reiner Mechaniker, wie es viele Schulmediziner und leider auch ganz viele Heilpraktiker sind. Gerade Heilpraktiker brüsten sich oft damit, dass sie nicht einfach nur Symptome bekämpfen, sondern nach der „wahren Ursache" suchen würden. Und die „wahre Ursache" stellt sich dann, oh Wunder, als eine Belastung durch Schwermetalle oder Parasiten heraus. Was ist denn damit gewonnen? Es geht diesen Möchtegern-Starheilern doch immer noch darum, möglichst rasch unangenehme Körpersymptome wegzumachen, und ich habe manch einen Heilpraktiker im Verdacht, dass er lieber Arzt geworden wäre, wenn er die Geduld und die Auffassungsgabe gehabt hätte, die es für das Medizinstudium braucht. Jetzt erhebt er sein Manko zur Tugend und flucht über die böse Apparatemedizin mit ihren unsicheren und standesdünkelnden Doctores, dabei wäre er der Erste, der sich einen „Dr." an den Hintern kleben würde, wenn er könnte. Als Kompensation listen sie dann jedes Kurs-Zertifikat auf, bis hin zum Wochenend-Reiki-Seminar im Wohnzimmer von Lieschen Müller. Als ob es ein Beweis für ihr Können wäre, wenn man möglichst viele Zertifikate an der Wand oder auf der Homepage hängen hat.

Aber ich will der Frage nicht ausweichen: Warum therapieren wir? Ich habe in meiner Karriere als Ausbilder in klinischer Hypnose öfter das erlebt, was ich als „leichtfertigen Therapeuten-Anwärter" bezeichnen würde. Ganz oft, wenn ich die Teilnehmer meiner Seminare frage, warum sie therapeutisch tätig sein möchten, bekomme ich die Antwort: „Ich arbeite gerne mit Menschen." Ist das Grund genug, Therapeut zu werden? Mit Menschen arbeitet man auch als Polier auf einer Baustelle oder in der Schalterhalle einer Bank. Therapeut sein ist nicht einfach ein Job wie jeder andere. Man kann zwar die Werkzeuge lernen, die es dazu braucht, aber zum Therapeuten ausbilden kann einen nur das Leben selbst. Genau so, wie es zum Beruf des Lehrers oder Trainers auch nicht genügt, auf der anderen Seite des Seminarraumes zu stehen. Zum Lehrersein gehört wesentlich mehr. Aber was?

Die Frage ist wirklich nicht einfach zu beantworten; das sehen Sie daran, dass ich sie jetzt schon zum dritten Mal stelle. Um sie endgültig beantworten zu können, müsste man den Sinn des Lebens kennen. Geht es um das, was gewisse östliche Lehren behaupten? Möglichst schnell Karma abarbeiten, um aus dem Rad der Wiedergeburt aussteigen zu können? Da stellen sich doch meinem Skeptiker-Hirn einige Fragen:

1. Wenn man dieses Leben so sehr hasst, dass man möglichst schnell davon befreit werden möchte, hat man dann überhaupt etwas begriffen?

2. Karma abarbeiten? Heißt das, Lektionen auf so schmerzhafte Weise lernen, wie ich es in diesem Kapitel geschildert habe? Dazu braucht es keine Therapeuten; da kann man einfach dem Schicksal seinen Lauf lassen.

3. Und was ist, wenn ich aus dem Rad der Wiedergeburt aussteige? Dann erlebe ich eine neue Dimension? Und die ist dann besser als diese hier? Woher weiß ich das? Wenn ich es wüsste, wäre es keine andere Dimension! Und wir sind wieder gleich weit: Wenn ich mich nach anderen Dimensionen sehne, habe ich dann unsere Dimension hier voll begriffen?

Aber vielleicht ist ja der Lebenssinn ein anderer. Vielleicht geht es einfach darum, möglichst viele Erfahrungen zu sammeln, und zwar positive wie negative. Wozu braucht es bei diesem Lebensmodell den Therapeuten? Letztendlich sucht man doch den Therapeuten lediglich dann auf, wenn man Schmerz vermeiden möchte. Man ist zwar bereit, ähnlich wie beim Zahnarzt, nochmals ein wenig Schmerz zu erleben, aber mit der Hoffnung, dass es nachher nie wieder wehtut. Wie soll es dann möglich sein, negative Erfahrungen zu sammeln und seine Lektionen zu lernen?

Ich sage immer scherzeshalber zu meinen Seminarkunden: „Wer den Sinn des Lebens kennt, sollte sofort eine Sekte gründen." Vielleicht besteht der Sinn des Lebens ja einfach darin, herauszufinden, was der Sinn des Lebens sein könnte. Und welches wäre da die Rolle des Therapeuten? Die des Gurus, der die Antworten liefert, damit man nicht selber denken muss? Wohl eher nicht.

Ist es der Sinn des Lebens, das Böse abzuschaffen und nur das Gute leben zu lassen? Das wäre etwa vergleichbar mit dem Elektriker, der den Minus-Pol abschaffen möchte, weil der „pfui" ist. Jeder Elektriker weiß, es braucht zwei Pole, damit Spannung entsteht und Energie fließt. Oder wie würden wir reagieren, wenn ein Achterbahn-Freak es zu seiner Lebensaufgabe machen würde, das Runtersausen abzuschaffen und nur noch das Hinauffahren gelten zu lassen? Dazu passt die Aussage eines indischen Gurus, die da lautet, erleuchtet sei man dann, wenn man eine wunderschöne Rose mit den gleichen Gefühlen betrachten könne wie einen grausamen Mord. Da frage ich einmal mehr ganz ketzerisch: Und das soll der Sinn sein, dass mir am Schluss alles am Arsch vorbei geht? Ich soll mich also in dieser Welt der Polarität aufhalten, um mich davon zu distanzieren? Warum bleibe ich dann nicht gleich in der geistigen Welt? Warum tue ich mir das alles an? Und nochmals (wir werden die Frage nicht los): Was ist dann die Aufgabe des Therapeuten?

Ist alles nur Maya, also Täuschung? Die „moderne" Physik, die übrigens gar nicht mehr so modern ist, da bereits über hundert Jahre alt, unterstützt diese Theorie. Ich erspare Ihnen hier die wissenschaftliche Begründung (sie ist Bestandteil meines Grundlagen-Seminars), aber wenn Physiker wie Albert Einstein, Werner Heisenberg, Max Planck, Niels Bohr, Louis de Broglie und Erwin Schrödinger Recht haben, dann gibt es keine Materie, und alles ist Energie oder Geist. Ist jeder von uns also nur ein Gedanke im Hirn Gottes? Ist das, was wir Gott nennen, eine Art Hologramm, und wir alle sind Splitter dieses Hologramms, oder wie es die Bibel metaphorisch ausdrückt „Kinder Gottes"? Wer sich mit Hologrammen auskennt, der weiß, dass in jedem noch so kleinen Splitter eines Hologramms das ganze Bild enthalten ist. Einen Bericht darüber, wie ich in meinen Jugendjahren einem Amateurfunk-Kollegen bei der Herstellung eines Hologramms geholfen und was ich daraus gelernt habe, können Sie in meinem Buch „Geld ist schön" aus dem

Jahr 1993 nachlesen. Aber verlieren wir die Frage nicht aus den Augen: Wozu braucht es den Therapeuten? Braucht Gott einen Reiseleiter? Brauchen seine Kinder einen Schlepper, der ihnen die kürzesten Wege ins gelobte Land aufzeigt?

Wenn man sich diese Frage jeden Tag stellt, könnte man versucht sein, einen Krebs-Patienten mit folgenden Worten abzuwimmeln: „Du hast Krebs? Cool, viel Spaß damit!" Und das Absurde daran: Eine tödliche Krankheit ist tatsächlich nach Aussagen von vielen Betroffenen „das spiruellste Erlebnis und der größte Entwicklungsschub", den man je erleben durfte. Und so etwas sollen wir Therapeuten verhindern? Und überlegen Sie doch einmal, welche Ereignisse Sie im Leben weiter gebracht haben, die positiven oder die negativen, die Erfolge oder die Misserfolge? Sehen Sie? Wozu brauchen wir also Therapeuten? Wozu Erfolgstrainer? Sollten wir nicht einfach dem Leben seinen Lauf lassen? Die indischen Gurus haben gut reden, wenn sie sagen: „Sei in dieser Welt, aber nicht von dieser Welt." Dann sollen wir also alle Betrüger sein und so tun, als wüssten wir nicht Bescheid? Der Therapeut soll so tun, als ginge es um das Vermeiden von Schmerz und das Erleben von Vergnügen, obschon er es besser weiß? Ein indischer Guru wurde einmal gefragt, was das denn bringe, wenn er einfach tagelang nur dasitze und meditiere. „Jemand muss das Licht ausstrahlen," war seine Antwort. Das soll Erleuchtung sein? Ein eingebildeter, gottloser Gimpel ist das, oder etwa nicht? Was glaubt der eigentlich, wer er ist? Sie sehen: Weder Gott noch sonst ein Guru hat es leicht mit mir. Ich lasse mich nicht so leicht mit einem Rezept abspeisen, auch nicht mit Rezepten von René Egli oder Eckhart Tolle, wonach es gar keine Rezepte brauche.

Soll man dann also so werden wie Bert Hellinger, der schon öfter den Stellvertreter eines Klienten zum Stellvertreter des Todes hingestellt hat, um ihm zu sagen, das er dort gut aufgehoben sei? Ich geb's zu: Ich kann Ihnen die Antwort auch nicht liefern. Wenn ich mehrere Schritte zurücktrete, um das große Bild zu sehen, dann kann ich mein Therapeuten-Dasein nicht rechtfertigen. Ich muss dazu wieder ein paar Schritte auf das Leben zu gehen. Ich muss eintauchen in die Alltags-Ebene, denn auf der sogenannten Meta-Ebene gibt es weder gut noch schlecht, und das macht jegliche Form von Therapie absolut überflüssig.

Vielleicht wäre das hier ein zumindest akzeptables Modell: Ich helfe den Menschen, die Meta-Ebene zu erkennen, indem ich ihnen beim Umgang mit der Alltags-Ebene assistiere. Vielleicht sind ja gewisse Hindernisse auf der Alltags-Ebene schuld daran, dass jemand nicht hinter die Täuschung sehen kann, und wenn ich den Menschen helfe, diese Hindernisse schneller zu überwinden, wozu ich mich durchaus in der Lage fühle, leiste ich möglicherweise einen Beitrag zu einem höheren Bewusstsein. Aber der Skeptiker fragt natürlich gleich wieder: „Höheres Bewusstsein, wozu?" Und damit sind wir wieder am Anfang der Debatte.

Auch wenn es im Moment nicht danach aussieht, kann ich Ihnen versprechen: Im letzten Kapitel werde ich Ihnen meine persönliche Antwort liefern, warum ich glaube, dass es Therapeuten braucht.

Zum Thema „tödliche Krankheiten" möchte ich Ihnen noch einen persönlichen Gedanken mitteilen. Ich bin in meinem Leben etlichen Menschen begegnet, die sich als eine Art spirituelle Lehrer sahen und teilweise explizit, aber auf jeden Fall immer implizit zu verstehen gaben, dass ihnen so etwas wie eine Krebs-Erkrankung nicht passieren könne, weil sie ja schließlich die Lektionen des Lebens immer rechtzeitig erkennen würden. Sie alle hat der Krebs dahingerafft, und zwar in einem Alter, das die meisten Menschen als „verfrüht" bezeichnen würden. Elke Rickenbach, Bärbel Mohr, Elke Walker und Wayne Dyer sind nur einige Namen, die ich hier nennen will. Obschon mich einige Zeitgenossen, die mich nicht persönlich kennen, vermutlich als eingebildet und unbescheiden bezeichnen, ist mir so ein Gedanke niemals gekommen; nie im Leben hätte ich je behauptet, dass mir so etwas nicht passieren könne. Ich kann Ihnen jedoch mit absoluter Sicherheit sagen, wie ich auf die Diagnose einer tödlichen Krankheit reagieren würde:

Ich würde mich fragen, ob alles erledigt ist, was ich mir für dieses Leben vorgenommen habe. Wenn ja, gäbe es keinen Grund zu bleiben, nicht wahr? Und wenn nein, wäre es höchste Zeit, diejenigen Kapitel, die zwingend zu meinem Lebensbuch gehören, noch zu schreiben. Ein solches Kapitel habe ich gerade abgeschlossen.

Mein letztes Lebensviertel

Im Frühling 2010 nahm ich mir vor, die Astrologie näher kennenzulernen, um sie dann mit gutem Gewissen kritisieren zu können. Denn Hand aufs Herz: Es ist doch ziemlich bescheuert, sich über ein Fachgebiet lächerlich zu machen, das man nicht kennt!
Nun, mein Experiment ging gründlich in die Hose. Die Astrologie ist für mich zu einem Coaching-Instrument geworden, mit dessen Hilfe ich tief in die Seele meiner Klienten blicken kann. Ich möchte es auf gar keinen Fall mehr missen.

Entgegen der landläufigen Meinung zeigt unser Geburtshoroskop nicht an, wie jemand *ist*, sondern wie jemand *sein könnte*, wenn er all seine Ressourcen nutzte und seinem Lebensplan auf die Schliche käme. Ich habe bis jetzt, wo ich dieses Buch schreibe, also bis April 2016, insgesamt über vierhundert Deutungen von Geburtshoroskopen vorgenommen. Und Sie können mir glauben, dass ich meine Deutungen konkret formuliere und mir nicht den berüchtigten Barnum- oder Forer-Effekt (googeln bitte!) zunutze mache. Von diesen vierhundert Personen konnten etwa zehn eher wenig mit der Deutung anfangen. Es waren entweder Menschen, die mehrheitlich fremdbestimmt waren, also das Leben ihrer Eltern oder Partner führten und nicht ihr eigenes, oder die Geburtszeit stellte sich als falsch heraus.

Wenn man die Geschichte der Astrologie studiert, geht es einem ähnlich wie mit der Geschichte der Hypnose. Man staunt, welche Koryphäen sich mit dieser Wissenschaft auseinandergesetzt haben, etwa Claudius Ptolemäus im zweiten Jahrhundert nach Christus oder Johannes Kepler im 16. und 17. Jahrhundert, aber auch berühmte Geisteswissenschaftler wie Johann Wolfgang von Goethe und Carl Gustav Jung. Ich nehme an, kein heutiger Wissenschaftler würde diese Genies als Scharlatane bezeichnen, ohne sich lächerlich zu machen.

Was die moderne Astrologie in Verruf gebracht hat, darüber kann ich nur spekulieren. Ich denke, folgende Faktoren sind nicht förderlich für die Glaubwürdigkeit dieser Wissenschaft:

1. Zeitungshoroskope, die sich mit allgemeinen Aussagen für eine ganze Menschengruppe begnügen. „Löwen sollten diese Woche darauf achten, nicht zu viel Geld auszugeben." Na toll, damit kann man etwas anfangen, oder? Ganz sicher wird ein Geschäftsmann seine geplante Investition zurückhalten, wenn er so etwas liest.
   Was ich persönlich überhaupt nicht verstehe, ist die Tatsache, dass auch berühmte Astrologen und Astrologinnen wie zum Beispiel Elizabeth Teissier, die es in ihrer Hand hätten, die Reputation der Astrologie zu verbessern, sich immer wieder für billige „Zukunftsvoraussagen" in der Regenbogen-Presse hergeben.

2. Computer-Horoskope, die einfach nur mit Textbausteinen arbeiten. Ein Computer kann niemals das ganze Bild sehen. Er arbeitet einfach einen astrologischen Faktor nach dem anderen ab, und da gewisse Ressourcen tatsächlich im totalen Gegensatz zueinander stehen, klingt ein Computer-Horoskop für viele so, als würde man so lange deuten, bis etwas Stimmiges dabei ist.

3. Die Texte der Computer-Programme und auch der Online-Astrologie-Portale werden zwar von Größen wie Robert Hand, Liz Greene, Henry Seltzer oder Robert Pelletier geschrieben, aber die Formulierungen müssen zwangsläufig so vage sein, dass sie von jedem Linguisten in der Luft zerrissen und mit dem Stempel „Barnum-Effekt" den Bach runter gespült werden können.

Was mein Geburtshoroskop angeht, so spiegelt es sehr genau mein Leben wieder. Die Details erspare ich Ihnen, da ich sie bereits in meinem Buch Astro-Coaching (2014) dargelegt habe. Wenn Sie daran glauben, dass jeder Mensch einen Lebensplan hat, dass das Leben Freude machen darf, und dass Sie einen Beruf wählen dürfen, der Ihnen hundertprozentige Erfüllung bringt, dann ist Astrologie für Sie ein unglaublich wertvolles Werkzeug. Wenn Sie jedoch der Meinung sind, dass das Leben keinen Sinn hat, und dass jeder einfach schauen muss, wie er über die Runden kommt, dann brauchen Sie keine Astrologie, ja, dann wäre mir auch meine Zeit zu schade, um mich mit Ihnen zu beschäftigen.

Nachdem im Jahr 2008 unser Hund gestorben war, flogen wir ab dem Jahr 2009 wieder einmal pro Jahr für einen Monat nach Los Angeles. Beim ersten Mal frischte ich meine amerikanische Helikopter-Lizenz auf und war im siebten Himmel. Ich hatte den Eindruck, dass ein Teil von mir zehn Jahre lang brachgelegen hatte, und dass die kalifornische Energie mein Herz öffnete.

Die erste Hälfte des Sommers 2011 war in der Schweiz eher trist. Ich besaß zwar seit 2007 ein ansehnliches Kabinenboot auf dem Zugersee, aber es blieb die meiste Zeit im Hafen. Irgendwann fiel mir die Decke auf den Kopf und ich erinnerte mich an einen Kunden, der darüber berichtet hatte, dass die eBikes, also die Fahrräder mit Elektro-Unterstützung, technisch enorme Fortschritte gemacht hätten. Ich hatte so ein Ding vor Jahren schon einmal probegefahren, und es hatte mich nicht überzeugen können. Jetzt aber war die Zeit reif. Unser Yorkie war seit drei Jahren tot, und unsere langen Wanderungen hatten wir eingestellt. Ich kaufte mir kurzentschlossen so ein eBike und legte jeden Tag eine ansehnliche Anzahl Kilometer zurück. Warum ich Ihnen das erzähle? Weil ich während der Zeit auf dem Rad immer mein Smartphone dabei hatte und mich permanent damit beschäftigte, was mein Lebensplan noch alles enthalten könnte. Unter anderem hörte ich mir stundenlange Audio-Dokumente zum Thema Astrologie an. Ich will Sie dazu ermuntern, sich ebenfalls viel Zeit zu nehmen, um sich mit sich selbst zu beschäftigen. Es sind die fruchtbareren Momente, als wenn Sie immer nur einen auf „beschäftigt" machen, glauben Sie mir!

Im August 2011 überraschte ich meine Frau mit dem Vorschlag, erneut nach Kalifornien zu ziehen. Ich hatte die intuitive Eingebung, dass ich dort Heilung erfahren würde. Heilung wovon? Keine Ah-

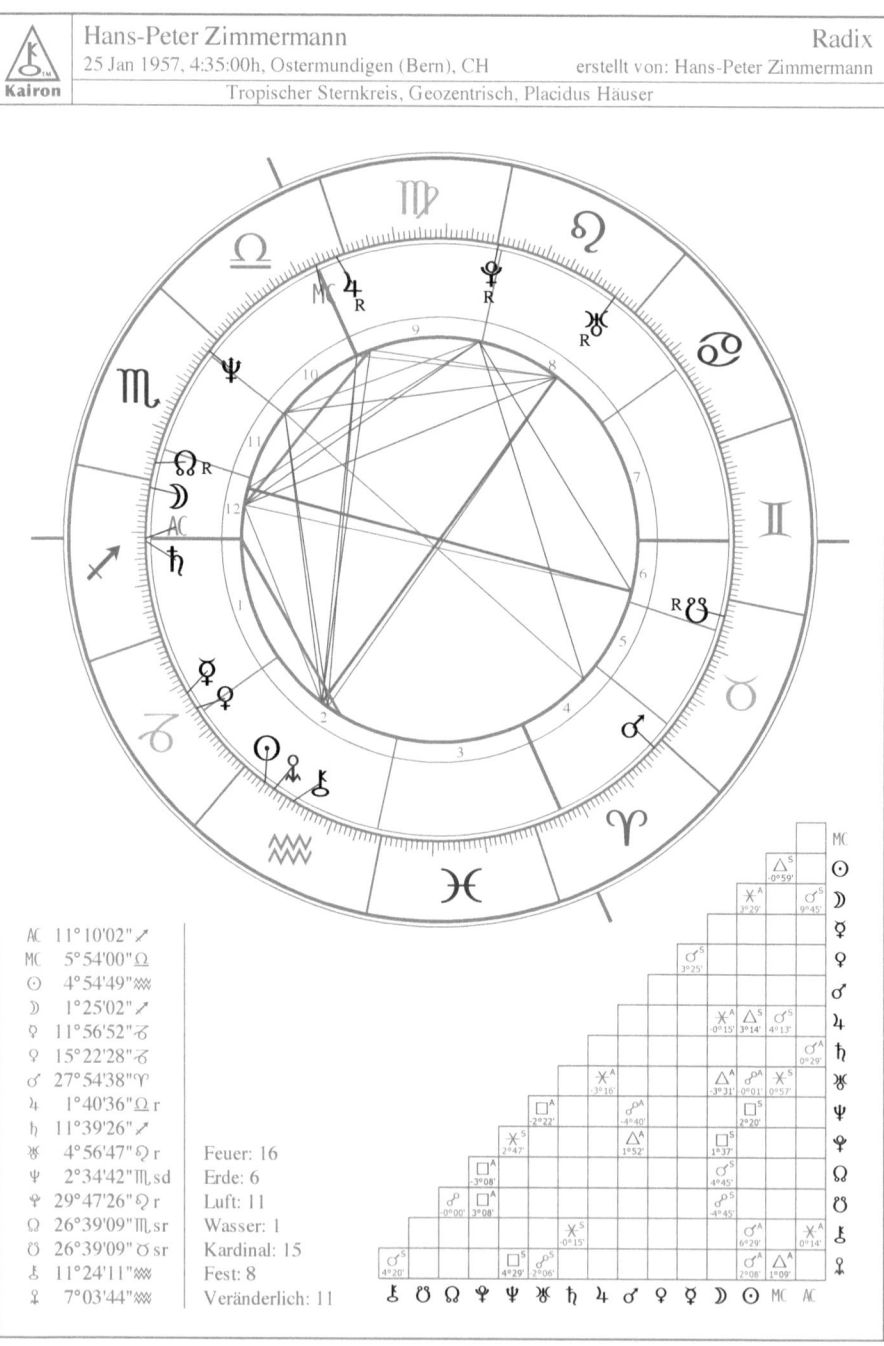

nung. Ich wusste bloß, dass etwas in mir sich noch verändern musste, wenn ich irgendwann mit einem guten Gefühl diesen Planeten verlassen wollte. Gleichzeitig hatte ich den Wunsch, mich diesmal in irgend einer Form um die Filmindustrie zu kümmern, das heißt, Drehbücher schreiben zu lernen und ein bisschen Hollywood-Luft zu schnuppern.

Später fand ich heraus, dass wir den endgültigen Beschluss, diesen Plan in die Tat umzusetzen, auf den Tag genau dann fällten, als der progredierte Mond nach 28 Jahren über meinen Geburtsmond im Schützen (weites Ausland) im zwölften Haus (Fantasy und Film) ging. Das erste Mal, wo diese Konstellation herrschte, war ich 27 Jahre und drei Monate alt und trat einen Job als Verkaufsleiter einer Zulieferfirma der Filmindustrie an, der mich zum ersten Mal nach Los Angeles brachte. Ich habe in einem früheren Kapitel darüber berichtet.

Bei der Planung unseres zweiten Kalifornien-Abenteuers hatten wir zuerst vor, eine Greencard zu beantragen und ein völlig neues Leben zu beginnen, doch dann wurde uns das Warten auf ein Okay der Behörden und vor allem die Abhängigkeit von offiziellen Stellen zu bunt, und wir fanden einen legalen Weg, wie wir die Hälfte des Jahres in Los Angeles verbringen konnten, ohne unsere Schweizer Heimat ganz aufzugeben. Diesmal wollten wir, im Gegensatz zur ersten Kalifornien-Zeit von 1993 bis 1998, in der Schweiz eine eigene kleine Wohnung haben und nicht jedes Mal im Hotel verweilen. Die Menschen in und um Gstaad, die wir fragten, machten uns nicht große Hoffnungen, dass wir etwas Vernünftiges mieten könnten. Der Markt sei zu trocken, und die meisten Wohnungen seien so teuer, dass nur Promis sie sich leisten könnten. Aber solche Aussagen haben mich und meine Frau, die übrigens ihren Aszendenten genau auf meiner Wassermann-Sonne hat, noch nie beeindrucken können. Wo ein Wille ist, ist auch ein Weg, und wenn die Zeit reif ist, ist sie reif. Und so war es auch: Die erste Wohnung, die wir uns anschauten, es war gegen Ende des Jahres 2011, war zwar etwas kleiner als wir es uns gewünscht hatten, aber so kuschlig und mit so einer tollen Aussicht hinunter nach Gstaad, dass wir sofort zusagten und sie auch bekamen. Möbel hatten wir genug für zwei Haushalte. Unsere nicht gerade bescheidene Wohnung in Zug, mein Institut auf 170 Quadratmetern und die Hotelsuite, die wir seit 2004 in Saanenmöser ganzjährig gemietet hatten, all das ergab genügend Hausrat, um die Wohnung in Gstaad einzurichten und einen großen Container mit Möbeln und Haushaltgütern in Richtung unseres neuen Domizils in Südkalifornien zu verschiffen.

Der Plan war, so ungefähr alle zweieinhalb Monate den Wohnsitz zu wechseln. Den Winter wollten wir auf jeden Fall in Gstaad verbringen, denn in einer Umgebung zu leben, wo die Skipisten direkt vor der Haustür liegen, das war immer schon mein Traum gewesen, und hinterher fragte ich mich oft, warum ich mir das nicht schon früher gegönnt habe.

Mein Haupt-Einkommen sollte nach wie vor von Seminaren in der Schweiz stammen, und daneben wollte ich mich in Hollywood zum Drehbuch-Autor ausbilden lassen und den einen oder anderen Film produzieren helfen. Einige Kunden fragten mich später, als unser neuer Lifestyle schon fast Routine geworden war, ob das denn nicht eine Art „déjà-vu" sei, wir hätten doch schon einmal so gelebt. Doch für uns war es eine völlig neue Welt. Obschon wir das Orange County südlich von Los Angeles schon kannten, kam es uns vor, als wären wir in einer Zeitkapsel gereist. Allein meine täglichen Telefonate mit meinem damaligen Manager hatten mich früher zwischen fünfhundert und tausend Dollar monatlich gekostet; jetzt brauche ich erstens keinen Manager mehr und kann zweitens mit meinen Kunden Videokonferenzen durchführen, die in der lächerlich geringen Internet-Gebühr inbegriffen sind. Ja, dank Apple-TV müssen wir nicht einmal auf unsere Lieblings-Fernsehsendungen verzichten, und beim Radfahren höre ich manchmal Schweizer Radio via Smartphone, wenn mir die Werbebotschaften auf K-Earth 101 zu bunt werden. Wenn wir nicht jedes Mal dreizehn Stunden fliegen müssten, käme es uns vor, als lebten wir im Nachbardorf. Die Kommunikation hat in den zehn Jahren, wo wir, nicht zuletzt wegen George W. Bush, Amerika gemieden haben, solche Entwicklungssprünge gemacht, dass ich nur vor Ehrfurcht vor Steve Jobs und seinen Kollegen erblassen kann.

Im April 2014 besuchten meine Frau und ich den bekannten Astrologen Steven Forrest, der zwei Stunden von unserem neuen Wohnort in der kalifornischen Wüste lebt. Ich wollte mit ihm ein Interview führen und eine Deutung meines Geburtshoroskops bekommen. Das Interview scheiterte an einer technischen Panne, und die Horoskop-Deutung brachte nichts, was ich nicht bereits wusste. Da war mir klar: Wenn dieser berühmte Astrologe mir nicht mehr sagen konnte als das, was ich schon wusste, dann hatte ich die Berechtigung, selbst als Astrologe tätig zu werden. Ich begann, Astro-Deutungen via Videokonferenz anzubieten. Mit großem Erfolg und zur totalen Zufriedenheit meiner Kunden.

Zwei Sätze von Steven Forrest blieben mir trotzdem in Erinnerung: Bevor er mich in seinem gemütlichen Häuschen in Borrego Springs verabschiedete, meinte er: „Deine zweite Saturn-Wiederkehr steht in zwei Jahren an, und ich bin gespannt, was die mit sich bringt." Und weiter erklärte er mir, die Saturn-Wiederkehr sei oft schon spürbar, wenn der Transit-Saturn in dasselbe Zeichen komme wie der Geburts-Saturn.

Als Nany und ich von diesem zweitägigen Kurz-Ausflug zurückkamen, las ich alles, was ich zum Thema Saturn-Wiederkehr finden konnte. Der Saturn, so erfuhr ich, braucht 29 Jahre, um einmal durch den Tierkreis zu wandern. Saturn-Wiederkehr bedeutet, der Saturn, wo er jetzt steht, man nennt ihn auch den Transit-Saturn, kehrt alle 29 Jahre zurück an die Position, wo er zur Zeit unserer Geburt stand. Saturn-Energie hat viel mit Verantwortung, Besinnung und Einschränkung zu tun. Wobei Einschränkung nur von weniger bewusst lebenden Menschen als negativ empfunden wird. Für die Weiseren unter uns bedeutet Einschränkung, dass wir uns besinnen, was wir wirklich zum Leben brauchen. Der Saturn als Herrscher des Zeichens Steinbock ist der dringend nötige Gegenpart zum Schütze-Herrscher Jupiter, der an ewiges Wachstum glaubt.

Bei der ersten Saturn-Wiederkehr mit ungefähr 29 Jahren, so las ich weiter, geht es darum, dass die Ausbildung abgeschlossen ist und man Verantwortung für sein Leben übernehmen muss. In der indischen Tradition sieht das so aus:

- 1. Saturn-Zyklus 1-29 Jahre Ausbildung

- 2. Saturn-Zyklus 30-59 Jahre Familie und Karriere

- 3. Saturn-Zyklus 60-? Religiöses Leben

Die meisten Menschen erleben die dritte Wiederkehr nicht. Mein Vater ist ganz kurz nachdem der Transit-Saturn zum dritten Mal seinen Geburts-Saturn berührt hat, nach einer Herz-Operation nicht mehr aus der Narkose aufgewacht. Seinen letzten Äußerungen nach zu schließen hat er ganz deutlich gespürt, dass seine Zeit abgelaufen war.

In Indien soll es übrigens vielerorts immer noch üblich sein, dass der Mann mit sechzig Jahren Familie und Beruf verlässt, um den Weg der inneren Einkehr zu gehen.

Bei mir war es so, dass ich Ende 1985, als der Saturn in das Zeichen meines Geburts-Saturns (Schütze) kam, heiratete und meine eigene Firma gründete. Offensichtlich hatte ich, ohne den blassesten Schimmer von Astrologie zu haben, diese Zeitqualität gespürt. Als dann Ende 1986 der Transit-Saturn zum ersten Mal exakt auf meinem Geburts-Saturn lag, war meine Firma bereits am Blühen und Gedeihen. Die Sonnenseite des Saturns ist „solide erarbeiteter Erfolg", das sollten die Kuschel- und Angstmacher-Astrologen, die den Saturn immer als den großen Bösewicht hinstellen, bitte nicht vergessen! Er wirkt nur dann böse, wenn wir nicht rechtzeitig seine Ermahnungen hören.

Nun konnte ich mir beim besten Willen nicht vorstellen, was meine zweite Saturn-Wiederkehr in den Jahren 2015 und 2016 mir bescheren sollte, also schob ich den Gedanken daran wieder beiseite. Im Dezember 2014, wir verbrachten gerade wieder den Winter in Gstaad, war mein Körpergewicht auf fünfundneunzig Kilo angewachsen, und ich merkte, wenn ich meine Skischuhe zuschnallte, dass ich keuchte und ächzte wie ein alter Mann. Da sagte ich zu meiner Frau: „Wenn wir im März wieder in Kalifornien sind, melde ich mich bei Weightwatchers an." Ich hatte verschiedentlich Gutes gehört von dieser Organisation, wusste auch, dass ich es alleine nicht schaffen würde, und dass ich keinesfalls hungern wollte. Kurz und gut: Ich speckte zwischen Mitte März und Ende Juni 2015 dreizehn Kilo ab. Erst hinterher stellte ich fest, dass im Dezember 2014 der Transit-Saturn zum ersten Mal in das Zeichen meines Geburts-Saturns (Schütze im 1. Haus) kam. Das erste Haus steht unter anderem auch für den eigenen Körper. Also passt das Abspecken wie die Faust aufs Auge. Im April 2015 folgte ein Abspecken und Ausmisten meines Internet-Auftritts, und Ende 2015 geschah etwas, mit dem ich niemals gerechnet hatte.

Im Jahr 2012, also dem ersten Jahr, in dem wir wieder zwischen der Schweiz und Kalifornien pendelten, hatte ich auf einmal das Interesse an großen Autos verloren. Ich habe zwar nie zu der Sorte Mensch gehört, die mit einem sehr auffälligen und protzigen Auto in der Gegend herum fahren müssen, aber ein gewisser Standard musste es schon sein. Man sollte meinem Auto ansehen, dass ich nicht zur Unterschicht gehöre. Dieses Bedürfnis war, wie gesagt, auf einmal verschwunden, und wir mieteten in Kalifornien immer ein kleines Hybrid-Auto.

Wenn ich jedoch von Nachbarn oder Freunden ungläubig gefragt wurde, ob wir tatsächlich ein 450 Quadratmeter großes Haus das ganze Jahr über mieteten, obschon wir es nur die Hälfte des Jahres nutzten, dann bejahte ich nicht ohne Stolz und fügte noch hinzu, dass wir vermutlich diesen Lifestyle jetzt bis ans Ende unseres Lebens durchziehen würden. Ich hatte schon beim letzten internationalen Umzug lauthals verkündet: „Das ist das letzte Mal, dass ich einen internationalen Umzug mitmache. Sollten wir irgendwann wieder die Zelte in Kalifornien abbrechen, wird alles in ein Lager gesteckt, denn wir kommen sowieso wieder, und dann haben wir unsere Möbel bereits in den USA."

Nun kam gegen Ende 2015 bei meiner Frau und mir fast schlagartig das Bedürfnis auf, in Kalifornien eine kleine Pause einzulegen und, wie bereits einmal besprochen, unseren Hausrat einzulagern.
Doch wir hatten die Rechnung ohne den Saturn gemacht. Anfang Januar, und es kann gut sein, dass es am 8. Januar war, wo der Transit-Saturn meinen Geburts-Saturn zum ersten Mal nach 29 Jahren wieder berührte, waren wir spontan bereit, einen Schritt weiter zu gehen: Alles verkaufen oder verschenken, nur ein kleines Lager für die Fahrräder, Computer, Drucker und ein paar persönliche Effekten mieten, und wenn wir im Herbst 2017 wieder nach Kalifornien kämen, einfach monatsweise ein möbliertes Ferienhaus mieten.

Seit wir das beschlossen haben, fühlen wir uns glücklich und befreit wie noch selten in unserem Leben, und ich bin einmal mehr stolz auf meine Frau, dass sie die Sammel-Leidenschaft ihrer Jungfrau-Sonne überwindet und mit mir zusammen in guter alter wassermännischer Manier unser Leben neu erfinden hilft.
Interessant ist auch, dass wir uns in unserer bescheidenen Wohnung in Gstaad so wohl fühlen wie noch nie, und dass uns beim letzten Schweiz-Aufenthalt bewusst geworden ist, dass es uns an absolut nichts fehlt, wir also getrost den ganzen „Plunder", der sich im Lauf der Jahrzehnte angesammelt hat, und den wir schon mehrmals um die halbe Welt geschleppt haben, loswerden können.

Warum erzähle ich Ihnen das alles, wo doch in diesem Abschnitt nichts über Hypnose vorkommt? Na ja, das Buch trägt den Titel „Hypnose und mein Leben", und ich gehe davon aus, dass der zweite Teil Sie auch interessiert. Meine Frau und ich haben übrigens im Sommer 2015 begonnen, regelmäßig zu meditieren. Meditation hat zwar auch mit Trance zu tun und ist daher mit der Hypnose verwandt, aber sie will keine bewusste Veränderungsarbeit, sondern lediglich den Geist frei machen. Das ist uns offensichtlich gelungen; jedenfalls fühlt es sich so an.

Hypnose hat eine wichtige Rolle gespielt in meinem Leben, und sicher wird sie diese Rolle weiter spielen. Interessant finde ich bei der astrologischen Betrachtung meines Lebens, dass das Thema

Tiefen-Psychologie nicht so stark angezeigt ist, außer durch Uranus, den Herrscher meines Sonnenzeichens, im achten Haus und durch den nördlichen Mondknoten im Skorpion, der auf diejenigen Themen hinweist, die verlangen, dass man über seinen Schatten springt. Ebenso spannend ist die Tatsache, dass meine Frau und ich in unseren Geburtshoroskopen relativ wenig Skorpion-Energie vorfinden, während unser Composit-Horoskop (siehe nächste Seite) davon nur so strotzt.

Das Composit-Horoskop kommt so zustande: Man nimmt den Stand der Sonne beim einen Partner, dann den beim anderen; dann halbiert man die kürzere Strecke und setzt dort die Composit-Sonne hin. Genau so verfährt man mit allen anderen Planeten. Das Composit zeigt nicht etwa an, wie kompatibel ein Paar ist, dazu bräuchte man ein Synastrie-Horoskop, bei dem man beide Horoskope übereinander legt. Nein, das Composit gibt Auskunft darüber, was das Paar als solches für eine Aufgabe hat in der Welt. Oder anders gesagt, es liefert Auskunft über den Synergie-Effekt einer Beziehung. Jeder, der schon mehrere intensive Beziehungen hinter sich hat, weiß, dass sich durch die Beziehung unterschiedliche Bereiche seiner Persönlichkeit entfalten lassen. Durch die Beziehung entsteht so etwas wie ein drittes Wesen mit eigenen Charakter-Eigenschaften, und das ist bei meiner Frau und mir ein Wesen mit extremer Skorpion-Betonung, nicht nur durch das Stellium im Skorpion selbst, sondern auch noch durch dasjenige im achten Haus, was ebenfalls der Skorpion-Energie entspricht.

Skorpion ist ein festes Wasserzeichen, das ergründen will, was die Welt im Innersten zusammenhält. Es ist das Zeichen des Detektivs und Tiefenpsychologen, der unter die Oberfläche schauen will und den Finger in die Wunde hält, nicht um zu quälen, sondern um zur Transformation anzuregen. Aufdeckende Hypnose gehört sicher dazu, und dass ich mir eine Vormachtstellung im Rampenlicht (Composit-Pluto im Löwen im achten Haus) und einen überdurchschnittlichen wirtschaftlichen Erfolg (Sonne, Merkur und Venus im zehnten Haus mit der Venus am MC) erarbeiten konnte, grenzt ja, wenn man es sich richtig überlegt, schon irgendwie an ein Wunder.

Wie gesagt, Hypnose, vor allem die analytische, wie ich sie betreibe und lehre, passt mit Sicherheit zur Skorpion-Energie. Dabei besteht aber, wie ich das schon weiter oben ausgeführt habe, immer wieder die Gefahr, dass man den Fokus nur auf den Symptomen und dem Lindern des Leidens hat. Meine Vermutung geht dahin, dass das letzte Lebensviertel von mir noch mehr Tiefgang fordert. Denn ich bin mir sicher, wenn ein Mensch auf dem Sterbebett liegt, falls er in den Genuss dieses Privilegs kommt und nicht einfach in Sekundenschnelle dahingerafft wird, dass er dann nicht die Momente bereut, wo er schmerzhafte Erfahrungen gemacht hat, sondern nur diejenigen, in denen er sich nicht getraut hat, mutig über seinen Schatten zu springen. Er wird sich all die Momente zurückwünschen, wo er sich von der Angst lähmen ließ, und er wird sich die Haare raufen, dass er nicht mehr Wagnisse eingegangen ist.

Um diese Ängste zu beseitigen und systemische Verstrickungen aufzulösen, werde ich nach wie vor, vermutlich bis an mein Lebensende, die Hypnose einsetzen. Aber ich werde auch vermehrt die Astrologie verwenden, ein weiteres Skorpion-Fachgebiet übrigens, damit meine Klienten die freigewordene Energie für etwas Sinnvolles einsetzen. Wenn es so etwas gibt wie Reinkarnation, und die Astrologie setzt das natürlich voraus, dann wird ihnen das im nächsten Leben zugute kommen. Wenn es das nicht gibt, schadet ein selbstbestimmtes Leben mit optimaler Entwicklung auch niemandem, oder?

In meinem Geburtshoroskop gibt es keinen einzigen Planeten im Skorpion. Der Neptun zählt nicht, denn der ist so langsam, dass er für meine ganze Generation gilt und wenig über meine Persönlichkeit aussagt. Aber Sie können erkennen, dass so ein seltsames umgedrehtes Hufeisen im Skorpion zu finden ist. Über den südlichen Mondknoten, der dem nördlichen genau gegenüber liegt, gehen die Meinungen auseinander; beim nördlichen dagegen ist man sich einig: Er zeigt auf eine Energie, die einem nicht vertraut ist. Die Amerikaner sprechen von der „discomfort zone", also dem Gegenteil einer Komfort-Zone.

Kairon	Hans-Peter Zimmermann und Nany Zimmermann	Composit
	25 Jan 1957, 4:35:00h, Ostermundigen (Bern), CH	erstellt von: Hans-Peter Zimmermann
	Tropischer Sternkreis, Geozentrisch, Placidus Häuser	

AC   7°56'46" ♑
MC   3°25'34" ♏
☉ 24°10'27" ♏
☽ 29°29'25" ♍
☿ 25°15'31" ♏
♀   5°16'03" ♏
♂ 10°29'33" ♋
♃ 25°13'59" ♌ r
♄ 11°56'04" ♍
♅   4°45'50" ♋ r
♆ 15°47'27" ♎ sd
♇ 18°06'49" ♌ r
☊ 15°27'14" ♎ sr
☋ 15°27'14" ♈ sr
⚷ 16°41'48" ♏
⚵ 27°23'04" ♑

Feuer: 3
Erde: 11
Luft: 1
Wasser: 19
Kardinal: 9
Fest: 18
Veränderlich: 7

Der nördliche Mondknoten verlangt, dass man mutig über seinen Schatten springt, um alte Wunden zu heilen. Und wenn man das tue, dann würde man in völlig unerwartete Sphären der Glückseligkeit eintauchen können. So gesehen, hätte die Beziehung zu Nany mir mit der starken Skorpion-Energie im Composit-Horoskop geholfen, über meinen Schatten in Richtung nördlicher Mondknoten zu springen.

Und wenn das alles sich als Mumpitz herausstellen sollte, auch gut. Dann würde ich mich einfach an dem guten Gefühl freuen, das ich heute im Bauch habe.

Anstelle einer Bibliografie

Da dieses Buch keinerlei wissenschaftlichen Anspruch erhebt, verzichte ich auf eine Bibliografie. Bibliografien haben in der Regel zwei Absichten:

1. Sie sollen dem Leser zeigen, wie viele gescheite Bücher man gelesen hat. Das ist meistens geschummelt, denn nur weil die Bücher im Regal stehen, muss man sie noch lange nicht gelesen geschweige denn verstanden haben.

2. Sie sollen den Leser zu weiterer Lektüre anregen. Auch das ist oft geschummelt, denn die Bücher, die man in der Bibliografie anführt, sind oft längst vergriffen, oder es lohnt sich gar nicht, sie im Detail zu studieren. Wenn ich Ihnen ein Buch ans Herz legen wollte, habe ich es im Text erwähnt.

Stattdessen möchte ich lieber eine Liste von Menschen erstellen, die mich ein kleineres oder größeres Stück auf meinem Weg begleitet haben, und *mit* denen, *von* denen oder oft auch *durch* die ich in meiner Entwicklung weitergekommen bin oder die mir wichtige Türen geöffnet haben. Es sind dies in der Reihenfolge ihres Auftretens:

- Meine Mutter Ruth Zimmermann-Grossenbacher. Sie hat mir das Leben geschenkt, mich großgezogen und mir später bei meinen ersten Schulaufsätzen geholfen. Ich glaube, sie hat damit meine schriftstellerische Ader geweckt.

- Mein Vater Paul Zimmermann. Er hat mir das Leben geschenkt, mich großgezogen und mich meinen eigenen Weg gehen lassen (das ist, wie Sie vermutlich wissen, nicht sehr gebräuchlich bei Vätern).

- Mein fünf Jahre älterer Bruder Kurt. Er diente mir als Vorbild in Sachen materieller Erfolg, aber auch in Sachen „sich nichts bieten lassen".

- Meine zwei Jahre jüngere Schwester Ursula. Sie war mir mit ihrer Schütze-Sonne lange Zeit ein guter, weltoffener Kumpel und Gesprächspartner.

- Meine Großmutter väterlicherseits, Rosa Zimmermann-Friedli, die mir mit vier Jahren das Lesen und Schreiben beigebracht und die Freude am Lernen geweckt hat.

- Die Baumgartner-Jungs mit ihrem Fernseher und der Möglichkeit, die Kinderstunde zu sehen. Ohne sie würde ich immer noch an den Weihnachtsmann glauben.

- Meine Kindergärtnerin Fräulein Hämmerli, spätere Frau Flückiger. Sie hat mir in netter Weise beigebracht, dass Disziplin wichtig ist.

- Meine Erstklass-Lehrerin Trudi Gfeller. Sie war einfach ein Goldschatz, und ich durfte mir bei ihr vieles erlauben, wofür andere eine Ohrfeige kassiert hätten.

- Mein Drittklass-Lehrer Hans Gfeller. Auch er nahm mich so, wie ich bin, und ich verbrachte eines der schönsten Schuljahre in seiner Klasse.

- Mein zehn Jahre jüngerer Bruder Beat, der mir erlaubte, meine Vatergefühle auszuleben, und der mir heute oft ein kluger Gesprächspartner ist.

- Mein Klassenlehrer von der fünften bis zur achten Klasse, Hans Locher. Ein durch und durch liebenswerter Mensch.

- Meine Klassenlehrerin Frau Mürner in der neunten Klasse (der Vorname würde mir vermutlich unter Hypnose wieder einfallen), die mir die Regie beim Schülertheater zutraute.

- Der Leiter des Schülerorchesters und Jugendchors Eugen Grütter, dem ich vor allem für sein verantwortungsvolles Verhalten in den Skilagern dankbar bin, und der das bisschen musikalisches Talent in mir optimal gefördert hat.

- Meine Gymnasial-Lehrer René Gerber, Kurt Wälti, Ruedi Heubach und natürlich Christoph Bertschy, der mir die Hauptrolle im Schülertheater zuwies.

- Mein ehemaliger Amateurfunker-Freund Heinz Hertig, der mir beim Radio und auf der Bühne viele Türen öffnete.

- Mein Pädagogik-Dozent an der Uni Bern, dessen Name mir entfallen ist. Er hat mir gezeigt, wie man eine Unterrichtsstunde spannend und unterhaltsam gestaltet.

- Mein Schauspiellehrer Friedrich Giese aus Hamburg. Er hat bei mir die Liebe zur Literatur geweckt und mir beim Theater viele Türen geöffnet.

- Hans Witschi, mit dem ich bei den Schlossspielen Spiez auf der Bühne stand, und seine Frau Lilian, die mir meinen ersten gut bezahlten Job vermittelte.

- Mein Filmemacher-Freund und Förderer Otto-Michael Nann, der mir beim Film viele Türen öffnete.

- Meine früheren Chefs beim Filmdienst, Theodor Meister und sein Sohn Marc, die beide an mich und meine Fähigkeiten geglaubt haben.

- Werner Heilmann, der mich in technischer Hinsicht unterstützt und mich mit meiner späteren Frau bekannt gemacht hat.

- Meine Frau Nany Zimmermann-Bernasconi, mit der ich seit 1980 zusammen und seit 1985 verheiratet bin, und die ich hier mindestens hundert Mal erwähnen sollte.

- Patrice Heilmann, der Sohn von Werner Heilmann und meiner Frau Nany, der mir gezeigt hat, dass der einzig mögliche Vater der biologische Vater ist.

- Pia Bonsels, die Schwester meiner Frau, die meiner Frau das Geschäft verkaufte, in dem ich meine ersten Marketing-Erfahrungen sammeln konnte.

- Divisionär Hans Dürig und Oberst Bührer, die mich aus dem Beamtendasein herausgemobbt haben.

- Fritz Burkhalter, der mich in Sachen Verkauf und Marketing vorangebracht und mir mit der Verdoppelung meines Gehalts gezeigt hat, dass er an mich glaubt.

- Maurice Finardi, der mich zurück ins Filmgeschäft geholt und für mich die Brücke nach Los Angeles geschlagen hat.

- Dick Topham, der dafür gesorgt hat, dass ich überhaupt das erste Mal nach L.A. kam.

- Ron Fuller, der mich an Jim van Waay weiterempfohlen hat.

- Jim van Waay, der mich zum Schweizer Alleinimporteur seiner Anlagen erkoren, mir in L.A. viele Türen geöffnet und mich mit Palm Springs bekannt gemacht hat.

- Ueli Thomet, der jahrelang einer meiner besten Kunden war und mich an Roland Noth weiterempfahl.

- Roland Noth, der jahrelang einer meiner besten Kunden war und mich dazu ermunterte, mein erstes Verkaufsseminar durchzuführen.

- Kurt Schneider und André Bannwart von der früheren Bank Langenthal, die lange zu meinen besten Kunden gehört und viel zu meinem Wohlstand beigetragen haben.

- Xaver Imfeld, den ich 1989 als Verkäufer einstellte, und mit dem zusammen ich meine Umsatzerwartungen in neue Sphären katapultieren konnte.

- Robert Kober, dessen Chancen-Seminar mich endgültig davor verschont hat, in den Burnout zu rutschen.

- Wayne Dyer, der in mir nach der Abkehr vom christlichen Glauben eine neue Spiritualität geweckt hat.

- Leo Buscaglia, der mir, wie auch Wayne Dyer, gezeigt hat, dass man gegenüber Gurus skeptisch bleiben sollte.

- Dunja Götz vom mvg-Verlag, die Lektorin, die an mich jungen Sachbuch-Autor geglaubt hat und heute meines Wissens Götz-Ehlert heißt.

- Friedel Büse, der mich als Trainer nach Deutschland geholt hat.

- Klaus Kobjoll, der für mich in seinem Hotel Gratis-Werbung betrieben hat.

- Hermann Bechter, einer meiner langjährigen und treuesten Kunden. Er hat mich immer als das genommen, was ich sein will: Eine Quelle der Inspiration, nicht mehr und nicht weniger.

- Elke Rickenbach, die mich und meine Frau mit ihrem Silva-Seminar in spiritueller Hinsicht auf eine neue Schiene gebracht hat.

- Elisabeth und Peter von Siebenthal, die früheren Inhaber des Hotels Hornberg in Saanenmöser, das für uns seit 1992 wie ein zweites Zuhause ist.

- Günter Astl, der mir tolle Superlearning-Sprachlern-Programme verkauft und mich mit Willi Stauffer bekannt gemacht hat.

- Gunhild Hinkelmann, die den Grundstein zu meiner suggestopädischen Ausbildung gelegt hat.

- Willi Stauffer, der Kosmobiologe, der mit seinem Reading indirekt die erste Kalifornien-Zeit ausgelöst hat.

- Björn Walker, der fünfeinhalb Jahre lang mein Manager war und mir so die erste Kalifornien-Zeit ermöglichen half.

- Sachio Togo, der uns von 1993 bis 1998 ein tolles Haus in San Clemente zu einem günstigen Preis vermietet hat.

- Tony Robbins, der mich indirekt zum Helikopterfliegen animiert und mir gezeigt hat, wo die Schattenseiten der Berühmtheit liegen.

- Mein langjähriger Helikopter-Lehrer Andreas Moser, mit dem wir heute noch viele unvergessliche Lunch-Ausflüge unternehmen dürfen.

- Ruth Maybrook, die mir gezeigt hat, dass nicht überall Spiritualität drin ist, wo Spiritualität drauf steht, und die für unsere heilsamste Beziehungskrise zuständig war.

- Steven Sadleir, der mir die Tür zur Meditation geöffnet hat.

- Stuart Wilde, der mir klargemacht hat, wie man (s)einen Kult erkennt.

- Unser Hund Yorkie, der uns dreizehn Jahre begleitet, uns manchmal Sorgen, aber auch ganz viel Freude gebracht und uns auch bei schlechtem Wetter aus dem Haus gelockt hat.

- Wayne Morrison, der mich offiziell in die Welt der Hypnose eingeführt und mit Tad James bekannt gemacht hat.

- Elke Walker, die ihren Mann Björn dazu gebracht hat, mein Übernahme-Angebot nicht anzunehmen, und mir somit viele Freiheiten erhalten hat.

- Wendelin Niederberger, der mir eine Zeitlang ein schönes Seminarhotel zur Verfügung gestellt hat und später jahrelang ein wertvoller Coach bei meinen Seminaren war.

- Vreni und Sepp Schriber und Beat Krähenbühl, die uns in Zug viele Türen geöffnet haben.

- Die Berliner Ärztinnen Heidi Stolzenburg und Ute Licht, die mir in Berlin etliche Türen geöffnet haben.

- Frank Beck und Peter Holz, die mir die Tür zur Medizinischen Woche in Baden-Baden geöffnet haben.

- Ursula John alias Sommer, die mir neue Wege in der Bioenergetik und die Grenzen der Esoterik aufgezeigt hat.

- Meine beiden ehemaligen Institutsärzte Uli Glaser und Michael Klauck, die mir viel medizinisches Wissen beigebracht und mir gezeigt haben, dass man die Schulmedizin mühelos mit der Alternativmedizin verbinden kann.

- Bruno Meyer, der Vermieter meines ersten Instituts in Zug.

- Philipp Brühwiler, der Vermieter meines zweiten Instituts in Zug.

- Norbert Glaab, der jahrelang bei mir Seminarcoach war und an einem sehr heilsamen Schicksalsschlag beteiligt war.

- Peter Kleylein, der in Norberts Lücke sprang und mir mit einer Engelsgeduld viel Gutes in Sachen systemischer Arbeit näher gebracht hat.

- Brigitte und Christian Hoefliger-von Siebenthal, die heutigen Inhaber des Hotels Hornberg, die meine Seminare mit ihrem Super-Service vergolden.

- Tiziana della Tommasa, die mich in die Grundlagen der Astrologie eingeführt hat.

- Frank Jüstel, der mir mit einigen meiner Apps geholfen und mich zum eBiken animiert hat.

- Sylvia Wohak, die mir mit weiteren Apps geholfen hat und mein Psychopathologie-Seminar als Diplompsychologin betreute.

- Peter Hampson, der uns zweimal im Abstand von zwanzig Jahren in Kalifornien ein Traumhaus besorgt hat.

- Mike und Carol Hauswirth-Zjörjen, die uns in Saanen bei Gstaad ein kuschliges Zuhause zur Verfügung stellen.

- Andy und Patty Yudin, die uns von 2012 bis 2016 ihr prunkvolles Haus in Coto de Caza vermietet haben.

- Die Interview-Partner und -Partnerinnen meiner Youtube-Show „Screenwriters get Personal".

- Die Interview-Partner und -Partnerinnen meiner Youtube-Show „Small Business Talk".

- Die Astrologen Benjamin Bernstein und Steven Forrest, von denen ich viel gelernt habe, und Arthyr Chadbourne, der mir gezeigt hat, wie man *nicht* mit Astrologie arbeiten sollte.

- Mein Kunde und Linienpilot Adrian Reutemann, der mir viele unvergessliche Momente im Cockpit des Airbus A-320 bescherte.

- Gabriela Wellner, Sandra Ujetz und „the scientist known as Escatan", die freundlicherweise dieses Buch lektoriert haben.

- Und all meine Kunden und Seminar-Teilnehmer, die ich nicht alle einzeln aufführen kann, sonst würde ich bezichtigt, dieses Buch künstlich aufgeblasen zu haben, und von solchen Intrigen habe ich ein- für allemal genug.

Ich habe gerade kurz überflogen, wie viele von diesen Menschen bereits tot sind, und bin ziemlich erschrocken. Es sind mindestens einundzwanzig, und ich weiß es noch nicht einmal von allen! Dann war's doch höchste Zeit, dass ich endlich etwas Autobiografisches herausgebracht habe. Wer weiß, wie lange *ich* es noch mache!

Zum Schluss, quasi als Belohnung dafür, dass Sie die Bücher wirklich ganz zu Ende lesen, will ich Ihnen meine Vision verraten: Ich stelle mir vor, dass wir alle, diejenigen, die ich hier erwähnt und diejenigen, die ich vergessen habe, mit Ihnen zusammen, liebe Leserin und lieber Leser, in ferner Zukunft, wenn wir alle des „Englischen" wieder mächtig sind, uns wie nach einer Achterbahn-Fahrt freudestrahlend anblicken und ausrufen:
„Wow, what a ride!"

Weiterführende Links

Meine Haupt-Homepage mit ganz vielen Texten, MP3 und Video-Files zu fast allem, was mir am Herzen liegt, und wo ich mich gut bis sehr gut auskenne: Klinische Hypnose, Marketing, Management, Naturheilkunde:
hpz.ch

Die Homepage mit meinem neuen Seminar-Programm, das in der Corona-Zeit entstanden ist. Eine Mischung aus Online- und Präsenz-Unterricht, die sich als extrem effizient herausgestellt hat. Übrigens ist vieles davon für die Mitglieder meines Insider-Clubs völlig kostenlos:
lebensschule-schweiz.ch

Meine amerikanische Homepage, die auch einiges zum Thema Drehbuchschreiben enthält:
hpz-usa.com

Die Seite, die nur dem Thema Hypnose-Ausbildung gewidmet ist und auch die Frage beantwortet, worauf man bei der Wahl eines Hypnose-Trainers achten sollte:
hypnose-ausbildung.ch

Das Blog eines sehr gescheiten Menschen, der unter dem Pseudonym Escatan ganz viel Nützliches über die Hypnose-Forschung schreibt:
hypnoseinfos.wordpress.com

Die Seite meiner Frau Nany mit pädagogisch wertvollen eBooks für Kinder zwischen 3 und 8 Jahren:
ebooksforkids.ch